菁品出版・出版精品

菁品出版・出版精品

菁品出版・出版精品

菁品出版・出版精品

天下第一詭術

鬼谷子智慧

穿越時空的真知灼見，察時勢，知權變
處世第一用智寶典

夜　問　編著

《鬼谷子》原典作為縱橫家的代表著作，
是一部集縱橫家、兵家、道家、陰陽家等思想於一體的政治理論著作。

通過對這本書的閱讀和參悟，你會更加瞭解人性，領悟智慧，透視人生，
同時你也會學到很多縱橫之策，你將謀劃全域，扭轉乾坤，
做事業的將領，做自己人生的掌舵師。

目錄 ⌒ Content

Chapter

中篇

時進時退，鬼谷子　闔之術處世經

下篇

大開大合，鬼谷子驚天謀略好做事

前言
Preface

　　鬼谷子，就像他的名字一樣，充滿著傳奇與神秘的色彩，相傳他能撒豆成兵，呼風喚雨，預知吉凶。雖然這只是傳說，但歷史上的他確實是一位上知天文、下知地理的博學家。司馬遷在他的《史記》中介紹過鬼谷子，說他是戰國時代楚國人，姓名生辰不詳，因其長期隱居鬼谷，講學授徒，故世稱鬼谷子。他的徒弟有蘇秦、張儀等人，被視為縱橫家之鼻祖。

　　正是因為鬼谷子的出現，中國歷史上才有了令世界震驚的兵法和戰術，鬼谷子還是中國最早的心理學家，也是中國式談判學的實際奠基人，說客的開山鼻祖。總而言之，當今的中國人無論是理家治國，還是說話辦事，一言一行都滲透著鬼谷子的思想。而這一切，都裝在《鬼谷子》這部曠世奇書中！

　　《鬼谷子》是一部由鬼谷子講授，後經蘇秦、張儀等人補充、修改而成的集縱橫家、兵家、道家、陰陽家等思想於一體的政治理論著作。在中國的傳統文化當中，《鬼谷子》一書歷來就享有「奇正秘詐」的評價。

　　說它奇，因它步步用奇，出奇制勝，招招見血，防不勝防；說它正，又因它遵循天理，緊扣事物發展規律，可用來治國安邦，匡行大道；說它秘，是由於兩千多年來，它就存在於我們的周圍，甚至常常會用它解決問題，但我們卻對它知之甚少，沒有系統的瞭解；正所謂兵不厭詐，說它詐，是因為它就像一把雙刃劍，用於正道則可功成名就，名垂青史，縱橫天下，用於邪道則為奸詐小人，殘害忠良，無惡不作，臭名遠揚。這便是

鬼谷思想，充滿陰謀奸詐，無所不出，無處不入，就看你用它來走哪條路！

《鬼谷子》篇幅不是很長，但哲理深厚，集中體現了鬼谷子的縱橫思想學說。書中主要講述了捭闔遊說的技巧與方法，除此之外，還有大量關於為人處世、兵法戰術、治國理家、修身養性等方面的內容。正是由於內容的廣泛性和普遍性，從更深層次上說，《鬼谷子》是一部研究社會政治鬥爭謀略與權術的智慧之書。它向我們展現了作為弱者一無所有的縱橫家們，運用智謀和口才進行遊說，進而控制作為強者的，握有一國政治、經濟、軍事大權乃至生殺特權的諸侯國君主的畫面，這為後代的政治活動家們提供了借鑒經驗。

《鬼谷子》一書總共三卷。上卷包括《捭闔》、《反應》、《內揵》、《抵巇》四篇，中卷包括《飛箝》、《忤合》、《揣》、《摩》、《權》、《謀》、《決》、《符言》八篇，下卷包括《本經陰符七術》、《持樞》、《中經》三篇。這三卷的側重點有所不同，上卷以權謀策略為主，中卷以言辯遊說為主，下卷則以修身養性、內在修為為主。

所以，本書針對每卷的側重點，相對應地總結出了上、中、下三篇縱橫捭闔之詐術。每一篇都從不同的方面，運用詳實有力的案例和分析，為讀者闡述鬼谷子在做人做事方面的思想，尤其是那些讓人意想不到的辯詭之策、揣摩心理之術和長贏之道，以供不同領域的人士參考。

在當今這個充滿著競爭的現實社會，每個人都在進行著奮力的較量，以尋求制勝自強之道。比如，身在職場的員工，他的言談舉止就可能關係

　　到他的升遷去留；一個公司的老闆，參與競爭的策略是否得當，就關係到企業經營之成敗得失；就算是在我們的日常生活之中，一個人的談吐舉止是否合乎場合，也關係到此人的發展前途。

　　時間的車輪已經轉過了兩千多年，鬼谷子所處的時代和我們現在生活的社會早已無從相比，但鬼谷子的縱橫謀略以其深刻的思辨性、積極的進取性、鮮明的功利性和廣泛的實用性，在政治、經濟、軍事、外交、經營管理、公關、教育、心理學等諸多領域，仍然具有重要的參考意義和借鑑價值，那穿越時空的真知灼見，仍然對我們的人生和為人處世具有現實的指導意義。

　　本書讓你以縱橫家的恢宏氣勢，百戰群雄的智慧立足職場；使你充滿力量和自信，能夠控制嚴峻的局面，化解即將爆發的危機；賦予你縝密的邏輯思維，冷靜的做事態度，合理分析現實，積極應對人生。通過對這本書的閱讀和參悟，你會更加瞭解人性，領悟智慧，透視人生，同時你也會學到很多縱橫之策，你將謀劃全域，扭轉乾坤，做事業的將領，做自己人生的掌舵師。

上篇

趨利避害

鬼谷子縱橫之中利己法

第一章

遠近法

益則親損則疏，動態守身保利

鬼谷子縱橫之術的根本就在於利己，
關係太近，他人受損，自己也容易跟著遭殃。
關係太遠，他人得利，自己很難沾點利。
所以縱橫之術的精髓就在與有益之人近，
欲損之人應遠離，只有這樣才能守身保利。

親近同類，遠離異類

　　招納人才，在春秋戰國諸侯爭霸時期尤為重要。那如何選用人才？選擇與什麼樣的人相處？在鬼谷子的《飛箝》篇中曾有云：「先察同異，別是非之語，見內外之辭，知有無之數，決安危之計，定親疏之事，然後乃權量之。」大意是說，在與人交往中，考察其相同與不同處，區別其正誤言行，瞭解各自言語真實性，考察其真才實學，讓其決斷安危之大計，確定親疏之大事。鬼谷子認為，識人辨人，親近與自己同類的人，疏遠異類，對自己以後的發展非常重要。

　　古語說：「近朱者赤近墨者黑。」告誡後人要學會選擇朋友，領導者要學會選擇有才華的員工，將軍要學會選擇有智謀的軍師。正如鬼谷子所說：「綴去者，謂綴己之系，言使有餘思也，故接貞信者稱其行，厲其志，言可為可複，會之期喜，以他人之庶，引驗以結往，明疑疑而去之。」意思是，要學會選擇人才，並且親近人才，這是成功的先決條件。駕馭人才需要從如何識人、觀人開始。鬼谷子在《中經》中對人才作的定義是：「振窮趨急，施之能言厚德之人。」

　　春秋戰國時期，廣聚人才主要是針對那些諸侯霸主而言，但是隨著時代的發展，人們在日常生活以及工作中，對閱人識人的需要也漸漸多了起來，甚至在很多時候，與志趣相投、朝氣蓬勃的人交往，能有更大的成功機率，更能成就美好人生。

　　在與人交往中，最大的忌諱就是與一些卑鄙不堪的人交往，然而，很多身處職場的人對這一點的認識並不清晰，所以常常會隨波逐流，最終導

致無法估量的後果。

　　黃帥出生於大陸青海一個普通的農民家庭，由於成績優異，他考取了
青海大學，學習市政專業。在大學中，他認識了秦沛、王明遠等好友，他
們共同學習，共同進步，在大四時還獲得了「大陸國家優秀青年」的稱
號。

　　畢業後，黃帥考取了公務員，在青海一個貧困的山村工作，秦沛和王
明遠遠赴北京創業，開了一家律師事務所。開始的幾年，他們還經常聯
繫，黃帥常將工作中遇到的「看不慣」講述給二人聽，秦沛和王明遠經常
開導他，並且會給一些好的建議。黃帥工作上積極進取，很快，他升任了
一縣之長。他準備大幹一場，摘掉貧困縣的帽子。

　　由於工作的繁忙，黃帥遠離了其他兩人。一方面，黃帥和兩個好朋友
疏於聯繫，慢慢便不再往來；另一方面，他漸漸有些飄飄然了起來。官場
中，他開始很「習慣」周圍的一切，不再有初來時的諸多「看不慣」。很
快，越來越多阿諛奉承的人圍繞在他的周圍。日子在收人紅包、吃人酒席
中過去，黃帥忙得不亦樂乎。他的周圍有了一群「朋友」，李瀟，當地的
惡霸，經常為他「披荊斬棘」，令他在官場中平步青雲。他覺得他交到了
真正的朋友。

　　俗話說：物以類聚，人以群分。他提拔的幾個幹部程宇、馬剛，更是
倚仗黃帥興風作浪，短短幾年，將地方搞得烏煙瘴氣。

　　多行不義必自斃，由於縱容下屬胡作非為，黃帥被人舉報，很快，青
海省有關部門對其進行了調查。

　　一石激起千層浪，黃帥共涉嫌受賄金額達五百萬元人民幣。隨著一記
清脆的法槌聲，青海省高級人民法院依法對黃帥作出一審判決，以受賄
罪、挪用公款罪判處被告人黃帥有期徒刑十七年。黃帥身著囚服銀鐺入
獄，得到了他應有的懲罰。

　　黃帥人生的起起落落，令我們不覺扼腕，他如果親近同類秦沛、王明
遠，而遠離異類李瀟、程宇，我想，黃帥將會有不一樣的人生結局。

　　孔子說：「益者三友，損者三友。友直、友諒、友多聞，益矣。友僻、友善柔、友便佞，損矣。」張衡是我們家喻戶曉的人物，他發明了地動儀，在天文、物理等方面也有研究。張衡在青年時期有很多知己，如馬融、王符、崔瑗等，這些都是當時很有才能的青年，特別是崔瑗，很早就學習過天文、數學、曆術，張衡經常和他在一起研究問題，交換心得，張衡進一步研究天文、物理等科學，都是受了崔瑗的不少影響。

　　推之於當今，和幾個志趣相投的人，開創一番事業，又是多麼愜意美好呀！

　　關於如何在形形色色的人群中，辨識我們的朋友，進而去親近他，鬼谷子給了我們很好的建議。

1 別是非之語

　　也就是能辨別正確或錯誤的言行 。觀察一個人可從他的細小行為舉止看出來他的為人，所以有行為心理學之類的書籍。鬼谷子認為通過一個人說話就能揣測出他的心理。語言可以反映性情，這是我們辨別益友、損友最直接的方法。「信」是一個人很重要的規範，誠信就是求「真」，就是追求正義。古人說：「真者」，精誠之至也。不精不誠，不能動人。所以，我們要與真誠的人相交。

2 見內外之辭

　　即瞭解對方語言的真實性，一個滿口謊言的人，不可能是真君子。鬼谷子認為真性情的人是不會說謊話的，只有那些虛偽的小人才是滿口浮誇之詞，所以有忠言逆耳之說。若要找到同類，就要學會聽真話而非好話。

鬼谷子教你詐

　　和幾個志同道合的朋友在一起，你的行為在朋友的潛移默化下，一定也會變得高尚，這就是我們要識人，親近善類、同類；假如和許多行為舉止十分卑鄙的人在一塊，不用說，過不了多久，你做事和說話就會和那幫人相似。所以我們要遠離這些惡類、異類，獨善其身。

　　鬼谷先生教我們通過辨別言行正誤，對人真誠與否，選擇與言行高尚、真誠守信的人交往。

2

貪心之人，投餌誘之

　　春秋戰國是一個動盪的年代，同時也是一個百家爭鳴、文化復甦的時代。為了適應當時的形勢，君主與臣子間，臣子與臣子間，會經常用到計謀，以達到個人目的。鬼谷子在《飛箝》篇中，教我們如何駕馭人際關係。他認為：聰明的人，應該懂得利用他人的弱點去攻擊他。並針對如何駕馭人際關係給出了諸多非常實用的建議。

　　也許有人會說，駕馭人的策略主要是針對那些縱橫家以及政客們而言，但是隨著時代的發展，人們在日常生活以及工作中，對人際交往的需要也漸漸多了起來，甚至在很多時候，我們必須學會一些處世策略。鬼谷子曰：「以象動之，以報其心，見其情，隨而牧之。」我們想要從對方那裡得到什麼，就必須先給予一些，只有這樣，我們的目的才能達到。

　　尤其在當今商場中，用人性的弱點去達到自己的最終目的，屢見不鮮。比如，作為下級要上級提拔自己，除了業務努力外，要投上級所好，讓他更關注自己。作為一個業務人員，要自己的客戶和自己達成合作交易等。

　　投其所好，不僅是針對貪心之人，它適用於每一個人。順著對方的性情去揣摩，瞭解你想要知道的情況，再有針對性地去各個擊破，達到事半功倍的效果。一個人只要活著，他就不可避免地有慾望，只要有慾望，他就有被別人一擊即破的弱點。鬼谷子說：「古之善用天下者，必量天下之權。」同樣，這個道理適用於個人。抓住心理需求點，就能抓住人心，進而為自己所用。

在人際交往中，駕馭術中最易突破的人群就是貪心之人了，他們由於自己的貪心，可能會導致身敗名裂，一敗塗地。歷史上的和珅、賈似道等，不就是最好的證明嗎？在如今的現實生活中，又有多少這樣的事例呀。

在宇和秀美是一對即將結婚的未婚夫妻，他們兩家住得很近，從小學時就一起上學放學，可以說是青梅竹馬，大學雖不是同一所學校，但也在同一城市。兩個人大學畢業後很快就確定了關係，也順利地找到了工作，就在他們打算結婚的前幾天，收到了一份意外的驚喜，使得他們很高興地大喊大叫、相互擁抱，因為他們中了一張「彩券」，獎金是二百萬元。

可是，這對馬上要結婚的新人，在中獎後第二天，就為了「誰該擁有這筆意外之財」而鬧翻了。兩人大吵一架，並不惜撕破臉，鬧上法庭。為什麼呢？因為這張彩券當時是握在未婚妻秀美的手中，但是未婚夫在宇則氣憤地告訴法官：「那張彩券是我買的，後來她把彩券放入她的皮包內，但我也沒說什麼，因為她是我的未婚妻嘛！可是，她竟然這麼無恥，居然敢說彩券是她的，是她買的！」

這對未婚夫妻在公堂上大聲吵鬧，各說各話，絲毫不妥協、不讓步，所以也讓法官傷透腦筋。最後，法官下令，在尚未確定「誰是誰非」之時，發行彩券單位暫時不准發出這筆獎金！而兩位原本馬上要結婚的佳偶，因爭奪彩券的歸屬而變成怨偶，雙方也決定取消婚約。

後來很長一段時間，那筆獎金還是沒有發出去，因為在宇和秀美始終不肯讓步，甚至連一人一半的念頭也沒有，因為他們的貪心使得他們誰都不肯放棄一分錢，他們整日都在提防對方獨自去領獎而無暇管理自己的生活，心情、生活一團糟。

認識他們的人說：「在一起時，經常不是為了錢；而分開，卻經常是為了錢！是人的私心、貪婪、嫉妒，使他們跌倒，重重地跌在自己『惡念』的漩渦裡。」

又過了一段時間，在宇和秀美終於能冷靜下來思考自己的行為了，想

通之後，他們對自己之前的所作所為真是後悔莫及，他們知道已經無法回到過去了，這是他們為自己的貪婪付出的慘重代價，無法挽回。現在他們希望自己能成為反面教材，提醒大家不要貪小便宜。

慾望是無止境的，尤其是現代社會物慾更具誘惑力，如果管不住自己的慾望，任它隨心所欲，就必然會給人帶來痛苦和不幸。

古往今來，多少人在巨大的誘惑面前無力招架，拜倒在其石榴裙下，身敗名裂，不得善終。秦時身居宰相之位不可一世的李斯，為權勢所誘惑與趙高結黨營私，終因權高勢大而引起秦二世的懷疑，而將其腰斬於咸陽。「戰士軍前半死生，美人帳下猶歌舞」的南唐後主李煜，終日沉溺於美酒佳人，忘情於吟詩作賦，醉生夢死，終而國破家亡，做了個違命侯。吳三桂，無力抵禦紅顏的誘惑，引清兵入關，「揚州十日，嘉慶三屠」是何等慘烈，而吳三桂的衝冠一怒引來後人多少唾罵。號稱中國第一大漢奸的汪精衛，更是為權勢所誘惑，賣國求榮，而遺臭萬年。由此可見，誘惑足以亡身破國滅族，實在是可悲、可歎，令人警醒。

「人心不足蛇吞象」的故事從小老師就教過，說的就是人的慾望永遠無法滿足，最終只會導致滅亡。鬼谷子正是深知人性的這一特點，所以他說要利用貪心之人的「貪」來誘惑之。

縱覽青史，能夠駕馭操鈞之術，最終成功的人也不在少數。在鴻門宴中，為劉邦擋劍的項伯，因為劉邦許與千金，在危難時，救得劉邦一命，成就了歷史上赫赫有名的漢高祖；三國時的王允，以色誘董卓、呂布反目，除掉董卓，換得了漢室片刻安寧；古人駕馭此術尚能如此精純，我們今人又該如何去面對職場誘惑，怎樣才能將操鈞之術運用到我們的生活中呢？

1 「吾善養吾浩然之氣」為千古文人志士所傳誦，只要能夠做到非己之物莫取，非正義之利不謀，不斷提高個人素質，不斷加強道德修養，養其「浩然之氣」，樹立崇高理想，堅守高尚情操，誘惑在我們面前定會偃旗息鼓，失去它的威力。

2 做一個「善摩者」，善於摩意的人，就如同拿著魚鉤在河邊垂釣，不必聲張，悄悄等待就可釣到魚，因此說，做的事情一天天成功，卻無人察覺。觀察人性的弱點，投其所好，取我所需，做職場中的成功者。

鬼谷子教你詐

　　洞悉人心，對他人的心理做到準確把握，我們就知道了最需要做的是什麼，以及不同的事情我們該採取什麼方法。「主事日成而人不知，主兵日勝而人不畏也」，使自己的成功變得合乎情理，人皆嘆服，這是我們應該追求的做人和做事的最高境界。反之，侈則多慾，君子多慾則戀慕富貴，枉道速禍。我們要看清美麗事物的背後隱藏著巨大的誘惑，在生活中不為之所動，堅持不懈地向目標奮進。

3

膽小之人，以威壓之者，威逼目的可成

　　鬼谷子說：「卻語者，察伺短也……動以忌諱，示以時禁，然後結以安其心，收語蓋藏而卻之。」意思就是說要善於抓住那些膽怯之人的把柄，然後加以脅迫，方能成事。在成功之後還要記得適時安撫，這樣才能在人際關係方面達到收攏人心的目的。

　　在職場中，無論是與人講話交流、寫信溝通、吩咐工作、批評下屬，還是演講、寫信、談判等，或是其他職場中的大小事宜，都需要根據對象的不同，採取特定的最適合的語氣和方法。即使是同一件事情，我們也要根據對象的不同，控制好自己說話的語氣，以爭取最好的效果。因為語言代表人的內心，語言和語氣會反映說話人的態度和心中潛藏的思想，要善於把握別人的內心，才能獲得最大的收益。

　　鬼谷子在談到遊說之道需要在語氣方面注意的問題時，他認為，跟不同的人要用不同的語氣，對上司、同事、下屬語氣要有所不同，採取的方式也要不一樣。同樣，對於膽大者、膽小者，語氣不同，採用方式不同，效果也會大相逕庭。

　　正東是一家運輸公司的老闆，公司要擴大規模，他想購買大批卡車。他計畫購買三十四輛，而其中的十一輛，更是非到手不可。起先，正東親自出馬與卡車製造廠商洽談，卻怎麼談都談不攏，最後搞得他勃然大怒，拂袖而去。不過，正東仍舊不死心，便找了自己的秘書阿來做自己的代理人，幫他出面繼續談判。正東告訴阿來，只要能買到他最中意的那十一

輛，他便滿意了。而談判的結果，阿來居然把三十四輛卡車全部買到了手。正東十分佩服阿來的本事，便問他是怎麼做到的。

阿來回答：「很簡單，每次談判一陷入僵局，我便用『白臉』和『黑臉』的戰術，問他們：『你們到底是希望和我談呢？還是希望再請老闆本人出面來談？』經我這麼一問，對方只好乖乖地說：『算了算了，一切就照你的意思辦吧！』」

因為阿來知道，要使用「白臉」和「黑臉」的戰術，就需要有兩名談判者，兩名談判者不可以一同出席第一回合的談判。兩人一塊兒出席的話，若是其中一人留給對方不良印象的話，必然會影響其對另一人的觀感，這對第二回合的談判來說，是十分不利的。

自己的老闆在談判時唱的就是「黑臉」，他的責任，在激起對方「這個人不好惹」，「碰到這種談判對手真是倒了八輩子楣」的反應。而自己唱的是「白臉」，也就是扮演「和平天使」的角色，使對方產生「總算鬆了一口氣」的感覺。就這樣，二者交替出現，輪番上陣，直到談判達到目的為止。

老闆的談判已經做到使對方產生「真不想再和這種人談下去了」的反感，不過，阿來知道，這樣的戰術，只能用在對方極欲從談判中獲得協定的場合中。當對方有意藉著談判尋求問題的解決時，是不會因對第一個談判者的印象欠佳而中止談判的。所以，在談判前，阿來已經先設法瞭解對方對談判所抱持的態度，才使「白臉」與「黑臉」戰術派上用場。

大陸地產大亨潘石屹有句名言：「不要犯法，可不擇手段。」用來闡述鬼谷子在這裡表達的精義，十分準確。在合法的範圍內可以做任何事，在基本道德的框架內，我們也可以充分發揮聰明才智、謀略權術，爭個高低，但若超越這兩個標準，危害到他人的基本權益時，就需三思而行了！

世間本無絕對的智者和愚者，每個人都有自己的特長和短處，人人都有優點和弱點，也都有自己生存的法寶。智者在能力上、在思考方面，也會有笨拙處和短處，愚者也會有其精巧處和長處。只要善加利用，彌補弱

項、擴大強項，都能達到自己特定的目的。

「遇弱示強」是說如果你碰到的是實力較你弱的對手，那麼就要顯露你比他「強」的一面。這並不是為了讓他來順從你，或滿足自己的虛榮心或優越感，而是因為弱者普遍有一種心態，即不甘願一直做弱者，因此他會在周圍尋找對手，證明自己也是一個「強者」。「示強」則可使弱者望而生畏，知難而退。所以，這裡的「示強」是防衛性的，而不是侵略性的，假如變成侵略性的也必為你帶來損失，比如要是判斷錯誤，碰上一個「遇強示弱」的對手，那你不是會很慘嗎？交談中造成一方軟弱的原因有多種，或因弱小無力，或因地位低微，或因其秉性懦弱、缺乏意志，等等。和這種軟弱的對手交流時，如果採用強硬態度，對方就會避開你，你便無法達到目的。相反，你應採用溫和的態度，故意和對方扯平地位，主動、誠懇地體諒對方的苦衷，設法和對方培養起相當的感情。這時，對方不但不會對你產生戒備之心，問題更能迎刃而解。

鬼谷子認為，在人際交往中，把握對手的弱點尤為重要，知己知彼，才能百戰不殆。那麼如何才能牽制對手，達到我們的目的呢？

1 投其所好

投其所好，也就是順著對方的性情去揣摩。一個人的喜好習慣都可以通過交流得到確切的資訊。所以，你要先瞭解清楚一個人只要活著，他就不可避免地有慾望，只要有慾望，他就有被別人一擊即破的弱點。比如有些人愛財，有些人愛名，有些人重江湖義氣，有些人好色……而這些都是突破點，知道點在哪裡就可以採取正確的方式一一擊破了。

2 旁敲側擊

旁敲側擊，就是看他周圍的事物，判斷其優勢和劣勢。我們在找不到語言上面的理解之後也可以劍走偏鋒，通過別的事情來看一個人如何回答，通過他對一件事情的態度來看他是如何認為的，這些都是考量一個人的方法。正所謂察言觀色，說的就是這個道理。

3 擊破弱點

　　鬼谷子認為，打擊一個人就是要利用「木桶理論」， 找到最短板，即從最薄弱的一點來著手。弱點是一個人的軟肋，只有找到軟肋，才能快速制服對手。

鬼谷子教你詐

　　對他人的優點和弱點作一個全面的考量，做到準確把握，我們就知道了如何做、做什麼，以及不同的事情我們該採取什麼方法。對秉性懦弱、膽小的人，採用震懾的方法，達到我們合法的目的，使自己的成功變得情理相通，人人佩服，這是我們做人和做事的理想境界。

4

災禍之人，守身避之

「一塊臭肉攪得滿鍋腥」，常被用來形容那些害群之馬，誇張地說有時候這塊「臭肉」會導致全域潰敗。所以鬼谷子在講用人的時候就說：若要守身，必定要避開災禍之人。不僅僅是思想上的問題，更多的是成事時候的關鍵，那些不學無術或是不成事的人，會直接導致我們的進度減速甚至失敗。

同時，鬼谷子還認為，遠離災禍之人也是維持自身名節的考慮，誰都不想和一個有著不好品行的人做朋友或者共事。而如果我們身邊有這樣的朋友，那麼那些想要親近我們的優秀的人可能就會有所顧忌，也會介懷的。

春秋戰國時期，諸侯割據，戰爭不斷，百姓苦不堪言，到處田地荒蕪，形成了「千里無雞鳴」的淒涼景象。在動亂的年代，如何安身立命就成了首要問題。鬼谷子作捭闔術，它的本義是開合。捭就是撥動，闔就是閉藏。一開一合是事物發展變化的普遍規律，是掌握事物的關鍵。他提出了利己的重要性，並針對如何利己守身給出了諸多非常實用的建議。

有人會說，捭闔術主要是針對那些縱橫家以及政客們而言，但是隨著時代的發展，人們在日常生活以及工作中也會用到，要想在事業上立於不敗之地，就要有人支持你，甚至提拔你，那你選誰作為你追隨的對象，是非常重要的。

要想利己守身，關鍵在於你在對的時候跟對了人，就如同千里馬遇到伯樂。然而，很多人對這一點的認識並不清晰，所以常常沒有自己的主

張，隨波逐流，看不清形勢，從而造成一損俱損，自身受到嚴重的傷害。

看過《三國演義》的人都知道，陳宮是東漢末年呂布帳下的重要謀臣，為人正直剛烈、足智多謀。其實，陳宮最初是曹操手下的謀臣，因看不慣曹操心狠手辣，殺害呂伯奢一家恩將仇報，就離開了曹操，後來又追隨呂布。

有一次，曹操為了取得徐州，挾天子以令諸侯，下詔讓劉備討伐袁術，劉備不得已出兵征討，留下張飛一人看守徐州城。張飛嗜酒如命，脾氣暴躁，打罵軍士，不顧劉備臨行囑託，打了一個名叫曹豹的士兵，此人便是呂布表弟。後曹豹投呂布，被陳宮得知徐州城只留張飛一人，兵不過五千餘人，便獻計命曹豹內應，讓呂布乘虛而入奪了徐州。呂布兵不血刃就奪得了徐州，可見陳宮謀略不在郭嘉、荀彧之下。

又有一次，袁術謀臣對呂布用計，在大戰即將來臨之際與呂布聯姻，重禮下聘，娶呂布的女兒，呂布沒有看出袁術是在利用他抵抗曹操，立即答應了婚事。可是袁術這個計策被陳宮看穿，並拖延了婚事，過了不久，曹操打敗袁術，攻下壽春。這樣，陳宮又為呂布擋下了一難。

從上面這兩件事可見陳宮心思縝密，洞悉先機，有著優秀的軍事政治才能。

可是，後來曹操用離間之計派出陳登父子離間陳宮與呂布劉備之間的關係，使呂布疏遠陳宮。呂布聽信小人讒言，不聽陳宮勸阻，陳宮無奈，歎忠臣不能為明主所用。曹操又使離間計，離間呂布與劉備關係，造出劉備與曹操聯盟攻打徐州之假象，呂布中計，曹操用郭嘉的計策挖開泗水河，水淹下邳，又趁呂布軍心不振時，放出消息，擒呂布者重賞，曹操不費一兵一卒便攻破下邳。呂布被殺，陳宮不願投降，自縊而亡。

其實，陳宮在三國動盪年代，完全可以擇明君輔佐，或隱匿山林，蓄勢待發，可惜他選擇了呂布。在世人的眼中，呂布是個見利忘義、貪戀美色、有勇無謀、心胸狹窄的人，這就註定了他失敗的命運，聰明睿智的陳宮選擇他做主公，也就註定了人生悲劇。正如鬼谷子先生所言：想守身，

避災禍之人。

那麼，在當今工作生活中，怎樣才能有效地避免災禍，獲取自己的最大利益呢？鬼谷子早在春秋時期就給我們提出了告誡。

1 料其情，結其誠

在與人相處中，要觀察他的為人之道，只有誠信的人，才可以結識信賴。誠信自古就是考量一個人品行的最高標準。同樣，鬼谷子認為，和真誠的人結交，不僅可以提高自己的素養，還能吸收他人的優點來促成事情的成功。相反，那些偷奸耍滑的人，除了敗壞自己的名聲，只能帶來不利的影響甚至錯誤的抉擇。所以在選擇朋友和夥伴的時候，必須要親近有正能量的人，遠離災禍之人。

2 親賢臣，遠小人

這是古代講給君王的道理，鬼谷子認為這是不變的道理。很多人尤其是在達到某個高度以後就開始沾沾自喜，就習慣聽奉承之話，其實往往那些不好聽的才是最有益的。所以鬼谷子說，要學會聽逆耳的忠言，不要一味認為會阿諛奉承的人才是好人，這樣只會讓那些真心幫助我們的人遠離，這是違背「遠離災禍之人」的道理的。

鬼谷子教你詐

一個人的名節很重要，他關係名譽和事業。只有好名節才會吸引優秀的人。鬼谷子告誡我們若要吸引良才，就必須剔除身邊的小人和災禍之人。遠離那些「臭肉」，才能淨化隊伍，達到事半功倍的效果。

5

重用之人，不可至信

　　常言說：「害人之心不可有，防人之心不可無。」早在春秋戰國時期，諸侯割據，國與國間連年征戰，用計謀獲得勝利，取得最大利益的比比皆是。其中，最常用的就是反間計，這個計謀需用在最可信的人身上。鬼谷子就專門作反應術，反應術講的是如何「察言見情」、「得其情詐」。

　　春秋戰國時期，計謀主要是針對那些縱橫家以及政客而言的，但是隨著時代的發展，人們在日常生活以及工作中，用一些不損害他人的計謀來保證自己的利益，不也是很好的事情嗎？

　　生活中最大的忌諱就是你最信任的人出賣你，所以，身處職場的人要清楚認識這一點，說話辦事要留有餘地，不能和盤托出，一個沒有秘密的人，也就失去了他的人格魅力。誠然，信任他人是我們做人的美德，但我們應為自己留有退路，不能讓對手找到置你於死地的方法。所以鬼谷先生曾有言：「重用之人，不可至信。」

　　翻開歷史的書卷，有多少英雄人物竟折在身邊的宵小之輩上。崇禎皇帝信佞臣，殺袁崇煥，最後導致清兵入關，自縊在千年古松之下。更有春秋時，功高一時的吳王夫差滅了越國，後輕信吳太宰伯嚭，成為亡國之君。就連機智多謀的諸葛孔明不是也輕信了馬謖，而失街亭嗎？

　　至信他人，不能全方位思考是十分致命的，它不僅影響我們思維的判斷，而且會帶來不可估量的後果。

周良來自河南的一個小縣城，因其學習勤奮努力，考上了北京的一所大學，四年很快過去，大學畢業後他就留在了北京奮鬥，在一家外資企業做了一個白領，一做就是十年。

後來，他所服務的外資企業準備撤出中國市場，他失業了。在北京奮鬥了十年，周良也有了一定的積蓄，之前一直給別人打工，這一次，他經過慎重的考慮，決定尋找一個合適的項目自己投資做老闆。

聽到周良要自己投資做老闆的消息後，杜曉旭就找到了他。杜曉旭是周良的高中同學，兩人又是大學同學兼室友，可以說，他們兩個人的關係非常好，因為杜曉旭畢業後也留在了北京，所以他們這些年也保持著頻繁的聯繫。

這次杜曉旭是跑來向周良竭力鼓吹自己看中的項目的美好前景的，並說如果周良相信自己，「只要你投資三十萬元人民幣，其他一切事情全部由我來做，到時候，咱們倆五五分成」。杜曉旭還一一列舉了自己的市場調查資料，分析了市場前景，結論是：項目前景一片光明。

周良非常信任杜曉旭，加上兩人又是同鄉、同學，他不僅對三十萬元人民幣投資一口應允，而且在將錢交給杜曉旭之前，也沒有親自或委託他人重新對這一專案的市場前景和杜曉旭的辦事能力進行任何調查。結果杜曉旭拿到錢後，沒有多久就將項目做垮了，周良的三十萬元人民幣投資當然也跟著打了水漂。

通常，創業者對他人尤其是親密朋友的意見都容易過度相信，認為朋友的話即代表了市場的真相，自己無須再對市場進行調查，從而導致投資失敗。在作投資決策時，不要輕易相信任何人的意見與建議，哪怕這個人是赫赫有名的專家、你的親兄弟、你的父親母親。只可惜，等周良明白時已經太晚了，自己的多年積蓄毀於自己對朋友的輕信。

任何事情都是具有兩面性的，我們不能只看到有利的一面。鬼谷子認為，就算再看中一個人，也不能完全地信任，人都是有慾望和缺點的。這不是說不能相信別人，而是要掌握「度」。古語尚有「盡信書不如無

書」，何況對人呢？尤其是對重用的人更要保持適度的警惕之心，這樣才是良策。

那麼，在與他人相處的過程中，怎樣才能避免災禍，阻止損害自己利益的事情發生呢？鬼谷子早在春秋時期就給我們提出了告誡。

1 信任他人意味著必須承受易受對方行為傷害的風險，因此，承擔易受傷害之風險的意願，亦是人際信任之核心。與朋友相處，重要的是信任，但是要把握一定的尺度，要適度。

2 信任在個人講就是一種內在的心理訴求，是一種渴望。通過信任別人，從而得到別人的信任。得到了別人的信任，從某些角度也可以證明個人的存在價值。有了存在價值也是對自己的一種肯定，也是一種個人進步的原動力。

鬼谷子教你詐

　　作為社會組成部分的個人的進步，必帶動整個社會的發展。現代社會中人與人接觸越發頻繁，個體間合作是社會活動的必然趨勢。信任就是緊密聯繫個體間的紐帶，是社會活動的前提，是社會穩定的基礎，是社會發展的需要，也是社會進步的必然結果。但重用之人，不可至信，才可避免在商業中受到極大的傷害。

6

疏遠之友者，學會偶聯繫之

　　人際交往是一門重要的藝術，它直接影響著你的生活，鬼谷子早在春秋戰國時期就專門作《內揵》篇，指出「決安危之計，定親疏之事」，駕馭人際關係者，手操的是雙刃劍，它既可以為你披荊斬棘，也可能弄傷你。誠然，志趣相投者，我們每日長相處，增進彼此的感情，但是那些關係不是很親密的人，也要有不一樣的策略來對待。

　　鬼谷子《內揵》篇說：「用其意，欲入則入，欲出則出；欲親則親，欲疏則疏；欲就則就，欲去則去；欲求則求，欲思則思。若蚨母之從其子也，出無間，入無朕，獨往獨來，莫之能止。」意思就是了解一個人以後，可以找到一個方法，這樣你想他親近你就可以親近你，想讓他疏遠你就可以疏遠你，全在於你怎麼做。其實不是一味的親近就是好事，對於那些疏遠的人，有時候學會不同的策略，才是大智慧的表現。

　　偶然翻了一下手機，不禁心頭一震，密密麻麻的通訊錄裡，記載了數千名曾經的朋友，合作過的人。可近一年中我經常聯繫的也不過寥寥數人，有些人甚至有好多年都不聯繫了，我的冷汗不禁冒了出來，是工作忙嗎？連電話都不打一下。是沒時間嗎？逢年過節連個簡訊都懶得發。我們到底怎麼了？其實正如鬼谷先生所言，我們要與人做到「遠而不疏」，對於那些交往不是很密切的人，我們應偶爾問候一下。

　　王鵬和李輝是台北某名校的學生。在學校時，兩人是籃球隊的球員，每天課餘時間的練習常常一起切磋，平時更是形影不離，連吃飯都混在一起。同學們都笑稱他們是「連體兄弟」。

　　畢業後，王鵬的家人托關係讓王鵬進了一家大型企業，在單位工作中，王鵬有幾分聰明又踏實肯幹，積極上進，經過幾年的努力，王鵬升到了公司的人力資源主管。和王鵬的命運不同，李輝回到了故鄉，在故鄉找了一家規模不大的公司上班，幾年過去了，他還是在那家公司上班，也還是一個公司的小職員。

　　王鵬和李輝在剛剛畢業的時候經常聯繫、走動，可是後來，由於彼此工作繁忙，見面不多，就逐漸減少了來往。但是二人的情誼還在，逢年過節，他們都會打電話或者發簡訊聯繫彼此，談談工作和家庭。

　　一次，李輝到台北辦事，時過境遷，他回想起在台北上學的學生時代，於是就到他和王鵬上學時經常光顧的飯館吃飯。令人激動的是，他一進門就遇上了多年未見的王鵬。與此同時，王鵬也看見了李輝，熟悉的聲音讓王鵬認出了李輝，他趕忙上前，熱烈地擁抱老同學。同學間並不在乎如今兩人身分地位的差異，王鵬也站起身來，熱情地抓住李輝的肩膀，大笑道：「兄弟，我說你怎麼這麼久沒露面，原來你還記著這個飯館哪，咱們有緣千里來相會，還真是緣分喲，來來來，叫兩個菜，咱哥倆坐一坐。」

　　點兩個小菜、兩瓶酒，兩個人就像上學時那樣，幾杯酒下肚，兩人就聊了起來。多年的情誼還在，他們彼此推心置腹，從人生不易，求人辦事的艱難，講到人生的所得所失，從少年時彼此的樂事，到今天職場的無奈，還有現在的相親難題和丟臉的愛情經歷。一頓飯下來，多年來的疏遠感早已煙消雲散，兩人的關係又回復如初。

　　說到二人現在的工作狀態，二人一拍即合。王鵬提到創業，李輝也決心改變，二人決定自主創業，利用王鵬的人脈，他們開辦了一家公司，李輝主管技術，王鵬主管公關對外業務。由於兩人的親密合作，一年下來，他們的資產實現了翻倍。兩個人終於實現了夢想，而他們的友情也更加根深蒂固。

從以上故事可以分析出：當朋友分開後，若還能相互聯繫的話，那對自己的人生或事業一定大有好處。這有利的一面，也許是你意想不到的，也許會使你成就一番事業。

學會與各類人遊刃有餘地相處，適時地拉近關係或者適時地疏遠，是對自己和對方都好的辦法。在親近疏遠之間游離，要掌握火候力度，才能既維持原本的關係，又在未來拓展更深的關係。

眾所周知，人際關係在危急關頭能幫上大忙。但要記住，這中間的好處是來自平常的努力。朋友分開後，如果不聯繫，那關係從何談起，從中受益更是一紙空文。

如果你有這份真心，真誠地維持朋友關係，那麼，你的人際關係就會更加廣泛，路子也會比別人多。朋友間彼此照應，相互支持和幫助，情誼才會永世不竭。與朋友交往，我們要切記：

1 做一個優秀、有價值的人，那麼就會有很多優秀、有價值的人為你提供幫助。這樣的時候，這幫助往往確實是無私的。

2 千萬不要以忙為藉口而與朋友之間失去聯繫。因為忙碌減少了和朋友間的溝通，很多原本牢靠的關係就會變得鬆懈。你可以花一點時間和你的朋友保持聯繫，可以打上一個電話，在不打擾同學的情況下，以聊天保持溝通。有時一個簡訊、一個電話都可能使你的朋友感到一絲驚喜和感動。

3 要真誠，要對朋友付出真心。朋友間沒有高低貴賤之分，無論你是總統還是平民，你們曾經站在一起過，這份情比什麼都重要。

鬼谷子教你詐

　　關係疏遠的人，偶爾也要有聯繫。朋友分開後，要保持聯繫。只有這樣，你的人際交往才會無往而不利，這份情誼將取之不盡、用之不竭！

7

掌握分寸，人情不遠不近

　　物以類聚，人以群分，在與人交往中，掌握好分寸尤為重要。鬼谷子早在春秋戰國時期就專門作《內揵》篇，指出交際需要距離，或遠或近，分寸有度，交際就會產生奇效，而一切過猶不及的交際只能事倍功半，甚至會半途而廢。

　　鬼谷子說：「凡趨合倍反，計有適合；化轉環屬，各有形勢；反復相求，因事為制。」意思是，無論是面對面迎合還是轉過身去，都是有法度可依的。事物就像一個圓，每一面都不一樣。而只有瞭解之後掌握分寸地去做，才能制服它。具體問題具體分析才是處理問題的方法。在人際交往中也是這樣，掌握分寸，無論是說話還是做事，都不會給別人造成尷尬或者困擾，這樣才能維持長久的人際關係。

　　無論哪一種社會交際，人與人之間都有一定的空間距離。這種空間距離不但界定了交往的形式，而且確定了交往的廣度與深度。可以說，社交距離的遠近，大致確定出相互間的親疏程度。因此，人們在日常工作與生活中，要善於把握交際的空間尺度。尤其是企業中下層管理者，涉足的面寬、對象廣，更應該自覺運用交際的空間距離長短，把握好交際形式，有效進行人際交往，協調好各種關係，以推動管理工作順利進行。

　　一般情況下，交際分為情友交際、同事交際、業務交際和公共交際四種。這四種交際由於性質與形式不同，必須在一定的空間距離中展開。多數情況下這種空間距離是有規有序的，不能人為打破，否則交際就會出現障礙，甚至中斷。

　　舉一個例子，如果一個人在公共場所突然接近一個相互不認識的人，除了你使用公眾用語還能與對方簡單搭訕一下以外，超出這個範圍以外的問話，都會招致對方的懷疑甚至反感。為什麼會產生這種情緒呢？因為這種交際的性質確定了既不能近距離交際，更不能深入交際，一旦破壞了這種格局，交際就會出現問題，或者根本就不能交際。相反，如果彼此之間是友人或者是情人，而你卻用公共交際的形式去進行，即便你使用非常客套的語言，也會讓對方產生狐疑與不安，徒生不必要的矛盾。

　　因此，交際必須有分寸。誠如鬼谷子所言：「其身內，其言外者疏；其身外，其言深者危。無以人之近所不欲，而強於人。」大意是說：和關係密切的人說見外的話就會疏遠；和關係較遠的人深談就會有危險；不要把別人所不願意接受的事情強加於人。

　　唐語嫣在朋友圈裡的口碑非常好，人們都說她很有人緣。作為一個涉世不深的女孩，她卻能夠將自己和朋友的關係、朋友和朋友的關係處理得恰到好處，這十分不容易。那麼，她是怎麼做到的呢？

　　在唐語嫣看來，關鍵在於她很注意把握與人交往的尺度。唐語嫣是不折不扣的南部女孩，有著南部女孩溫柔似水的性格，她很善解人意，朋友不想說的事情她絕對不問，朋友有事不能和她見面，她也不會抱怨。在她的字典中，從來都沒有「強人所難」之類的字眼，平時說話做事也懂得給朋友留餘地和空間。用她的話說就是人與人相處要給彼此留點神秘感，朋友之間相處得太過親密、太過直白，沒有私人空間，那就沒有意思了，她說朦朧的美才是最好的。唐語嫣一直是這樣說的，也是這樣做的。

　　唐語嫣的交友之道就是：她懂得掌握分寸，既不會離朋友太近，也不會太遠，在給朋友足夠的個人空間的同時，在朋友出現問題的時候也會第一時間趕到，及時地向對方伸出援助之手，讓對方能夠感覺到關心。出現的時機很合適，在不該出現的時候你看不到她，但是當你需要她的時候她也不會袖手旁觀，像她這樣真心實意地體貼別人，怎麼會沒有人緣呢？所以她的朋友很多，並且每一個朋友提起她都會讚不絕口。

比如王美曉失戀的事情，這件事情傳播得很快，事實上，唐語嫣第一時間就知道了這個消息。但是，唐語嫣只是默默地陪在王美曉身邊，陪她傷心、難過，並盡可能地講一些開心的事情逗她開心，並沒有像別人那樣帶著一種好奇的口氣去逼問王美曉到底發生了什麼。這讓王美曉感覺很溫暖，覺得她是一個體貼可靠的人，後來她們成為了很要好的朋友。

由此可見，把握好交往的尺度和距離並不是什麼難事，只要和對方保持適當的距離，不要逼迫對方說出其不想說的話，也不要對對方不聞不問，尤其不要逼對方做其不喜歡的事情；最重要的是在其需要你的關心時，一定要堅定地陪在他身邊。只要你處處替別人著想，給對方留下空間和餘地，同時又不離對方太遙遠，讓你們彼此之間保持一個可以產生朦朧美的距離，那麼，你們之間的友誼一定會變得越來越美而且很堅固，不會因為太近而窒息，也不會因為太遠而猜忌。

什麼事情都有個限度，人與人之間的交往也是一樣，要想在交際中遊刃有餘，你就必須注意交往的尺度和距離，因為太近或者太遠都不利於彼此之間的交往。

如果距離太近了，反而體會不到友誼的和諧之美。也許你會說這不是挺好嗎，彼此之間沒有秘密，能夠做到足夠的坦誠，朋友之間是需要坦誠的。可相互坦誠並不是無限度的，任何人都需要有自己的空間，哪怕是最好的朋友，也不能闖進對方的私密空間，否則你將會因為你的冒失而失去朋友。

每個人心裡都有不想讓人知道的小秘密，在他還沒有想好要如何面對的時候，是絕對不會想讓任何人知道的。如果你不能體諒、不識時務，非要和他分享一切，那麼你就會因為冒犯他而讓你們的友誼陷入尷尬的境地。鬼谷子早就告訴我們不要假裝和每個人都很熟，藉機來窺探別人的秘密，即使你是好心也不一定帶來好的效果，反而會招人厭惡。所以把握分寸在人際交往中顯得至關重要。

友誼需要維繫，需要保持經常接觸、互相慰藉。如果不常聯繫，或者

偶爾聚在一塊兒，會逐漸生疏，所以總是疏遠也是不行的。友誼往往產生於兩個相互親近的人之間，所以，鬼谷先生曾告誡我們：

1 把握好交往的尺度和距離

我們在與人交往的時候，一定要注意自己的立場，要明白自己沒有權利為他人作決定，我們能夠做的就是語言上的勸說或者為其提出可行的建議。如果我們逾越了這樣的前提，就會給人留下不尊重人，擅做主張等不良印象，到時候要想讓對方朝著我們所希望的方向作決策，就幾乎是不可能的了。

2 修養在社交中尤為重要

做一個有修養的人，不僅是對他人、對社會的尊重，而且更多的是對自己的尊重與珍惜。古人就曾把修養作為自己開創事業的基礎，故有「修身、齊家、治國、平天下」之說，把修養放在第一位。交友也是如此，修養差的人，是很難有自己的知心朋友的。人們都願意同那些有修養的人相處，因為同他們相處，會有如沐春風的感覺。能在恰當的場合向人們展示你的修養，就會引起人們對你的好感。因此，修養也是你的社交魅力之所在。

鬼谷子教你詐

人際關係重在通過把握尺度用真心與人交往，但是前提是，一定要時刻清楚自己的位置、自己的身分，做一個有修養的人，才不會因為許可權的逾越而引起對方的不滿，所進行的交往才是最有效的。

8

抱守中道，掌握主動權

　　「中也者，天下之大本也；和也者，天下之達道也。致中和，天地位焉，萬物育焉。」由此可見，「中」與「和」才是夫子的道，即中庸之道。身處俗世，與人爭長道短在所難免，恩怨情仇有時無非就是一句話的事，換個角度，換個立場，也許就會干戈化玉帛。「執其兩端，用其中於民」，折中而用，不「過」亦不「不及」，把握好分寸，適當應運。

　　鬼谷子也曾有「觀陰陽開闔以命物，知存亡之門戶；見變化之朕焉，而守司其門戶」之語。觀察世間萬物陰陽開合的自然規律，瞭解和掌握事物的本質屬性，尋找解決問題的關鍵。發現事物發展變化的徵兆，把握和利用變化的關鍵點，因勢利導，掌握主動權。只有這樣，才能在人際交往中進退自如，遊刃有餘。

　　明朝時，皇帝派御史韓雍到江西考察。當時，皇帝給遠在江西的一名宦官發了一份詔書，地方官誤以為是給自己的，所以打開了封印，誤拆封印的地方官知道自己惹了禍，連忙向韓雍請教解救的辦法。韓雍想了想，讓地方官宴請那位宦官，然後由他出面將此事化解。

　　次日赴宴之前，韓雍讓手下人偽造了一個封印，把詔書裝了進去，然後送給他特意找來的一個郵卒，自己則懷揣真封志去赴宴。當宴會進行到酒酣耳熱的時候，事先安排的那個郵卒拿著假封印進來，並把它交到韓雍手裡。

　　韓雍從容地拆封，打開詔書看了一眼，臉色一變，斥責郵卒說：「詔

書不是給我的，你怎麼如此馬虎！」在給詔書套封印的時候偷偷地「調包」，將詔書套進懷中的真封印中，這一切都沒有被宦官和其他人發現。在宦官看詔書時，韓雍大罵郵卒失職，並向宦官表示歉意。宦官見御史大人如此認真，反過來為郵卒開脫，大家接著飲酒，歡歌達旦。這件麻煩事就這樣被搪塞過去了。

「中者，不偏不倚，無過不及之名。」從中我們可以看出，中就是不偏激，不要走極端，不要不及，也不要過頭；中就是要我們做什麼事情都要有個「度」，把握好分寸。鋼刀雖利易折斷，水流雖細能克堅，忍小節才能獲大勝。在當今社會與人相處的過程中，凡事處理得稍有不當，就會招致很多麻煩，輕則工作生活不愉快，重則影響職業生涯、家庭幸福；因此無論做人還是做事，關鍵在於把握好度，說白了就是一句話，做人要低調，做事要中庸。

那麼我們又該如何更好地運用中庸之道，在人際交往中得心應手呢？

1 學會妥協，不僅僅要學會向現實妥協，更要學會向自己妥協。向現實妥協，是人成長歷程中必經的路段，現實往往不以個人意志為轉移，「兵強則滅，木強則折。」唯抑高舉下、以柔克剛，縱使心中不甘也無法逆轉，人只能順應大勢所趨，被動接受和適應，人們常感歎其為「命運的安排」。而學會向自己妥協，卻是說服自己主動放開束縛自己心胸的無形桎梏，不沉浸於過去的悔恨，不寄望於未來的憧憬，而是拋開內心的諸多不甘和怨憤，不執著，不糾結，安之若素坦然接受既定的現實，潛心瞭解並積極順應現實事物發展變化的規律，從而才能打開心窗，獲得掌握命運之舵的主動權。

2 低調做人，中庸做事，不僅可以保護自己，融入人群，與人們和諧相處，也可以讓人在暗中蓄積力量，然後悄然潛行，在不顯山也不露水中成就事業。反過來說：做人若不懂得低調，就會處處碰壁；做事若不懂得中庸，就會處處受阻；這一點無須舉例，歷史和現實生活已經給了我們很多教訓。

鬼谷子教你詐

鬼谷先生教導我們：為人處世要低調也要中庸，做人要低調，也要能方能圓，做事要中庸，也要能進能退，人生旅途中困難太多，低調做人，中庸做事，只有這樣才能掌握事物的主動權，把握成功。

保利至上，親疏遠近無定數

　　成就大事業者必須要有真本事，於亂中取勝，謀定天下，非長期修煉的高人不能為。《鬼谷子》上篇十卷轉輪內煉之道就說到，和一個人的親疏遠近是由於保利而來的。利是做事情的核心，一切行為都是為了創造利，所以圍繞這個核心就要制定策略，策略是隨著利的不同需求而變化的，時遠時近可能是最好的策略。

　　鬼谷子說：「凡度權量能，所以征遠來近……其有隱括，乃可征，乃可求，乃可用。」一個人要想做出一番事業，就必須廣泛招納各方面的人才。鄭國子產是一個辦公擇而能使的人，公孫諢能知四國，火而善辯，裨諶、馮簡矛能斷大事，子大叔美而善寫，遇國與國之事，子產問公孫諢，然後與裨諶計議，再讓馮簡矛判斷事情的可行性，一旦事情成功，再讓子大叔寫文來應對賓客。所以要保住自己的最大利益，結交有能力的人才，尤為重要。個人如此，一個公司、一個國家，更是如此。

　　很久以前，吐谷渾國的國王阿豺有二十個兒子。他這二十個兒子個個都很有本領，各有所長，難分上下。但是他們自恃本領強，從不把別人放在眼裡，連對自己的兄弟都沒有親情，常常明爭暗鬥，見面就互相譏諷，在背後也總愛說對方的壞話，認為只有自己最有才能。阿豺對兒子們這種互不相容的情況非常憂心，他明白這種不睦的局面很容易被敵人利用來各個擊破，那樣，不僅兒子們的性命難保，傳承下來的國家也會被擊垮。

　　阿豺不願意看到這樣的結局，於是他常常利用各種機會和場合，苦口

婆心地教導兒子們不要互相攻擊，要相互團結友愛。可是兒子們都是陽奉陰違，對於父親的話從來都是左耳進右耳出，誰都沒放在心上，表面上表現得很遵守，但是行為依然我行我素。阿豺對於兒子們非常失望，知道他再怎麼教導也沒有效果了，隨著年紀的增長，阿豺明白自己在位的日子不會很久了，可是讓他憂心的是，如果兒子們再沒有人教導，調解矛盾，國家就會四分五裂，那時候兒子們怎麼辦？國家怎麼辦？有什麼辦法可以讓他們知道自己的錯誤，懂得團結起來呢？

　　阿豺終於想到了一個好方法。有一天，他把兒子們召集到病榻跟前，吩咐他們說：「你們每個人都放一支箭在地上。」兒子們雖然不知道為什麼，但還是聽父親的話，拿了一支箭放在了地上。阿豺對自己的弟弟慕利延說：「你隨便拾一支箭折斷它。」慕利延撿起身邊的一支箭，稍一用力，箭就斷了。阿豺又說：「現在你把剩下的十九支箭全都拾起來，把它們捆在一起，再折斷它們。」

　　慕利延按照阿豺說的弄好箭捆，他抓住箭捆，咬牙彎腰，脖子上青筋直冒，折騰得滿頭大汗，用盡了力氣，始終也沒能將箭捆折斷。這時，大兒子也過來幫忙，因他天生神力，認為很簡單，但是他同樣也沒有折斷箭捆。阿豺這才語重心長地對兒子們開口說道：「你們都看到了吧？一支箭，無論它多堅固、鋒利，還不是一折就斷了，可是合在一起弄成箭捆的時候，就怎麼也折不斷。這也好比人，你們兄弟也是這樣，不管個人有多優秀，如果只相信自己，和兄弟朋友鬥氣，單獨行動，很容易被敵人鑽漏洞導致失敗，只要你們二十個人聯合起來，齊心協力，就會產生無比巨大的力量，這種力量可以戰勝一切，保衛自己的族人，保障國家的安全。這就是團結的力量啊！」

　　兒子們終於領悟了父親的良苦用心，想起自己以往的行為，都悔恨地流著淚說：「父親，我們明白了，您放心吧，我們一定不再像之前那樣了，以後我們兄弟一定團結，守護我們的國家。」有句古話說：「兄弟齊心，其利斷金。」結局我們可想而知，吐谷渾國兄弟同心，把國家治理得富足昌盛。

正因為阿豺的智慧，團結了具有不同能力的兒子，才鑄就了吐谷渾國的輝煌大業。

這和鬼谷子的保利至上理論是一樣的，都是圍繞一個最根本的核心去服務。用人的時候要取其優勢，並給他們合適的機會去實現自己的能力。至於暫時不需要的方面姑且擱置，總會有利用的時候。

在當代企業中，如何用好人，除了要端正用人思想，讓那些想做事的人有事做，能做事的人做好事外，在用人技巧上還要注意：善於用人所長。用人之訣在於用人所長，且最大限度地實現人的價值。那我們又如何做到呢？鬼谷先生認為：

1 接納人才是有規律可循的，這些規律就是領導行為模式。哪位領導者在錯綜複雜的矛盾中抓住了主要矛盾，他就能把領導藝術演繹得出神入化。例如，牽牛要牽牛鼻子，十指彈鋼琴，統籌兼顧，全面安排，這些就是所謂的模式化。

2 黑格爾說過：「世界上沒有完全相同的兩片葉子。」同樣也沒有完全相同的兩個人，沒有完全相同的領導方法。有多少個領導者就有多少種領導方式。同樣，針對不同的人，要用不同的方法。

鬼谷子教你詐

廣泛地團結人才，為己所用，獲得人生的最大利益。常言說，尺有所短，才有所長，同樣我們應包容人才的缺點，取其所長，將其能力發揮盡致。

第二章

借勢法

忤合化轉，大勢非天定人可謀

任何利己行為都離不開天時，
但凡常人皆以為天時乃天定，人哪能謀之。
在鬼谷子看來，非也。
萬物的趨勢都在變化之中，
只要我們能夠深入其中忤合化轉，
也能製造出所需的天時，
這就是所謂的借勢利己法。

1

審時度勢，順勢而動有可為

俗話說：「識時務者為俊傑」。鬼谷子早在春秋戰國時期就專門作《忤合》篇講道：「世無常貴，世無常師。聖人常無為無不為，無所聽無不聽，成於事而合於計謀，與之為主。合於彼而離於此，計謀不兩忠，必有反忤。反於是，忤於彼。忤於此，反於彼。」意思是，聖人也不是什麼都是對的，他們也是審時度勢、觀察大局得來的看法和謀略。只有會順時而動的人，才是時代需要的人。

鬼谷子生活的時代，戰亂四起，民不聊生，今日你稱霸，明日他登場，對於那些縱橫家以及政客們而言，站錯了隊，跟錯了君主，會惹來殺身之禍。鬼谷子的忤合之術，在理論上指導了當時的弄權之人。

掌握事物的規律，要因勢利導、順勢為之，不能逆道而行，即要掌握自然之道。就是說，春天萬物萌生，夏天萬物成長，到了秋天萬物收穫，冬季寒冷，萬物凋敝、儲藏。這就是自然界運行的正常法則，絕不可企圖改變和違背這些規律。若違背了這種法則，終究會失敗。君主治理國事也有一定的法則，使百姓生息，使百姓安居樂業，把百姓教養成才，萬萬不可違背民意，倒行逆施。要順應自然之道，而不可擾亂自然之道。

在當今社會中，尋求個人發展也是如此。如果能審時度勢，駕馭方向，找準發展的目標，全力投入進去，就一定會取得驕人的成績。

在世界富人榜排行榜中，有一位傑出的華人企業家，在近幾年，他曾經一度榮列世界富豪榜第十位。李嘉誠在商界可謂叱吒風雲，他統領著四

大企業公司，形成了一個逾萬億資產的跨國企業帝國。這一切，使他贏得了許多人對他的佩服和尊重。當我們回過頭去看李嘉誠這一生的傳奇商業生涯，可以看到，他經歷了很多的艱難困苦，他的成功與他在商業中能審時度勢、順勢而動是分不開的。

李嘉誠出生在一個貧困的家庭，生活的艱辛和不易，讓孩童時代的他，很早就懂得了金錢對於人生的重要性。一九四〇年，李嘉誠跟隨父母到香港定居，一家人在這個還算發達的城市中過起了穩定的生活，但是好景不長，在一九四三年冬天，李嘉誠的父親離開了人世，家裡的頂樑柱倒了，生活的重擔落在了李嘉誠的身上。為了養活自己和家人，年少的李嘉誠就到附近的工廠裡開始了學徒、工人、塑膠廠推銷員的生涯。一九四八年，由於勤奮好學、精明能幹，二十歲的他開始在新蒲崗擔任了一家塑膠廠的業務經理、總經理。

經過幾年的鍛鍊之後，此時的李嘉誠已經擁有了一定的經商經驗，他開始嚮往經商的生活，所以，他一直在尋找商機。一九五〇年，李嘉誠發現塑膠產業在香港很有前景，於是他及時把握住了時機，用平時省吃儉用積蓄的七千美元創辦了自己的長江塑膠廠。果然，不出兩年，他的長江塑膠廠就已經在香港小有名氣，生意頗為紅火。

從小就發奮圖強的李嘉誠，並沒有因為一點小的成就而滿足，他始終跟隨著時代發展的步伐來改變自己的經營專案。一九五八年，一場金融風暴席捲了整個香港，房價暴跌，很多地產商拋售土地、樓盤，但是此時的李嘉誠卻有自己獨特的見解，他認為香港的經濟在十年內定會復甦，於是他趁機低價大肆收購土地，後來事實證明了，他獨到的眼光和精明的開發策略，使「長江」很快成為香港的一大地產發展和投資實業公司。緊接著，一九六〇年，他認為，香港經濟復甦的時候到了，他順勢而為，先後在北角、柴灣建造了兩座工業大廈。長江實業上市並趁機吸收大眾的資金購買土地，從他在一九五八年蓋好的第一棟廠房後的十年間，他持有的房地產面積達到近六十萬平方公尺以上，增加了五十倍。

這次投資累積了李嘉誠人生中的超級財富，同時這也是他人生中一個

重大的轉捩點。李嘉誠把握住機會，利用他的資產，順勢而起，成為世界級富豪，他的審時度勢也鑄就了他後來的輝煌人生。

毋庸置疑，李嘉誠的成功得益於他在適當的時機找準了事業發展的方向，憑藉不屈不撓的奮鬥精神，才獲得了巨大成功。能把握時機的就能昌盛，而斷送時機的就會滅亡。

鬼谷子提醒我們：一個人必須能夠見機行事，懂得權衡變化。因為處世並無固定法則，這些都取決於智慧。假如智慧不足，即使擁有孔丘那麼淵博的學問，擁有姜尚那麼精湛的謀略，也難免會遭遇挫折。但是缺乏正確的認識而盲目行動，也會得不償失。

那麼，我們又如何去把握時機，蓄勢而發呢？

1 機會總是留給那些有準備的人。我們無法預測將來，但是我們可以規劃現在，時刻提醒自己要努力工作和學習，提高自己的綜合素質，不斷積累更加豐富的人生經驗，為自己美好的未來創造機會。

2 用清醒的頭腦去辨別周圍紛繁的事物。愚者等待機遇，智者尋找機遇，把握機遇。只有認清形勢，順勢而發，才能有所作為。

鬼谷子教你詐

把握大局，才能謀劃未來，有更多勝算。學會審時度勢，必須善於搜集情報，分析態勢，明智判斷，從而順勢而動，不斷向目標奮進，使自己獲得更大的成功，闖出自己的一片天地。

2

巧妙借勢，環境不利仍可勝

　　機會是留給有準備的人的。這句話說的就是一個人要學會利用時機，借助形勢的變化行事，這和鬼谷子的理論不謀而合。鬼谷子說：「聖人者，天地之使也。世無可抵，則深隱而待時；時有可抵，則為之謀。可以上合，可以檢下。能因能循，為天地守神。」聖人就是會觀測天意、遵循規律的人。借助環境的有利因素，把外力發揮到最大，有助於成功。

　　鬼谷子生活的時期，諸侯割據，國與國之間的爭鬥此起彼伏，借助他人的勢力，即使環境惡劣，也能出奇制勝。鬼谷子的門生孫臏，可謂把借勢而起運用到了極致，《孫子兵法》「勢」篇有這樣一句話：「故善戰者，求之於勢」，意思是說善於作戰者，往往充分利用形勢以及形勢的變化。

　　大家熟知的赤壁之戰，就是劉備巧借勢大敗曹操，最終形成一方霸主的關鍵所在。

　　三國時，劉備和曹操赤壁之戰初期，曹操在官渡之戰中擊敗袁紹，統一了北方，而後興兵向南。幾天的時間曹操就大軍壓境，這給了劉備很大的壓力，為了保護自己的勢力，在存亡未卜的危急關頭，孫權和劉備終於結成了聯合抗曹的軍事同盟。因為曹操的軍隊來自北方，相對於南方人來說，水性並不是很好，為了保護自己的士兵，曹操決定用鐵環將小船首尾連接起來。

　　曹操和劉備的大軍在赤壁大戰一次後，由於曹軍受挫，退回了江北，

屯軍烏林，與孫、劉聯軍隔江對峙。雖然在當時的情況下，孫權和劉備的士兵都是南方人，在生活習性上都很適應，但是力量和曹操的大軍比起來十分薄弱。曹操大軍的人數是劉備和孫權大軍的幾倍，如果只是單純地通過硬碰硬的戰爭來看，那劉備和孫權必輸無疑。劉備很清楚，想要單純地憑藉實力來打敗曹操，保護自己的領地，非常不容易。

一時間，劉備和孫權的大軍中人心惶惶，人們都害怕會因這次戰役失去家園和生命，就在這個時候，周瑜的部將黃蓋針對敵強我弱、不宜打持久戰及曹軍士氣低落、戰船連接的實際情況，建議採取火攻，奇襲曹軍戰船。經過了和劉備、孫權的仔細商議之後，周瑜採納了黃蓋的這一建議，制定了「借助風勢，以火佐攻」，因亂而擊之的作戰方略。

曹操本身就是生性多疑的人，再加上這個戰爭的特殊時期，曹操的戒心更重，於是為了取得他的信任，劉備設計黃蓋向曹操詐降，並讓他與曹操事先約定了投降的時間。曹操仗著自己人多勢眾，欣然得意起來，竟然應允了和黃蓋的約定。周瑜這邊雖然騙過了曹操，取得了他的信任，但是想要用火攻，必要的條件就是風了。周瑜經過幾天周密的星象觀察，發現兩天後就要有一場東南風，劉備他們此時借助風力正好是順風。於是兩天以後，黃蓋率鬥艦數十艘，滿載乾草，乾草上全部澆滿了油，並且為了麻痹曹軍，進行了巧妙的偽裝，插上旌旗，同時預備快船繫掛在大船之後，以便放火後換乘，然後揚帆出發。

黃蓋帶領的戰船借著江上猛刮著的東南風，迅速向曹軍陣地接近。曹軍望見江上船來，均以為這是黃蓋如約前來投降，絲毫沒有戒備之心。黃蓋在距曹軍不到一里時，下令各船同時點火。由於東南風是順風，所以一時間火勢迅猛開來，船往如箭，直沖曹軍戰船。曹軍船隻首尾相連，分散不開，移動不得，頓時便成了一片火海，緊接著，熊熊烈火一直向岸上蔓延，一直燒到了岸上的曹軍營寨。此時在長江南岸的孫、劉主力艦隊趁機擂鼓前進，橫渡長江，大敗曹軍。曹軍將士被這突如其來的大火燒得驚慌失措、鬼哭狼嚎、潰不成軍，燒死、溺死者不計其數。

曹操被迫率軍由陸路經華容道向江陵方向倉皇撤退，孫、劉聯軍趁勝

水陸並進，窮追猛打，擴大戰果，一直追擊到南郡。這場大戰，最終以曹操率領殘兵敗將逃回北方，孫權、劉備大獲全勝而宣告結束。

赤壁之戰是歷史上著名的以少勝多的戰役。分析曹操失敗的原因，個人的驕傲輕敵是主要原因，其次孫、劉聯手首尾呼應，也是重要的原因。其實，最終這次戰役的大贏家是誰？當屬劉備了，劉備當時可謂很不得意，整天投靠別人，而且還常吃敗仗，當曹操統一北方的時候，他還沒有個立身之處。他受盡了別人的冷嘲熱諷，吃盡了顛沛流離之苦，鬱鬱不得志，劉備當時借住荊州，沒有半分自己的江山，他借助於孫權的勢力，孫權軍隊擅長水戰，不費自己一兵一卒，穩收戰利品，自此，曹操勢力削弱，劉備趁機奪取蜀地，有了三分之一天下。

採用鬥爭手段而在某方面壓倒對手，而以此整治整體格局達成戰略目的，在難有收穫時，切不可輕啟爭端。由於鬥爭只是達成組織戰略目的的一種選擇，因此必定要經過慎重考慮，權衡合不合於戰略利益之後才能採取行動。絕不是凡事都講鬥爭，來一個盲目的逢對手就殺，到頭來損兵折將，兩敗俱傷，而從根本上打破了組織和諧生存的環境。但又如何能借助於對方的勢力，保證自己的最大利益呢？鬼谷子早在春秋時期就給我們提出了告誡。

1 借勢而發。俗話說：團結就是力量。團結可以團結的人，借助彼此的實力，形成一股無法逾越的壟斷力量，就會無往而不利，令你的對手不戰自敗。否則，孤軍奮戰，註定滿盤皆輸。

2 「計利以聽，乃為之勢，以佐其外。勢者，因利而制權也。」也就是在主持鬥爭行為的「將帥」的戰爭謀略，獲得組織領導者的採納和支援，開始戰爭行動之後，首先要謀勢造勢，也就是「因利而制權」，做出必要的權變，而獲取戰爭的有利局勢，最終獲得勝利。

鬼谷子教你詐

　　認真分析自己所處環境，權衡與對手競爭的利弊，作出決斷，找自己最合適的聯盟，借助彼此的勢力，全力出擊，削弱對手，使自己變得更加強大。

3

好風揚帆，瞅準時機好造勢

　　人生起起落落，把握好機會，借助於外力，揚帆遠航，到達成功的彼岸，是件多麼快樂的事啊！所以鬼谷子曾有云：「反趨合倍反，計有適合。」大意是說所有趨合或背反的事情，都會有適宜它的計策，謀臣應借助於外力，造聲勢，發展自己。有時候我們真的是「萬事俱備只欠東風」，這個東風就是時機和天命，只有借助這個東風才能達成所願。所以鬼谷子認為找準時機是成功的客觀條件，而這個客觀條件的尋求，卻是一個人主觀修行的體現。

　　孫子兵法曰：「激水之疾，至於漂石者，勢也。」湍急的流水，飛快地奔流，以致能沖走巨石，這就是勢的力量。

　　孔明自出茅廬以後，極擅長造勢、借勢、用勢。劉備赴江東招親時，趙雲令荊州隨行兵士俱披紅掛彩入南徐，便是孔明造勢之計。其目的在於製造出一種熱熱鬧鬧辦喜事的輿論聲勢。用現代話來說，這既是表明來意的「安民告示」，又是廣而告之的「轟動效應」。結果，這一轟動效應驚動了喬國老和吳國太，孫權和周瑜的假戲不得不真唱下去，最後，劉備得了孫夫人又保住了荊州。而宋太祖趙匡胤更是因造勢成就了一片大好河山。

　　當年趙匡胤被宰相范質、王溥派去北上防禦北漢和契丹的聯合進犯，最後黃袍加身一事，事實上就是趙匡胤背後的支持者選好了時機，通過不斷的造就時勢而最後得來的結果。後周顯德七年，趙匡胤的支持者趙普派

人散佈謠言，上奏朝廷說北漢和契丹會師南下，派兵進犯。當時朝廷只有一個年幼的小皇帝，尚未親政，於是只好由輔助大臣們來商議此事，為了保護江山，朝中要選一位英勇無敵的良將前去退敵。

當時朝中宰相等人並沒有懷疑軍情的真假，只是感到了事情的嚴重性。契丹和北漢聯合，說明敵軍非常強大，於是他們只好選中了在朝中最有實力的趙匡胤前去退敵。當大軍行至開封東北四十里的陳橋驛時，趙匡胤便駐足不進。而朝中的幼帝和大臣等還不知道趙匡胤此時的野心，都在等著趙匡胤凱旋的好消息。

趙匡胤的野心當然不能明擺著表現出來，他還要日後讓人們信服自己，不想落得一個背棄朝廷和帝王的名聲，於是，他很需要自己的謀士來為他造就好的時勢，從而等待機會順理成章地實現大志。在趙匡胤隨行的軍中有一個通曉星象的人叫苗訓，他指點門官楚昭輔等人觀察天象，看見「日下復有一日，黑光摩蕩者久之。」似乎兩個太陽正在搏鬥，而出現這種情況，在古人們的眼裡就意味著要出現一個新的皇帝。這個謠言很快就在趙匡胤的軍中散播開，很多人開始猜測這可能是老天爺的旨意，要讓更合適的人來做皇帝。

有了之前天意的鋪墊，軍中將士們已經開始有了各種猜測，於是趙匡胤借著現在的這種種對自己有利的時機，開始派自己的親信去煽動將士們：「現在皇帝年幼，不能親政，我們冒死為國家抵禦外敵，又有誰知道，不如先立將軍為天子，然後再北征也不晚」的意願。

此時趙匡胤的造勢已經到了高潮部分，於是，一直在幕後策劃的趙普、趙光義等出來假言規勸將士們不要這樣做。但是單純的將士們正好就中了他們的激將法，一下子整個軍營中就人心聚齊。趙普等人見時機成熟，就派人連夜趕回通知大梁城內的守將石守信、王審琦等人，讓他們在京城領兵策應。

在整個造就時勢的過程中，趙匡胤本人從未正面表現過自己的野心，直至黎明時分，北征的將士們在趙普等人的安排下準備兵變，此時的趙匡胤仍然裝作毫不知情，讓在場的將士們對他更為信任，等到趙匡胤在下屬

的通知下走出營帳後，將士們一見便高呼：「諸軍無主，願奉將軍為天子！」趙匡胤未及開口，就有人把象徵著皇權的黃袍裹在他身上，高呼萬歲。參加兵變的將士們不等他分辯，就簇擁他上馬。

趙匡胤黃袍加身這一事件，將他自己毫不知情、被迫無奈、順從人心的情態表現得淋漓盡致，這一切都得歸功於在他背後為他造就合適時機的謀士趙普等人。趙匡胤已經深得人心，於是很快就號令三軍，於是，他就整肅軍隊進入大梁。進城後，他命令將士們各歸營帳。

同時，為了給群臣和百姓一個交代，趙匡胤的手下又開始著手尋找機會為他造就一個得人心的時勢。手下將領簇擁著宰相范質等群臣前來，趙匡胤一見就痛哭流涕，對他們說道：「我違抗了上天的旨意，當了叛軍首領，都是諸位將士下命令逼迫我的緣故，我不得不這樣做啊！」但還沒等范質等開口說話，一個名叫羅彥環的將領隨即手按利劍對范質等人厲聲怒喝：「我們諸位將士沒有首領，今天我們奉趙匡胤為天子。」范質等人面面相覷，無計可施，只好承認趙匡胤為皇帝。

於是趙匡胤擇日登基，是為宋太祖。從散佈北漢與契丹進犯的謠言，到觀天象、唆使將士擁立趙匡胤為帝，而後裡應外合、兵不血刃進入都城大梁，趙匡胤和他背後的謀士們一起把握住了時機，並且看準了時機造就時勢，最終讓趙匡胤名正言順地當上了皇帝，

回顧趙匡胤黃袍加身的整個事件，趙普等人將整個造勢過程安排得絲絲入扣、細緻入微，甚至連加身黃袍和禪代詔書都已事先準備好，可見，謀大事貴在善於借機造勢。

鬼谷子認為：只有佔有優勢，才可先聲奪人。所以當今企業在市場競爭的商戰中，無勢者需造勢，無力造勢者需借勢，有勢者需用勢。商戰同樣需要造勢。一個剛開張的新企業，一種剛上市的新產品，知名度低，企業需要造勢以提高知名度，以勢為其鳴鑼開道；一個實力雄厚的知名企業，一種名牌產品，雖然已有了一股勢，仍需繼續造勢，以鞏固市場，提高形象。有人認為，實力本就是一股強勢，人為地再造勢，無非是花拳繡

腿，這種觀點有失偏頗。有實力自然好，但是實力還應當被消費者認識到，才會對企業產生認同感和信任感，因此造勢與不造勢就大不一樣。企業搬家，是再平常不過的事。不造勢，路人視而不見，造了勢，就可能引起衝擊心理的強大轟動效應。

那又該如何造勢，才能取得成功呢？

1 策劃造勢。當一個企業鮮為人知時，當企業的某個活動不被人理解時，造勢開路最具效應。如果孔明不囑咐趙雲造勢，江東百姓連劉備過江這件事都不會留意，更何言知其來意。孫權、周瑜本無意演戲，孔明卻極想把這齣戲熱熱鬧鬧地演下去，演戲以前必然有一番策劃，披紅掛彩入南徐就是開場，趙雲的造勢明明白白地告訴東吳百姓，劉備過江是來求親的，不是來打仗的，不會給百姓造成威脅，只能因孫、劉聯姻給百姓帶來好處，從而使東吳百姓，以及東吳的上層人物喬國老、吳國太接受了劉備的此行。

2 把握機會，營造氛圍。中國有歷史悠久的酒文化，中國名酒廠家林立，中國喜愛杯中之物的大有人在，但是對洋酒卻鮮為人嘗。法國軒尼詩公司認為中國酒品種多、產量大，引進點白蘭地並不會對中國名酒廠家造成威脅，還能起到調劑酒類市場的作用，於是以公關活動為方式大造聲勢。在上海，他們請了中國傳統的舞獅和鼓樂隊開道，並在碼頭和五星級花園飯店舉行了爵士樂隊和時裝模特兒獻技的宣傳活動，為此花費了一千二百萬美元。借中國改革開放的契機，營造氛圍，引得各家報紙爭相報導。從此，這種昂貴的酒敲開了中國酒市場的大門，擺在了遍及各城市酒店的酒櫃上。

鬼谷子教你詐

　　造勢並沒有一個固定模式，環境不同，造勢的方式也有所不同。披紅掛彩入南徐是熱熱鬧鬧地造勢，孔明空城撫琴退司馬是冷靜沉著地造勢，二者的環境有極大的差異。所以說，根據環境，看準時機造勢，必能獲得較大成功！

4

因勢利導，壞事也能變好事

鬼谷子在《謀篇》中說：「凡謀有道，必得其所因，以求其情。審得其情，乃立三儀。三儀者，曰上，曰中，曰下。」這提醒我們，如果給人家出謀劃策，就要遵循一定的規律，即首先要追尋所面臨的事情的起因，進而探求事物發展過程，特別是現在的各種情況。只有因勢利導，才能在遇到困境的時候及時轉化，把壞事用正確的方式轉換成好事。

掌握事物的規律，要因勢利導、順勢為之。鬼谷子在春秋戰國時期指出因勢利導的重要性，並對如何做給出了良好的建議。順著事情發展的趨勢，加以引導，直到達到自己的目的，即使是壞事也能變成好事。

在當今商業競爭中，佔領市場最重要的就是抓住市場的運作規律，順應市場某種層次的要求，適者生存。市場戰略是全域性的，是具有指導意義的，是根據形勢需求制定的長期性規劃，是穩定的、堅定的；但面對多變的市場形勢，應用戰術可以是靈活的、多變的，應該圍繞戰略思想，將現實的利益、現實的合理性與未來的發展、長期的發展有效結合起來。只有以事實為基礎，向正確的方向計畫實施，才能水到渠成，獲得成功。

大陸寧夏的某公司出產了一種「元福記」枸杞，在當地久負盛名。公司老闆想把它儘快推向全中國，因此需要公司的業務經理設定方案進行推銷，其中最有效的方式就是向量販店或地區經銷商大力發展批發業務。李安是負責「元福記」枸杞天津地區業務的，當他按照總部的指揮採用這種戰術時，不僅沒有取得絲毫效果，還處處碰壁。

　　原來，天津是「老紀家」枸杞的天下，別的品牌根本無法輕易插足。李安作為天津地區的負責人，當然知道「元福記」在別人的地盤上無法銷量增長的原因，於是他好幾次回總部的時候向公司提過建議方案，但是公司始終沒有採納他的建議，依然要求他按照原來的銷售方案進行。公司催著李安盡快打開天津的銷售市場，否則一切責任要由他自己承擔。

　　此時的李安非常的氣憤和無助，得不到公司的理解和支持，還下達了最後的銷售通知，這給了他很大的壓力。開始的時候他一直很苦惱，經常藉酒消愁，但是沉迷了幾天之後的李安，決定靠自己的實力來改變現狀。於是他靜下心來認真思考了自己目前的形勢：如果按照上司的要求行事，一定不能完成任務，最終會讓生意砸在自己手裡；但是如果自己不按照上司的要求行事，自作主張，若出了什麼問題，自己又承擔不起後果。思來想去，李安決定放手一搏，他覺得靠自己的方法，或許還有些許的希望。

　　接下來的日子裡，為了打開「元福記」枸杞在天津地區的銷路，李安採用了新的推銷方法。他把裝枸杞用的紙袋免費送給零售單位，這樣一來，會有很多顧客知道「元福記」的存在，這無疑為公司做了一次大範圍的廣告宣傳；此外，李安還對經營單位免費送貨，在價格上實行薄利多銷，為了方便客戶，他還同意客戶可推遲結算貨款，這樣的結算模式讓經銷者感到很貼心，於是很多人都願意和李安合作。沒過多久，李安通過採用這種銷售方法，使得「元福記」枸杞很快就佔領了當地的枸杞市場，成功登陸天津。

　　在以上的案例中，業務經理李安並沒有一味地跟上司辯解，只想著讓上司接受自己的觀點，也沒有專一地只是按照總部的規定等待市場競爭失敗。聰明的他懂得按照天津當地實際情況靈活地改變了戰術，因勢利導，使「元福記」枸杞得到了大賣。後來，因為李安成功地打開天津這個人市場，給公司帶來了很大的效益，所以公司給予了他經濟上的獎勵，並且還將他提升為公司的銷售主管。正是李安懂得運用因勢利導的原理，改變思想策略，從而成功地完成了銷售任務，在體現出自己獨特的價值的同時，還為自己爭取了利益。

　　鬼谷子認為：掌握事物的規律，要因勢利導、順勢為之，不能逆道而行。想要開拓市場，在商場裡打開一片天地，也要順勢而為。想要生存，就要「以不變應萬變」，要在原則的堅定性和策略的靈活性相結合的情況下，瞭解上司制訂這個計畫最終想要達到的目的，然後根據現實情況和自身力量，站在自己的立場思考該怎麼做，做後會產生怎樣的結果，將壞事變為好事。

　　職場上，你要會站在上司的立場上考慮問題，瞭解上司的全盤戰略思想，瞭解他為什麼要這樣做，這樣做能帶來什麼樣的效益，這種戰略和現實有什麼矛盾。當上司安排你做一些事情的時候，你要做到心中有數，既不要不問情況，不看實際地一味蠻幹，也不要故作聰明地暗自跟老闆較勁，消極怠工。我們要盡量選擇符合自己利益的事情去做。那我們又該如何做到因勢利導呢？

　　1 做事時，要縱觀全域，從大處著眼，找準發展方向，結合當前環境，作出準確的判斷，做還是不做，如何做才能獲得大的收益。

　　2 要具體情況具體分析，不能死搬硬套。事物都是處在不斷的變化和發展之中，如果凡事都照搬教條，而不知隨機應變，具體情況具體分析，那就難免失策。形勢瞬息萬變、波譎雲詭，所以必須從實際出發，見機行事，照搬教條只能使人自食惡果。在付諸實踐時也應靈活機動，切忌僵化不變。

鬼谷子教你詐

　　觀察世間萬物陰陽開合的自然規律，瞭解和掌握事物的本質屬性，尋找解決問題的關鍵。發現事物發展變化的徵兆，把握和利用變化的關鍵點，因勢利導，才能制勝。

蓄力待發，勢大才能轉時局

　　有人說：「機遇只留給有準備的人。」鬼谷子曾經說過：「世無可抵，則深隱而待時；時有可抵，則為之謀。」大意是說：沒有機會時，養精蓄銳，等待時機。出現機會時，主動謀劃，施展才華。鬼谷子教我們不要總是出拳，要學會收拳。收拳的目的不是認輸，而是積蓄力量，然後有力地再次出擊。在面對困境的時候，不妨躲過風頭，暫時緩和情緒，尋找好的策略再積蓄力量，等到有了足夠的準備以後再絕地反擊。這是有大智慧的人才明白的道理。

　　歷史上，諸葛亮縱使隱居深山，仍關注時局政勢，憑著滿腹巧計奇謀，終覓得良主，三顧茅廬，出山輔助君主成就霸業，留下史冊上耀眼奪目的篇章！他不怕歲月蹉跎，不怕曾因失去一個時機或還未擁有一個機會而一蹶不振。因為他知道，他有實力，並不斷千錘百煉讓自己的寶劍光亮如新。由此可見，命運阻礙不了一個努力的人，只要蓄勢待發，終有勝利的一大。

　　蓄勢待發是一個漫長的過程，堅持住了，你就能如浴火後的鳳凰，衝出火團，展翅高飛，搏擊於長空，康熙不是還在高歌：「我真的好想再活五百年」嗎？

　　中國古代在位時間最長的一位皇帝，無疑是清朝的康熙大帝，之所以能夠建立大清的宏圖偉業，緣於他幼年時期的隱忍蓄力，勵精圖治。

　　作為一名皇子，玄燁是幸運的，但是宮中的一切又讓玄燁很不幸。他

的母妃只是一個不受皇帝寵愛的庶妃，更何況皇帝後宮佳麗無數，玄燁的出生根本引不起父皇順治的注意。在玄燁出生後不久，皇宮裡發生了一場瘟疫，宮內許多人都染上天花死去，小小的玄燁也沒能抵抗住天花，不過福大命大的他竟活了下來。然而，不幸的事還是接連發生了，八歲那年，父親順治駕崩，過了兩年，他的母妃也駕鶴西去了，獨留下弱小的玄燁在皇宮之中。

說玄燁幸運，是因為他雖然失去雙親，卻得到了他皇祖母的疼愛。要知道當時的太后是聰慧仁愛的孝莊，她是一位富有政治頭腦、品性賢良的祖母，對玄燁的培養傾注了大量心血，為他成為一代明君打下了堅實基礎。

孝莊經常給玄燁講述祖父當年披堅執銳、創立江山的故事，激勵他將來要秉承祖先英烈之風，成為有抱負、有作為的人物。而且孝莊對玄燁的要求也十分嚴格，經常教育他要「寬裕慈仁，溫良恭敬」，甚至具體到他的一舉一動，都要求「儼然端坐」，中規中矩。

從小就知道生於憂患、死於安樂的玄燁，在學習上非常刻苦。從五歲開始，無論嚴寒酷暑，他都在自己的書房裡學習。尤其是在父母雙亡後，他更加發奮努力，系統地學習治國安邦之道，認真研讀儒家經典。除了內在的學識，玄燁還注重外在的武藝，並拜武藝高強的侍衛阿舒默爾根為師，刻苦練習騎射技藝，縱馬射獵，十矢九中，英武非凡。天資聰穎的玄燁在年少時已經能文能武，並且有著果斷堅韌的人格力量，這為他以後的統治積蓄了強大的力量。

玄燁正式親政是在西元一六六九年，史稱康熙皇帝。這位蓄勢待發的少年天子，剛坐上至尊無上的王權寶座不久，就展現出治國的雄心抱負。他十四歲時就親自謀劃剷除了位高權重、專橫跋扈的鰲拜，一生先後平定三藩之亂，反沙俄，並向外擴張，大大擴大了中國的疆土；對內則治國安邦，肅清吏治，富國裕民，開創了繁榮的「康乾盛世」。

真正的帝王，就該像康熙這樣，既能馳騁沙場、運籌帷幄於千里之外，又能經世濟民、穩固統治，這才是儒家標準的「內聖外王」的最高境

界。

　　正因為康熙幼年的努力好學，才積蓄了他過人的能力，在機會到來時，一搏而舉，剷除了鼇拜，平定了三藩，成就了輝煌的人生。我們不要埋怨上天沒有眷顧自己，上天對人人都是平等的。機會是留給有實力、有耐心的人的。顧影自憐是庸者做的事，要想成功，就努力讓自己成為有實力的人吧！漫長的道路不可怕，揹上你裝滿「營養」的行囊，你總會到達勝利的彼岸！

　　所以鬼谷子教導我們，要學會蓄勢待發，那些會審時度勢的人，往往不是一味地向前直衝，而是知道伸縮，在不需要出力的時候做好準備，厚積薄發，最終總會贏得那些一味蠻幹的人。

　　1 拿破崙‧希爾說過，一個善於準備的人，是離成功最近的人；一個缺乏準備的人，一定是一個差錯不斷的人，縱其有超群的能力、千載難逢的機會，也不能保證獲得長久的成功。沒有準備的行動會讓一切陷入無序，最終面臨失敗。

　　2 凡事預則立，不預則廢。《鬼谷子》說：「變化無窮，各有所歸。或陰或陽，或柔或剛，或開或閉，或弛或張。是故聖人一守司其門戶，審察其所先後，度權量能，校其技巧短長。」人生亦是這樣，事前的準備往往決定了事後的成敗。為了得到一個最令你滿意的結果，必須在行動之前，把所有導致既定結果的方法和途徑考慮進來，並為之做好充分的準備。即便一個人具有超強的能力、千載難逢的機會，一旦缺乏準備，就不能保證獲得成功。

鬼谷子教你詐

　　多一分準備，就能少一些失敗的風險，多一分成功的保障。所謂準備，主要是指為成功而長期進行的堅韌、紮實的知識儲備和辛勤努力的勞動，以及在機遇來臨時的全力拼搏和衝刺。有人曾這樣說過，事業成功的三大要素是天賦、勤奮和機遇。可見，機遇固然重要，但離不開天賦和勤奮，離不開充分的準備。所以說，蓄勢待發，最終大事可成。

6

趨勢非天定，巧生藉口亦勢可謀

　　鬼谷子說：「是以聖人居天地之間，立身、御世、施教、揚聲、明名也，必因事物之會，觀天時之宜。」一個高明的人，在瞬息萬變的事物中，應及時抓住事物轉化的時機，去調整或執行自己的計畫。大勢並非天意，只要我們把握好時機，大勢可以謀劃，從而個人成就一番事業。「人定勝天」就是說人力的不可控制。自古成大事的人都不是聽天由命的人，多少人少年貧窮不得志，卻不信命、不服輸而最終萬古留名。古今多少成大事者，不是謀定天下？陳涉曾有云：「王侯將相寧有種乎？」在大澤揭竿而起，令秦王朝戰慄；洪秀全以「天王」降世為名舉起義旗，反對腐朽的清朝廷。所以說巧用計謀，可令大勢所趨。鬼谷子也是這樣，如果生在亂世而自甘墮落或者整天杞人憂天，那麼他就不會研究出萬古流傳的縱橫之術了。

　　晏嬰是春秋時期齊國的名相，他對齊國的發展很是重視，但是君主齊景公卻是位好大喜功的人，非常喜歡誇耀自己的政績，這樣很多人為討好他都曲意逢迎，所以，當時的齊國國力衰退，國風日下，忠誠的晏嬰看在眼裡、急在心上，他琢磨著要勸諫一下景公。

　　這一天，國君找晏子談話，問晏子：「治理國家最該提防什麼？」晏子想了想說：「我認為最該提防的是社鼠。」齊景公本以為晏子會大力頌揚一番自己的豐功偉績，沒想到竟是這樣一個奇怪的回答，他呆呆地盯著晏子，不解地問道：「這是什麼意思呢？」

　　眼見勸諫的時機到了，晏子回答道：「大王，您見過社鼠吧？但是我們很難捕捉到它，這是為什麼呢？因為它們最喜歡到土地廟安家，而土地廟外土內木的構造十分有利於它們的生存。如果我們用水去灌，害怕沖壞了泥牆；如果用火去燻，又恐怕燒壞了裡邊的木頭，我們真是拿它們沒辦法。所以我才說，土地廟裡的老鼠是最可怕的。」

　　看景公點了點頭，晏嬰開始說重點：「其實，像社鼠一樣的還有某些人，他們就生活在我們的周圍，包括大王您，身邊就有這種類似社鼠的人，他們在君主面前粉飾抬高自己，可背地裡淨做一些傷天害理之事。如果不除掉他們，百姓遭災遭難；懲治他們吧，又怕有礙於君主的面子。大王，您說這些人是不是跟土地廟裡的社鼠一樣？」

　　聽了晏嬰的話，景公若有所思，這時晏子趁熱打鐵，繼續說道：「還有這樣一個故事，一家酒館環境清幽，依山傍水，而且他家的酒酒味醇厚，十里飄香。但非常奇怪的是他家的生意卻十分冷清，店主人無可奈何，就去問村裡人個中緣由，原來是因為店門前的那條兇狗。許多客人本想去品嘗一下美酒，可一看到兇惡的大狗，都掉頭走了。理清了原因，店主人回去就把狗牽走了，從此，上門買酒的人絡繹不絕，生意更是興旺紅火。其實一個國家之中也有這樣的惡狗，就是那些不學無術卻又野心勃勃的奸佞之人。當能人賢士向君王提供治國方略之時，就會擔心自己被重用後遭到這些小人的排擠，甚至有生命之險。所以，有這些社鼠、兇狗的存在，有才之士怎麼會為君主分憂，國家怎麼能夠興旺發達呢？」齊景公聽了晏子的諫言，心悅誠服，從此改革吏治，齊國漸漸強盛起來。

　　聰明的晏子沒有直言進諫，而是巧妙地以老鼠和兇狗來比喻那些朝中的庸人和奸臣，把道理講得極為透徹明白。作為君主的齊景公既沒傷了面子，又得到了良好的建議，可謂兩全其美。

　　鬼谷子教導我們：在提建議或者試圖說服他人的時候，一定要根據情勢，採用適當的方法，令對方能欣然接受，既達到了目的，又能穩定大勢。這就是說要巧用語言，用計謀達到大勢可成的效果。針對那些只信命

不信人的人，就要去除他們的命數之心，告訴他們人定勝天的道理。而那些沒有因勢利導的人，則要找準時機。那怎麼做才能成功呢？

1 不管是怎樣的遊說活動，都有採納和建議兩方面，而這兩方面正好是相對立的，提出建議的人都希望對方採納自己的意見，我們不能代替對方作決策，根據對方的特點，投其所好，目的可成。

2「陽動而行，陰止而藏。」就是說要抓住有利的形勢積極運動前進，只有這樣，大勢才可成。

鬼谷子教你詐

　　大勢所趨，但是大勢如何趨向，完全由個人決定，只要在適當的時候，把握時機，巧用計謀，大勢定可按我們預想的方向前進，進而最終獲得成功。

7

謀而後動，決斷行動隨勢起因勢而變

　　鬼谷子先生說過：「謀，莫難於周密。說，莫難於悉聽。事，莫難於必成。」是說謀劃是第一位的，但是還要有周密的安排和執行力。為什麼說「三思而後行」，就是要告訴人們謀劃的重要性。經過深思熟慮作出的決定往往不是衝動的，所以不會漏洞百出、不堪一擊。諸葛亮為什麼讓劉備三顧茅廬，就是因為他有著極高的謀略，使得劉備不惜放低姿態去尋求人才。

　　鬼谷子還說過：「凡趨合倍反，計有適合，化轉環屬，各有形勢，反復相求，因事為制。」世上萬事千變萬化，一個主帥，必須拿出多個計謀去應付不斷變化的情況。正確的決策來源於正確的判斷，而科學決策的優先原則，則是要能夠預見到事物的未來發展趨勢，並做好各種有針對性的應對準備。這也是我們面對當今複雜變化的安全局勢必須具備的素養。然而，歷史上有許多重大事件的決策，不僅缺乏應有的預見性，而且還因主觀臆斷誤判形勢，而導致不應有的後果。

　　大家都知道「紙上談兵」的故事，說的就是趙國的趙括只會書本上的兵法，卻不懂因勢而變，從而葬送了趙國的前途。

　　當時趙國的君主是孝成王，一年，秦軍派兵攻打趙國，而名將趙奢已死，藺相如也已病危，軍中無人，趙王無奈，只好派廉頗率兵攻打秦軍，可廉頗已經年邁了，沒有了當年的英勇神武，出兵幾次都被秦軍打敗，無奈之下，廉頗只好堅守營壘不出戰。

　　秦國見趙軍久不出戰，再拖延下去也不是辦法，於是張儀想出一計，他派人到趙國散佈謠言說：「秦軍最害怕的就是馬服君趙奢的兒子趙括了，要是他做了將軍，秦國必敗。」說起趙括，他從小就跟父親學習兵法，飽讀各類兵書，談論起來無人能及，就連他的父親趙奢都說不過他，但是，趙奢從來不認為兒子能帶兵打仗，趙括只是會說而已，要真的上了戰場，他一定會敗。

　　秦軍怕趙括的消息很快就傳到了趙王的耳朵裡，趙王一看機會來了，決定撤掉廉頗，立即起用趙括做將軍。而藺相如聽說後，不惜拖著病痛的身體，來到趙王跟前勸諫：「大王一定要三思啊！不說這消息是真是假，就憑趙括來說，他根本就不是做將軍的材料，雖然他懂兵法，那只是讀他父親留下的書，根本不懂得靈活應變。」結果趙王不聽，還是一意孤行，決定命趙括為將。

　　當趙王的信使通報趙家之後，趙括的母親不顧身分，跑到趙王面前，請求撤掉兒子的將軍頭銜，因為身為母親，她最瞭解兒子，帶兵打仗對兒子來說，根本就是兒戲，她不能眼看著趙國幾十萬兵將死在兒子的手上。可是趙王根本不信這些，趙母無奈，只好請求如果有一天兒子做了不稱職之事，自己可以免受株連之罪，趙王以為趙母有些小題大做了，便不在乎地答應了。

　　很快，趙括便當上將軍上了戰場，他根據書本，把軍中的規章制度全都改了，甚至把某些將領都撤換了。秦軍一聽到這種情況，知道計謀得逞，便調遣奇兵，假裝敗逃，又去截斷趙軍運糧的道路，把趙軍分割成兩半，讓趙軍士卒離心。沒堅持多長時間，趙軍就撐不下去了，於是趙括出動精兵親自與秦軍搏鬥，不料被秦軍一箭射死。主帥被殺，趙軍立即潰不成軍，幾十萬趙軍紛紛投降，可秦軍還是把他們全部活埋了。

　　趙王一聽見這個消息，龍顏大怒，下令株連趙家人，而趙括的母親因為事先有請求，才倖免於難。這就是趙括不能謀定而後動，決斷因勢而變的後果。

在戰爭中，將帥要根據不同的作戰因素而靈活機變；為將者要善於謀形造勢、隨機應變，為將者要精通因敵而變、因勢而變的權變之術。張儀用計謀使趙王在戰爭中換將，趙括無謀，不會在戰爭的變化中因勢而變，只會紙上談兵，致使趙國慘敗，以至後來被秦國所滅。這個案例有趙王的謀而後斷，沒有認清趙括的能力，致使形勢大變；有趙括的無謀而斷，造成趙國的慘敗；更有張儀的深思遠謀，令戰爭形勢發生逆轉。

鬼谷子給我們留下了許多精闢的見解：「凡事預則立，不預則廢。」「先謀後事者昌，先事後謀者亡。」告訴我們無論做什麼事情都要先謀定而後動，只有謀劃得充分、合理、科學，執行起來才能遊刃有餘。謀劃是對未來行動的計畫。決策是指人們為了達到目標，而在多個可行方案中擇優並付諸實施的過程。在管理工作中，計畫與決策是管理者首要考慮的問題。

諸葛亮胸懷大志，隱居隆中，躬耕隴畝，靜觀天下之變，思謀應對之策，不鳴則已，一鳴驚人。他的成功主要得益於冷靜的觀察與思考。慾望越是強烈，越不要急於行動！謀定而後動，則無往而不勝。那麼，如何謀而後斷，取得最終的勝利呢？鬼谷子早在春秋時期就給我們提出了告誡。

1 「謀」可以說是事前的思考與準備，說明如何獻計獻策和利用他人交友的問題。計策在實施的過程中，要注意一些問題。一是要按對方的意圖或想法去制定策略，如果一味固執己見，不能投其所好，則決策再完美也是徒勞，因為對方不感興趣。

2 「謀」與「動」相連，意思是施展謀略計策，其主旨是如何針對不同的人或事去設立和使用計謀，用以實施，以達到自己的目的。即通常所說的：「運籌於帷幄之中，決勝於千里之外。」

鬼谷子教你詐

　　總之，在謀略的運用中，除了掌握技巧方法外，還應懂得公開運用不如暗中實施、遵循常理不如出奇制勝，因為謀的目的在於控制對手，而不是受制於人，使人在出乎意料、不知不覺中便達到了自己的目的，這才是運用智謀的高明之處。

8

選盟友，人多才能勢大好借力

　　《鬼谷子》告訴我們：「綴去者，謂綴己之系，言使有餘思也。故接貞信者，稱其行，屬其志，言可為可復，會之期喜。以他人之庶，引驗以結往，明疑疑而去之。」如果這個人是一個人才，那麼要想辦法留住他，即使他去意已決，那麼也要告訴他歡迎他再回來的態度。人才是從古至今人們爭奪的財富。選賢任能是每個領導者都想要達到的目的，這些人才不一定是屬下，很多時候是盟友，有了有力的盟友才能打勝仗。

　　「凡度權量能，所以征遠來近，其有隱括，乃可征，乃可求，乃可用。」一個人要想做出一番事業，就必須廣泛地招納各方面的人才。「獨木難成林」，人不能沒有盟友，一個人打天下是不現實的，也註定是個悲劇，歷史上有多少孤膽英雄死無葬身之地，所以人們總結出了一個經典真理：多個朋友多條路。

　　鬼谷子也強調朋友的重要。他警告說：「其身外，其言深者危。」明明是自己人，卻跟你見外時，你就危險了，因為對方正跟你離心離德，心不在一起了，就意味著利益有了分歧，朋友關係要宣佈解散，從此分道揚鑣，各走己途，別指望他來幫你。

　　所以我們要知道，一個團隊之所以強大，是因為內部的團結。團隊之間的競爭，需要做到的第一步工作，不是針對對手，而是針對自己：先把內部關係做好，盟友之間要團結無隙。

　　李朱晨是大陸某服裝集團的創始人之一，可是最開始他是大陸潮州有

名的「電器大王」，當時正值大陸改革開放初期，正好給了李朱晨用武之地。隨著電器行業的飽和，他也開始轉行，選擇了服裝業，成立了一家服裝公司，卻一直沒有做出大成績。

自尊心強的李朱晨不相信自己闖不出一片天地來，於是他認真學習各種服裝商業模式，參加各種交流會，來提高自己的經驗和能力。在一次服裝行業交流峰會上，李朱晨認識了同樣做服裝的張可建，兩人一見如故，交流起服裝來更是相談甚歡，總覺得相見恨晚。於是，鬥志昂揚的二人在商量後，決定成立一家合作公司，這樣便成立了溫州服裝有限公司。

共同合作的二人，還是不停地向同行請教經營經驗，報名參加各種商業培訓。在這期間他們真的學到了很多東西，對他們服裝公司的發展有很大的幫助。不久之後，另外一位服裝熱衷者也加入到他們的隊伍中來，這個人叫陳新東，也是一位小服裝公司的老闆。從此，三人合三家之力，集三人智慧，共同經營著公司，他們在公司各司其職、各有所長，被業界稱為「黃金三角」。

這三個人彼此之間互相欣賞，什麼事情都是商量後才來做，並且都站在公司全域的角度上考慮問題，從不為一些個人利益而翻臉。一個公司職責分工很重要，對於誰當董事長的問題，三人都看得很開。一般情況下，股份多的自然而然地會當董事長，可股份最多的李朱晨並沒有堅持坐上高位，而是選擇讓張可建來當公司的董事長。談及原因，他說：「服裝只有由懂服裝的人來做，才能有所成就。而張可建是我們潮州服裝界難得的領導者，並且他還是服裝商會副會長，在我們這三個人裡面，只有他最在行，董事長的位子必須是他的。」於是三人經過協商達成了一致意見：服裝公司的權力在董事會，實行董事會領導下的總裁負責制。

另外，他們還訂了一條規矩：公司絕不安排任何人的家族成員進公司。有一次，陳新東的侄子大學畢業後沒找到工作，就想通過叔叔到公司來工作，可是被陳新東嚴詞拒絕了。

如今這家服裝公司股權清晰，事事由董事會集體決策，已經做出了很好的成績。並且他們還與中央美院、潮州美術學院等多家科研單位合作，

成功地把公司定位於主營高層次的服飾品牌上，效益不斷上漲。

　　取長補短，互相利用彼此的優勢，實現雙贏，正是人們一直在追求的合作的最高境界。一個企業不論發展到什麼程度，或者不管一個人的能力有多強大，總會存在一些大大小小的不足，如果能彌補自己的缺陷並與盟友合作，也許這些問題就會迎刃而解。

　　在合作雙贏的過程中，一定要牢記一個原則，就是要使雙方的利益和情感需求都得到滿足，並願意進行下一次合作。假如兩個朋友合夥做生意，每一次可以賺一千元的利潤，假設大家付出的勞動相等，則這個利潤應該是五五分成，但是有一方卻拿走了六百元或者更多。一次、兩次也許會安然無事，但如果次數多了，肯定會引起另一方的不滿，並最終導致合作關係的破裂，這顯然不是一個雙贏的結果。

　　我們只要流覽一下當天報紙上的新聞，必會看到這樣的報導：在統一管理下合併的企業，共同創造出市場奇蹟。今天是一群銀行合併，明天又是一群交通公司合併，過幾天又是幾家鋼鐵公司聯合起來。這一切的聯合行動，其目的全是為了運用高度的團結及合作，發揮出巨大的力量。

　　顯然，合作不僅可以提高個人生產力，而且是「創造一種生產力」，產生一加一大於二的神奇效果。那麼，選擇合作夥伴，或者在合作中讓自己獲得最大收益，需要把握哪些細節呢？

　　1 鬼谷子認為，我們應該明察彼此的異同，分清雙方各自的優劣，確立取長補短的合作模式。

　　2 不僅要找到利益共同點，還要建立較為親密的關係，才能實現雙贏。在利益一致的基礎上達成合作，組成合作團隊，則企業雙贏的結果將是必然的。有人說如今是一個合作型社會，各取所需的合作模式，可以表現在工作和生活的方方面面，同樣也表現在企業經營管理中，所以雙贏應該是經營者始終要牢記的最高準則。

鬼谷子教你詐

　　創業的時候，更需要借助別人的力量。找到一個好盟友，才能迸發出潛在的能量，才能各得其所。但是，在開始合作之前，一定要謹慎選擇你的合夥人，凡立場相同而又互相親密，結成統一聯盟，形成堅固的堡壘，共同作戰，大家都可成功。

第三章

影響法

言不失其類，遊說辭令可利己

天上不可能掉下錢來，
世界上也沒有免費的午餐，
那麼，怎樣才能撿到錢，吃到午餐呢？
這就需要我們練就遊說的嘴上功夫。
不要小看遊說辭令，一張小口，一條舌頭，
關鍵時刻也能為你謀得不少利益。

1

打通途徑，暢通好獻計

　　每個人都希望得到他人的讚揚和認同，不喜歡他人的質疑和反對。尤其是領導者，更是如此。所以，給領導者提意見不能直來直去，必須使用一些技巧，必須懂得從鬼谷子身上學習一些可利己的遊說辭令，選擇好的方式、方法去獻計、獻策。

　　鬼谷子《捭闔》上說：「或開而示之，或闔而閉之。開而示之者，同其情也；闔而閉之者，異其誠也。」意思是，說話的時候引導對方吐露出真情，聽話的時候隱藏自己的動機；用說話引導對方吐露真情的方法，是為了順同他的實情真意；用聽話隱瞞自己動機的方法，是為了區別他的真誠假意。由此可見，說與聽之間，確實隱藏著大學問。

　　生活中，提意見最終的目的是讓自己的意見被對方採納，在這樣的前提下，使用一些技巧是非常必要的。我們經常會遇到這樣的情況：意見的出發點雖是有益於雙方的，卻常常因為溝通方式的不當，而搞得雙方不歡而散，不僅意見沒能達成一致，雙方還從此結下仇怨。所以說，意見的優劣是次要的，提意見的技巧才是關鍵所在。

　　晏子在齊莊公、景公時任齊國相，以機警多智、能言善辯著稱。僅《晏子春秋》一書中所載他進諫言事就多達二百一十二條，涉及內容之廣，在同朝代士大夫中是絕無僅有的。

　　從心理學上看，人都有堅持己見、不聽勸告的潛在心理，古代的君王更是如此。與晏子同時期的一些士大夫，就曾因不善於進諫，或不恰當地

進諫惹來了殺身之禍。那麼晏子何以能夠暢所欲言，讓君王聽進去自己所說的話，並接納自己的意見呢？

有人以為也許是晏子的命好，遇到了齊莊公、景公這樣的開明君主，給了他諫事和成名的機會，其實並非如此。細讀《晏子春秋》，我們不難發現，晏子為人處世很不簡單，他進諫言事，不僅言之成理，諫之有道，而且很講究技巧和章法。從下面的例子中就能看出一二。

比如，景公平時高興了就酗酒無度。大臣玄章進諫道：「您這樣酗酒，既傷身體，又帶壞了風氣，如果您不聽我們大臣的勸阻，繼續喝下去，那麼我們只能以死來警醒您了。」景公聽了心裡不舒服，對晏子說：「玄章勸我戒酒，我知道他是好意，可他竟以死相逼，難道我還怕他們死嗎？」

晏子一聽，立即回答道：「玄章遇到您這樣的明君真是太幸運了，如果他是對桀紂說這些，恐怕早就沒命了。」景公聽了心裡瞬間舒暢了許多，並因為晏子的這句話，戒酒了很長一段時間。

還有一次，齊景公準備修建一座檯子，他命令民工在寒冬施工，民工不勝凍餓，怨聲四起。晏子向景公建議停止施工，景公同意了。然而，還沒等到景公下令，晏子就跑到工地上，拿著鞭子抽打民工，催逼他們要加緊施工，民工對晏子非常怨恨，罵他是助紂為虐。

不久後，景公下令停工的旨意傳達了下來，民工都說景公是個明君，把罪名全部都推到晏子的身上。其實，這才是真正善為人臣的人，他把讚譽送給君主，罪責留給自己，真是難能可貴！

晏子進諫的故事給了我們一個很重要的提示：提意見一定要注意方式方法，因為提意見的目的不是發洩自己的不滿，而是為了自己的意見被採納，或者面臨的問題被解決。

如何說，對方才願意聽；如何聽，對方才願意說。這裡面其實是與人溝通的技巧問題。鬼谷子告誡我們：掌握內在的門道，才能實現良好的溝通。比如，提意見往往出於好意，但是如果不掌握技巧，就會事與願違。

概括起來，提問的技巧是一個標準的三步法：

第一步是承認

無論如何，首先要認可對方，特別是面對你的領導者時，這個認可就顯得尤為重要。如果他的主意不夠好，就要試著認可他的眼光；如果他的眼光也不夠好，就要試著認可他的辦事原則；如果他的原則也存在問題，那麼至少要認可領導者積極的態度。總之，一定要找出領導者身上可以認可的東西來，並以真誠的態度加以讚揚。這樣才能快速獲得對方的好感和信任，才能為之後的進言作好情緒鋪墊。

第二步是同化

意思是，在說出建議內容之前要有一個表態。如何表態呢？表態的重點就是在前一步認可的基礎上，分析一下自己認可的那些東西，給自己的啟發和對自己的教育作用，進一步說明自己後邊的想法，都是在這個重要啟發的基礎上形成的。

這個表態的過程非常重要，它表示出了你的立場不是和領導者對立的，而是和領導者站在同一戰線上的，並且是受了領導者的啟發才產生的。這樣一來，領導者自然就會消除敵意，即使你的建議錯了，立場還是對的。其他的旁觀者也不好有落井下石的舉動。

第三步是附加

這是整個建議的核心部分，在前邊兩步上做足了鋪墊後，這個核心部分才可以登場。而且在提意見時，不要強調是自己的建議或想法，而要說成：「受了前邊的啟發以後的個人的一點不成熟的想法，作為對領導者意見的補充。」這樣，既可以不顯山不露水地把自己的意見講出來，又不容易被人誤會成好大喜功、張揚自我。總之，這樣做的目的只有一個，就是為了減少抵觸情緒、減少衝突，使得自己的建議真正地被大家所重視，被領導者所接納。

很多人對提意見有不同的看法，耿直的人會覺得太過婉轉的提意見略顯虛偽，豪爽的人覺得太過隱晦。其實，天下萬事沒有絕對的完美，我們做事情只要把最主要的目的達到就算成功了。提意見的最主要目的，當然是讓自己的意見能夠被接受。只要能達到這個目的，那麼囉唆一點、麻煩一點都沒有關係的。這是做事所需要的胸懷。

說與不說，說什麼，都是大有深意的。鬼谷子的建議是：掌握暢通的溝通途徑，明晰聽者的心理情緒，更容易達到自己的目的。

鬼谷子教你詐

鬼谷子說：「同其情」才可「開而示之」。其實從這個角度講，有時即便「同其情」，不考慮場合和時機就開口，也會帶來相反的效果。所以，直言也好，沉默也罷，都要分清時機和場合，只有萬事俱備的時候，只有說話的前路都暢通的時候，才能一語中的，直達目的。

2

三思而後言，伺機而說

　　說話，好像人人都會，但有時候一句話能博得眾人的好感，一句話也能遭到眾人的譴責，這就是說話技巧的問題。說話要三思，要把握說話的藝術性，特別是在特殊和關鍵的場合，說話千萬不能有歧義，既要清晰而正確地表達自己的觀點，同時又要照顧到別人的情緒。

　　鬼谷子提醒我們，出來混的人必須管好自己的嘴巴，歷史上很多才華洋溢的人，最終都栽在不會說話上。所以，說話要謹慎。尤其當你難於決斷的時候，更要三思而後言，必要時，寧可沉默不語，也不能隨便開口說話。

　　說話是捭闔的基本方法，是一個人辦事能力的最直接體現，但是，我們一定要明白一點，即喜歡說話並不等於會說話。平時叫得凶，事到臨頭往往最虛弱；說起話來滔滔不絕的，可能只是個流於空談的偽君子。如果考慮不周便急於表達，一定會嘗到言多必失的苦果。但是，如果該果斷表達時，卻選擇保全和沉默，也會錯失成功的良機。因此，三思而後言，伺機而說，才稱得上會說話，才能通過「說話」來實現自己的目標。

　　劉邦死後，呂后獨攬大權，想立呂姓的能人為王，便來徵求王陵的意見。王陵仰著脖子說：「當然不行，高祖與我們殺馬盟誓，非劉姓不得為王，這個你怎麼能更改呢？」

　　呂后聽後很生氣，轉而又問陳平。陳平說：「如今是太后您執掌朝政，這些事您可以自決，不需要徵詢我們的意見。」

　　事情的結果是，陳平被提拔，王陵被貶，呂后封了很多呂氏家族的人做官。事後王陵氣憤地找到陳平：「當年殺馬盟誓時，你也在場的，還信誓旦旦要守護與高祖的誓約，如今卻違背誓言，這不是拍馬謀權嗎？你真是個卑鄙小人！」

　　陳平聽後並不生氣，淡淡地笑道：「你說得對，但是觸犯太后惹她生氣，後果豈不是更糟糕。在信守承諾上我不如你，也很佩服你，可是將來輔漢安劉，收拾殘局時，你就未必趕得上我了。」

　　果不其然，呂后一死，天下大亂，諸呂謀反，正是陳平和周勃等人伺機而出，剷除諸呂，擁立漢文帝即位，才保全了劉姓的漢室江山，最終信守了當年的盟誓。

　　通過上面的故事可以看出，兩個人的處事態度截然不同。王陵一身傲骨，直言上諫，忠心可表，但他開口不分時機，不但不能促進事情的發展，還讓自己差點丟了腦袋。陳平則冷靜審察，審時度勢，知道當時時局已定，再反對也無法改變呂后的主意，於是就順應事態，保存實力，耐心等待時機，然後果斷出擊，最終實現了殺馬盟誓的承諾。

　　話不在多，切中要害才最關鍵，時機不對，話越多越讓人討厭。《墨子》中記載了這樣一則故事，子禽去問墨子：「多說話有好處嗎？」墨子說：「青蛙、蛤蟆和蒼蠅時時在叫，口乾舌累，卻沒人去注意它們。公雞一天到晚不吭一聲，但黎明時打鳴，一叫即能驚動天下。所以，多說話不一定有用，只有在恰當的時機說話才有用。」因此，只有在恰當時機講恰當的話，才是鬼谷子教我們追求的處世境界。

　　那麼，我們在說話時應該注意哪些方面的問題呢？

１ 失言時立刻致歉

　　勇於認錯是很重要的，當你發現自己的言語傷害到他人時，千萬不要礙於面子不肯道歉。每個人都會有說錯話的時候，留意他人的反應，只要察覺自己說了不該說的話，必須馬上設法更正。不要編一大堆藉口，以免越描越黑。

② 和別人說話要抱以溝通的心態，而不是比賽

有人在交談時，時常把它看成一種競賽，一定要與對方分出個高下。如果你喜歡在他人的話裡尋找漏洞，並經常因為細節爭論不休，或矯正他人，藉以炫耀自己，那往往就會給人留下不好的印象，甚至影響對方與你繼續溝通下去的慾望。這些人其實是忽略了溝通的技巧，把交談當成了辯論，而不是彼此交換資訊、想法與感覺的方式。所以為了與他人有更好的溝通，這種競賽式的談話方式必須被捨棄，而採用一種隨性、沒有侵略性的談話方式。這樣，當你在表達意見時，別人就不會產生排斥感，比較容易聽取和接納。

③ 挑對說話的時機

在你要表達意見之前，必須先確定對方已經準備好願意聽你說話了，否則你等於對牛彈琴，白費力氣。其實要遇到最好的談話時機很困難，但是要遇到適於交談的時機卻不是難事。比如說，在公共場所，或有其他朋友、同事在場時，應避免談論涉及隱私或一些敏感的話題。以及當感到對方已經煩躁時，也應該適時停止繼續談論下去。

④ 先揣摩別人的感覺

如果能先試著揣摩出對方的心思和感覺，我們就能選擇比較巧妙的方式說出你認為難以啟齒的話。比如說，如果你的父母很擔心你的投資計畫有風險，而總是干涉你，你就不能對他們說：「我是個成年人，有自己的想法和計畫，你們的意見只會妨礙我。」這種典型的防衛性反應，根本無法增加父母對你的信心，實現不了你本來的目的。這個時候你就要站在父母的角度，從他們的出發點切入，打消他們的顧慮，然後為自己的計畫掃除障礙。所以當面對別人的批評或某些行為讓你不悅時，你只要能找出背後真正的原因，就能夠用另外一種說辭去避免一場不必要的衝突。

⑤ 傾聽對方的回饋

一個人要和別人交談，不僅自己要懂得如何去說，也要懂得如何去聆聽。缺乏聆聽的技巧，只想主控整個對談的場面，往往不利於交流。相

反，如果你仔細聆聽別人對你意見的回饋或反應，就能確定對方聽你說話的感觸，得知對方是否瞭解你的觀點，而你也能判斷出對方所關心的重點在哪裡。

鬼谷子教你詐

　　說話是每個人的必修課，我們必須把握好其中的技巧。俗話說：「病從口入，禍從口出。」這句話警告人們：細菌病毒都是通過嘴才進入身體的，災難和禍患都是通過嘴才招惹來的。因此，你一定要記住，嘴巴一開一閉之間，就決定了你的吉凶禍福！雖然嘴很容易招惹麻煩，但是嘴又是人們溝通交流不可缺少的重要部件。我們要努力讓嘴在開合之間，對我們的生活、工作、學習發揮積極的作用。吃飯、喝水，包括有病吃藥都得通過嘴。人與人傳達交換資訊也得需要嘴。嘴的功能需要我們積極發揮和利用。

3

掌握實情，言可進亦可退

　　每個人都有想出人頭地、展示自己的天性和慾望，正是這種慾望的驅使，使得很多人在說話的時候「忘乎所以」，很容易把話說過頭，給自己的人生道路增添了絆腳石。雖然為人處世離不開說話，但我們不能為了表現自己的口才而口無遮攔，鬼谷子的捭闔智慧向我們印證了一句俗語：「逢人只說三分話。」就是說不要把話說得太絕對，要給自己留有說話的餘地，這才是提升交際能力的上策。

　　經常會聽到某些人斬釘截鐵地說：「我一定行！」「我一定能辦到！」不得不承認，類似的語氣裡包含了一個人的自信心，但是自信一旦過度就成了自負，而且還容易作繭自縛，因為事物在發展過程中難免會碰到意外的事情，過分自信難免會造成尷尬的局面，自己給自己設下了障礙。所以，說話必須要把握分寸，必須根據具體的事實來說話，尤其是在比較正式和關鍵的場合，更不能把話說得太絕對。

　　對此，鬼谷子有深刻的見地，他說：「人言者，動也；己默者，靜也。因其言，聽其辭。」意思是說，別人在侃侃而談，是動態的；而自己緘默不語、靜心聆聽，則是靜態的。此時就要在靜態中根據別人的言談，來觀察和分析出對方的真正意圖。顯然，當事人只有學會傾聽，才能發現真實的情景，從而採取有效的應對之策。

　　如果你留意過就會發現，很多新聞發言人在面對記者的詢問時。說話都是極為謹慎小心的，從不會說「肯定」、「絕對」之類的詞，而是用一些諸如可能、盡量等字眼。他們之所以這樣謹慎，就是為了防止「意外」

的事情發生，以免把自己推向被動絕路。

　　就算是我們普通人的身邊，也經常會發生類似的事件。

　　一天，某公司經理把一項託運工作交給一位男屬下，由於這項託運任務較之以前難度更大，因此經理有些擔憂地問這位職員：「你覺得完成任務有沒有困難？」

　　沒想到這位職員不假思索地挺起胸膛說：「沒問題，包您滿意！」說完後還給了經理一個自信的微笑。

　　可是，一個星期過去了，還是不見這位職員來彙報工作，於是經理找到他問道：「怎麼樣，不能按期完成任務了嗎？」

　　職員聽後有些慚愧地說：「事情的發展與我預想的不一樣，也不像我想像的那麼簡單！」雖然經理聽了他的種種理由之後給了他很多鼓勵的話，但從那之後，這位職員胸有成竹的自信，就再也得不到經理的重視了。

　　這位職員所犯的錯誤就在於事前沒有瞭解清楚任務的具體情況，在接受任務時又沒有給自己留下足夠的餘地。所以，我們要吸取他的教訓，在說話時要注意：無論是對朋友還是商機，如果可以完成別人的請託時，就應該承擔下來，但是你答應對方的話要說明確，可以用「我試試看」、「我會盡最大的努力幫忙」等字眼，但千萬不要說「沒問題」、「保證完成」等類似的話，同樣上級交辦的事必須得接受，但不要說「保證沒問題」，應當以「應該沒問題，我會全力以赴」之類的話來答覆。

　　有時候即便是穩操勝券的事情還是有所保留為好，既不得罪人，也不會讓自己陷入困境，因為，用不確定的詞句一般都可以降低人們的期望值，你若不能順利地完成任務，人們因對你期望不高而能用諒解來代替不滿，有時他們還會因此而看到你的努力，不會抹殺你的成績；你若能出色地完成任務，他們會喜出望外，增值的喜悅會給你帶來很多好處。

　　說話除了要注意用詞上的分寸之外，還要注意說話的對象和場合，所

說的內容一定要有所保留。《增廣賢文》中有一句話說：「逢人只說三分話，未可全拋一片心。」意思是說話須看對方是什麼人，不該說的就不要去說。孔子也曾說：「不得其人而言，謂之失言。」意思是說，如果對方不是你傾訴的對象，你說得多了，就等於失言。

之所以要說三分話，是因為你的話有些是帶有危險性與機密性的。比如，由於受到工作的壓力，你對同事毫無保留地把對上司的不滿全盤托出，沒準很快就會被上司知道，到那時候就後悔莫及了。

對於這一點，大家可以從下面的例子得到啟示：

小琳是某校七年級的語文教師，由於她的教學成績比較突出，在本次的教師講課大賽中獲得了優等。而且她為人處世也有自己的一套風格，因此，同事們都很欣賞她，尤其是主任對小琳更是關愛有加，還時常給小琳傳授一些有關教育方面的經驗和心得。

這些待遇被小琳的同事玉英看在了眼裡。玉英也是七年級的語文教師，但是她的水準一直跟小琳有很大差距。所以她把自己不盡如人意的教學成績都歸咎於主任對小琳的偏袒上，心裡對主任極為不滿，對小琳也是嫉妒萬分，她這一肚子的怨氣一直想找一個機會發洩。

某天，辦公室就剩玉英和另外一個跟她比較要好的同事了。玉英終於等到發洩的機會了，於是，她把憋了好一陣子的怨氣，一股腦地向這位要好的同事倒了出來。

但是，言者無心，聽者有意。好景不長，不知道什麼時候這話傳到了主任的耳朵裡。可是主任並沒有為此大發脾氣，他只是心平氣和地對玉英說：「學校下週的觀摩比賽課，語文組本來是決定讓你去參加的，但是由於某些原因，那天為你安排了別的任務，很可惜。」說完，轉身離開了辦公室。

玉英這時才目瞪口呆，好好的一次機會，就因為自己說話不懂得收斂而泡湯了，沒想到自己口無遮攔的發洩，竟然阻礙了自己的前程。

　　說話不留餘地等於不留退路，說話不注意分寸，就等於自取滅亡。在如今這個複雜多變的社會裡，與其與自己較勁，不如多用「是……不過……如果……」之類的話語方式，不如選擇保守溝通、謹慎交流的對話方式。

　　所以，不管是你的普通朋友還是親密無間的朋友，你都要有所保留，尤其是說話時，更要給自己留足餘地和退路，否則，將來有一天肯定會吃虧的。

鬼谷子教你詐

　　話說得太滿，並不能與自信劃上等號。話說七分滿，才是一種謙虛的人生哲學。從一個人說話的態度可以看出他的實力，真正有自信的人，懂得謙卑，不會把話說得太滿。因為只有這樣才能進可攻、退可守，這才是成功的做人之道。

4

遊說言不必多，入心是關鍵

美國名人戴爾‧卡耐基曾說過：「一個人的成功，約有百分之十取決於知識和技術，百分之八十五取決於人類工程—發表自己意見的能力和激發他人熱忱的能力。」一句捧場的話，可以使人飛黃騰達，一句進讒的話，也可以使人折戟沉沙。可見語言表達能力的重要性。

在遊說過程中，鬼谷子主張：「以反求復，觀其所托」。也就是用主動試探的方法，求得對方的反應或答覆，藉以觀察對方心理情感的依託。顯然，你說的每一句話都會給對方帶來不同的反應。只有真正深入對方的心裡，才能在知己知彼中實現預期目標。

曾仕強教授曾在一個節目裡說過這樣一句話：「人不能總是說老實話，話要說到人的心坎上。」其實這個道理很簡單，就像我們在垂釣的時候，必須以魚最愛吃的蚯蚓作為誘餌一樣，只有投其所好，魚才有可能上鉤。反之，如果你用的都是魚兒不愛吃的東西，那麼魚肯定不會上鉤。如果你不顧及對方心理，只管自己滔滔不絕，只管按照自己的思路去遊說對方，那麼對方也必定是不願意聽的。話是說給別人聽的，只有說到對方心坎裡，才能博取好感。

如果你擁有一副好口才，卻還不懂得如何運用「口才」，那麼你也同樣很難獲得好人緣，也很難通過說話來獲得別人的認可。無論在任何時候，會說話的聰明人辦事絕對不盲目，他們會先參透對方的心理，知道對方想要的是什麼，然後再對症下藥。投其所好往往能把事情順利地辦好。

　　一位日本議員前去拜見埃及總統納賽爾。儘管彼此的經歷、志趣、脾氣等都極不相同，但日本議員為了做好與埃及當局的關係，事先做了充分的聊天前的準備工作，並在雙方的談話中，積極運用認同的技巧和投其所好的入心之術。

　　日本議員對埃及總統納賽爾說：「尼羅河與納賽爾這名字，在日本是婦孺皆知的，今天這次談話，我與其稱您為總統，不如稱您為上校吧（納賽爾以前是上校），因為我也曾經做過上校，和您一樣，跟英國人打過仗。英國人罵您是『尼羅河的希特勒』，他們也罵我是『馬來之虎』。我讀過您的《革命哲學》，也曾把它同希特勒的《我的奮鬥》作比較，我發現希特勒是實力至上的，而您則是充滿了幽默感的，更容易被平民接受。」

　　納賽爾聽了日本議員的這番話語非常興奮：「我寫的那本書，是革命之後三個月匆匆寫成的。我覺得你說得很對，我除了實力之外，更注重作品的人情。」

　　日本議員馬上附和說：「是呀，我們軍人也需要人情。我在馬來西亞作戰時，一把短刀從不離身，目的不在殺人，而是為了保衛自己。阿拉伯人現在為獨立而戰，也正是為了防衛，目的與我佩帶短刀是一樣的。」

　　納爾賽大喜，說：「你說得對極了，歡迎你以後每年都能來一次埃及。」

　　在這種氣氛中談話可謂是順風順水，到後來涉及兩國的關係及貿易時，談判依然進行得相當順利，雙方很快達成了協議。

　　其實，有時候看似很難的事情，真的可通過幾句簡單的交流來解決掉。你仆需要費多少口舌去遊說對方，只要摸清楚對方的秉性，知道對方的習性和愛好就可以了，然後按照他們的喜好投以糖衣炮彈，就能打開對方的心理防線。接下來的事情，也就會向你期望的軌道發展。

　　好口才是幫助我們開啟事業大門的金鑰匙，但好的口才並不是單純地指巧舌如簧，而指說話的準和精，必須是句句說到點子上，說到對方心坎

裡，這樣才有說服力。

　　比如，當一個人很有興致地談到他的專長，或他曾經取得的成就時，你就應該適時地提出與之相關的要求，在這個時候，你被拒絕的可能性就會降到最低，你的要求得到實現的機率就會大大增加，這是被心理學家及社會學家的實驗所證明了的。當你有求於人時，選擇用讚美和迎合的方式，營造一個合適的氛圍，將使你的需求最大可能和最大限度地得到滿足。

　　就像在談判的時候，有些人可能磨破嘴皮也達不到預期的效果，但有人不必大費口舌就能輕而易舉地說服對方，這是因為他們能夠抓住對方的心理，把話說到對方心坎裡。

　　小王是一位研究所的高級工程師，由於工作原因和妻子兩地分居很多年了，總想找機會把妻子調回來，為了託人把妻子調回來已經是用盡辦法，精疲力竭了。但是就在調動過程中，起關鍵作用的局長換了，小王聽說新上任的張局長能急人之所急，為下屬著想，於是他先瞭解了張局長的經歷，以及他所做的實事，然後決定登門拜訪。

　　見到局長後，他並沒談自己此行的目的，而是先捧張局長，誇讚他是真正為下屬著想的公僕。張局長也很謙虛地說：「哪裡，哪裡，他們的確有困難，我只是做了我應該做的事。」

　　到了這個關口，小王就順勢提出了自己的問題和請求：「張局長，我也有點小事，需要麻煩您，我和妻子已經兩地分居很多年了，一直沒有解決，聽大家說您的政績，心中仰慕，來請您幫幫忙。」接著小王又介紹了一下自己的情況，張局長讓他回去靜候消息。果然，一紙調令到手，小王終於可以全家團聚了。

　　任何時候，深入人心都是最有效的溝通之道。鬼谷子的意見是：「故用此者，己欲平靜，以聽其辭，察其事，論萬物，別雌雄。雖非其事，見微知類。若探人而居其內，量其能射其意也。符應不失，如螣蛇之所指，

若羿之引矢。」

顯然，知人的關鍵在於瞭解其內心的情感，從而採取有效的對策。為此，聽取他人講話的原則是，自己首先要平靜下來，以便專心聽取對方的言辭，進而分析事情的原委，論說萬物的興衰，辨別事物的真偽異同。即使所談的內容並不是實際的資訊，甚至無關緊要，但是仍可以從細微的徵兆中探知重要的資訊。

所以說，能否把話說到別人心裡是一種處世的能力，話說得是否動聽，能讓人樂意接受，關係到一人的前程和發展。即便是小事，如果處置不當，也會釀成禍害。話並不是說得越多才越有說服力，話要說到點子上才能起到關鍵性的作用。只有抓住談論的要害，才能事半功倍。

漢武帝喜歡巡遊，一次在視察完鼎湖之後，突然決定到甘泉視察，到了之後發現甘泉官道坎坷難行，不禁惱怒：「難道義縱覺得我會駕崩鼎湖，連甘泉也來不了嗎？」這件事本是義縱的疏忽，情急之中義縱也難以置辯，漢武帝一怒之下就殺了義縱。

同樣是面對漢武帝，上官桀就能夠化險為夷，保住人頭和地位。

由於漢武帝好騎馬遊獵，一次大病之後，他猛然發現宮中御馬瘦了許多，於是把管馬的上官桀叫來罵道：「你是不是以為我要病死，連御馬也看不到了？」說完便要降罪於上官桀。

上官桀冷靜而機智，急忙申辯說：「臣萬死不辭，唯知陛下聖體欠安，臣日夜憂慮，無心餵馬。臣確實已失職，陛下願殺願罰，臣都領受，只要陛下聖體健康，臣死而無憾！」話還沒說完，就已泣不成聲。

沒有養好馬與沒有修好官道一樣，都是不盡職，但是上官桀卻很高明地將失職轉成盡忠的表現。言語之間，使漢武帝感覺到了他的忠誠。結果，上官桀不僅沒有被殺頭，反而受到重用，累官至騎都尉。可見語中要害最關鍵，在危急時刻不僅能扭轉形勢，還能保住自己的性命。

鬼谷子教你詐

　　一個人的語言能力，對於人類社會的發展和進步有舉足輕重的作用。早在春秋戰國時期，孔子已將語言表達提高到一個重要的地位：「一言可以興邦，一言可以喪邦。」德國詩人海涅也曾經說過：「言語之力，大到可以從墳墓喚醒死人，可以把生者活埋，把侏儒變成巨人，把巨人徹底打垮。」二十一世紀是一個競爭激烈的時代，經濟飛速發展，資訊迅速膨脹。在現代化的資訊社會裡，時代對於人才素質的一個基本要求，就是要具有較強的交流資訊的語言表達能力，要能在短時間內擊中要害，把話說到別人心坎裡。

5

切莫越俎代庖，代人決策是忌諱

　　遊說是語言上的藝術，掌握其中的門道並不容易。許多時候，人們常常會在推廣個人主張的同時，不自覺地代替他人做決定。結果，因為逾越職權而得罪他人，造成遊說失敗，自身受損的後果。

　　鬼谷子認為，越俎代庖的遊說方法是十分致命的，它不僅不能有效地說服對方，反而會迅速惡化雙方的關係，造成不必要的誤解。更重要的是，如果引起他人的不快，等於給自己樹敵，這實在不是什麼高明的言辭技巧。

　　明娜是一個相當活躍的女孩，在工作上精力十分旺盛，而且點子多，做事不怕苦、不怕累，人也活潑，所以深得上司的重視。由於明娜在提建議方面很有一套，所以她提出的工作建議，往往都能夠被上司所採納，連周圍的同事都對明娜說服上司的功夫讚不絕口。

　　由於公司人事調整，明娜所在部門的副理被調往其他部門，其工作上的事務暫由經理代為負責，部門副理之職空缺。而明娜無論是從工作業績還是從上司的重視程度上看，都是最有希望得到提升之人。聰慧的明娜自然知道升職的機會來了，所以在工作上的表現也更加積極。

　　這一天，明娜的部門要開會，為了能夠有好的表現，明娜早早就準備了會議發言的內容，然後按照規定的時間來到了會議室。誰知，到了會議室門口才發現，其他部門的會議還沒有結束，同事們都站在會議室門口等待。

　　這時，明娜突然有了一股說服別人，樹立自己威望的想法，於是便單槍匹馬地衝進了會議室，對開會部門的工作發表了一番自己的看法，並以上司的架勢告訴大家什麼事情應該怎麼做。可想而知，所有人對於明娜的指手畫腳都十分不滿，然而出於上司在場不好發作，也只能是隱忍不發。明娜看著眾人一語不發，還以為自己的遊說起了作用，所以，心裡便更飄飄然了。

　　此時的明娜，還絲毫沒有意識到自己已經犯了遊說中的大忌。同事們的隱忍不發，使得明娜頗為得意，雖然還沒有坐上副理的位置，但是她已經開始以副理的架勢對待同事、對待工作了。

　　有一次，明娜在公司的走道裡，正好遇到了拿著文件前往經理辦公室的小劉，明娜攔住小劉詢問事情的來龍去脈，當得知小劉是去找經理簽字時，明娜隨即拿出了隨身攜帶的簽字筆，一邊在檔案上簽上了自己的大名，一邊對小劉說道：「以後，這種簽字的事情直接找我就行。」說完揚長而去。

　　很快，經理得知此事後把明娜叫來並問起此事，明娜對此並不以為意，而是很瀟灑地說道：「您幾乎每次都按照我的建議辦事，我知道您忙，所以先看了看，覺得沒有什麼問題，所以就簽了。」

　　不用說，明娜這種越俎代庖的行為令經理十分不滿，最終的結果可想而知，本來很有希望升職的明娜，最終因為越俎代庖而失去了升遷的機會。

　　明娜之所以沒能順利地升職，其關鍵就在於她犯了遊說中的大忌。做事之前一定要先動腦子，積極提出合適的建議當然是好的，事實上，大部分上司都喜歡那些積極為自己排憂解難的下屬，但是所有的上司都有一個底限，那就是不能忍受下屬擅自做主，尤其是在自己不知情的情況下。

　　遊說重在通過語言說服別人接受自己的想法或者建議，但前提是，一定要時刻清楚自己的位置、自己的身分，只有時刻安分守己地提建議，才不會因為許可權的逾越而引起對方的不滿，所進行的遊說才能夠保障自己

的利益，否則只能適得其反。

鬼谷子提醒人們，在提建議或者試圖說服他人的時候，一定要注意自己的立場，要清楚地明白，自己沒有權利為他人做決定，我們能夠做的就是通過語言上的勸說，或者為其提出有可行性的建議。如果我們逾越了這樣的前提，就會給人留下不尊重人、擅做主張等不良印象，到時候要想讓對方朝著我們所希望的方向做決策，就幾乎是不可能了。

那麼，在遊說他人的過程中，怎樣才能有效地避免越俎代庖，進而損害自己既得利益的事情發生呢？鬼谷子早在春秋時期就給我們提出了告誡。

1 尊重事物的內在規律。不管是怎樣的遊說活動，都有採納和建議兩方面，而這兩方面正好是相對立的。提出建議的人都希望對方採納自己的意見，而接受建議的人則會通過自己的甄別判斷，採納自認為最有利的建議。正因為兩者是對立的，所以，我們在遊說他人的過程中，尤其要注意不能強化這種對立矛盾，這就要求我們不能代替對方做決策，否則就會激化矛盾，從而阻塞了建議被採納的通道。

2 遊說當獨來獨往。要想推行自己的主張，其遊說就要獨來獨往，不受任何人的牽絆，做到想進來就進來，想出去就出去；想親近就親近，想疏遠就疏遠；想接近就接近，想離去就離去；想被聘用就被聘用，想被思念就被思念。就好像母蜘蛛率領小蜘蛛一樣，出來時不留洞痕，進去時不留標記，獨自前往，獨自返回。只有這樣，所提出的建議才能順暢地被採納。倘若我們越俎代庖，那麼無異於給人留下把柄，又怎能進退自如呢？遊說一旦失去了獨來獨往的自由，往往也就很難再起好作用了。

鬼谷子教你詐

　　四處推行自己的主張，少不了遊說之功，但在遊說的過程中，一定要緊守本分，明確自己的職權範圍，一定不要逾越半分。只有時時提醒自己，才能避免在遊說的過程中出現越俎代庖的錯誤，才不會因為侵犯他人的底限而激化雙方的矛盾，造成遊說失效，甚至是人際關係破裂等無可挽回的惡果。

靈活應變，人話鬼話都會說

「見什麼人說什麼話，到什麼山唱什麼歌。」在生活中，有些人很會說話，和不同的人用不同的方式說話。最典型的莫過於商場裡的店員，見到男顧客，就稱讚其理智、有眼光；見到女顧客，則稱讚其美貌、年輕。靈活應變地說話，不僅是鬼谷子縱橫術的精髓，更是一種交際禮儀，一種成功的捷徑。

這涉及交際中的遊說之道。對此，鬼谷子說：「捭闔之道，以陰陽試之，故與陽言者依崇高，與陰言者依卑小。以下求小，以高求大。由此言之，無所不出，無所不入，無所不言可。」在他看來，做任何事情都必須按規律辦事，需要從陰陽兩方面來進行論證和實施。與處於「陽氣」中的人交談，可以用崇高的語言來說服他；與富有「陰氣」的人交談，要用低微的語言來引導。這樣一來，就能通過因人而異的策略說服對方，也就沒有解決不了的問題了。

由此不難看出，言談的力量是巨大的，它能征服世界上最複雜的人心。掌握說話的技巧，對於每個人來說都是至關重要的，在我們的現實生活中，有些人天生不善言談，本來可以抓到的機會都輕易地放掉了，最終只能讓自己活在進退兩難的緊張和壓迫之中，驚懼不安。有些人說起話來頭頭是道、游刃有餘，原因何在呢？其實，最根本的原因就在於他們懂得靈活變通，變是永恆的法則，所謂變則通，不變則不通，我們只有掌握了靈活變通的說話技巧，才能把話說得恰到好處。

這就要求你能做到見什麼人說什麼話，到什麼時候說什麼話，在什麼

位置上說什麼話，處在什麼場合說什麼話，這才能達到變通的境界。

大千世界，每個人的心理特點、脾氣秉性、語言習慣各不相同，所以，不能用統一的說話方式來交流，必須針對不同的人採取不同的說話方式。尤其是從東方人的心態來看，東方人比西方人更注重人情關係的和諧，而這種和諧大部分是靠溝通換來的。因為東方人認為做好人比做好事更重要，基於這種心態，東方人更講究說話方式，通過揣摩不同人的心理，說出讓他們都能夠接受的話，從而促進目的的達成。例如，現代社會競爭激烈，當某些人獲得利益的時候，可能會導致另外一些人感到不快。這個時候，你就需要通過特定的溝通方式，化解別人心中的不快甚至敵意。

話總是說給別人聽的，至於說得好不好，不僅要看所說的話能否適當地表達自己的思想感情，也要看別人能不能理解並樂於接受你所傳達的東西。如果你說的話別人聽不懂，或者根本讓人提不起繼續聽下去的興趣，那這樣的談話就失去了意義。所以與人交談之前，你應該搞清楚對方的個性。假如他喜歡委婉，你就說些抽象的話；假如他喜歡率直，你就說些坦白的話；假如他崇尚學問，你就說點高深的話；假如他喜歡談些瑣事，你就說點淺顯的話。這就是所謂的「見什麼人說什麼話」。只要你說話的方式能符合對方的個性，便很容易一拍即合。

所以，當你和對方交談時，盡量使用對方會認同的語言，談論對方熟悉和關心的話題，並且視具體情況靈活應變，以便迎合對方心理，贏得對方的好感。

當然，凡事不能太出格，見什麼人說什麼話也要發自本心，如果過分奉承別人，反而會適得其反，讓人感到反感。即要做到所謂的「智圓行方」，也就是說，人的思想要圓滑、行為要端正，這也是行走社會必備的處世之道。而「見什麼人，說什麼話」，也不是教人做「兩面派」，而是警告人們要根據不同的場合，做適當的事；面對不同的人，說適合的話；同時也要學著做到換位思考，從別人的角度看問題，用對方容易接受的語言和溝通方式打交道。

切忌不要單純為了「討好」一個人，而對另外一些人惡語相向，又或者為了迎合大家的口味，而說一些讓自己尷尬的話。

根據鬼谷子的觀點，與不同的人說話要採用不同的方式，才能達到良好的預期目標。比如，當與地位較高的人談話時，要把握好下面幾點：

1️⃣ 態度要尊敬，對方講話時要全神貫注地聽。

2️⃣ 不要隨意插話，除非對方希望你有所回應。而且回答問題要簡潔，盡量不說題外話。

3️⃣ 說話態度自然，不要顯得緊張。

4️⃣ 不做「應聲蟲」。當你只一味地說「是」時，對方可能會認為你沒有主見。

當與地位比你低的人談話時：

1️⃣ 你應表現出莊重的態度，千萬不可在交談時表現得漫不經心。

2️⃣ 讓對方感覺到你對他的談話內容有興趣，並讓他繼續說下去。同時要莊重、有禮，避免高高在上的態度。

3️⃣ 你不妨讚美對方的出色之處，但切記不要太過聒噪，或太過親密。

4️⃣ 不要用自己的優越地位去打斷對方發言。

如果你是男士，當你和女性談話時：

1️⃣ 最好是先開啟話頭，以便能夠繼續交談。不妨從書籍、花草或其他讓人感到輕鬆的事物開始。

2️⃣ 盡量以對方為中心，並用能夠增加對方感情的談話口氣和態度。這樣你們的交談就能愉悅而順利地繼續進行。

3️⃣ 務必保持尊重對方的態度，除不可隨意打斷對方的談話外，也不應輕蔑對方。你要表現出有禮、誠懇、和善的態度。

當你和老年人談話時：

1 保持謙虛的態度。老年人接受到的新知識雖然比你少，可是他的人生經驗卻比你豐富，所以在雙方談話的過程中，你應謙遜虛心。

2 只需提及他的閱歷，不要直接談及他的年紀。

另外，與對方交談時，你也必須考慮到對方的文化背景，不同文化背景的人，在說話方式上也會呈現不同的特點。從事不同職業、具有不同專長的人，他們所接觸的資訊類型和話題往往不同。因此，如果你以對方一竅不通的事物作為話題，他們就會覺得無味，繼續深談將會顯得十分困難。相反，如果你能抓住對方職業或專長上的特點，並藉此作為交談的話題，就很容易拉近心靈的距離，使雙方產生共鳴。

綜觀以上情況，你一定能夠發現因人而異的談話方式，不僅體現了你自身的素質和修養，也讓對方感受到尊重與信任。因此，對於這種「見人說人話，見鬼說鬼話」的說話技巧，我們不可不知，不可不學！

鬼谷子教你詐

生活中，很多事情都需要說服人，需要維繫人與人之間融洽的關係。這就要求我們要有良好的口才，需要會變通的說話技巧。靈活地說話、辦事，是生活的藝術，也是追求進步、實現理想、達到目的的途徑。掌握靈活的說話、辦事技巧，是關係到一個人成就的重要課題。

7

直言直語，不如繞點圈子

都說做人應該坦率，說話應該直爽，但事實上，沒有人喜歡說話直來直去的人，因為太直的話很容易傷人，雖然直爽的話出發點大都是好的，但說出來總讓人聽著不舒服，所以，直言之語不如繞點圈子。

通過曲折的途徑達成自己的目的，似乎捨本逐末，不過這卻是符合人心的應對之策。鬼谷子說：「即欲捭之貴周，即欲闔之貴密。周密之貴微，而與道相追。」在他看來，假如想要暢所欲言，坦白內心的真實想法，最重要的是嚴密周詳；假如想隱藏心跡，不讓別人看到自己的真實意圖，最重要的是要深藏不露。可以說，交談之道有許多大學問，能夠在藏露之間找到恰當的方法，就容易呈現熟稔的溝通技巧。

因此，與人交談中，必要的時候學會繞圈子，並非耗費時間、精力，而是為了維持特定的效果。例如，談話中如果對方有事相求，而你在能力範圍內又幫不了對方，又不想直截了當地拒絕，就可以委婉地說：「這種事目前恐怕很難辦到。」例如當你憤怒時，常會說出一些自己無法控制的話，像沒有方向的利箭一樣射傷對方。為了避免擴大爭端，說話應委婉，培養適時停止爭辯的能力，以免一發不可收。說話含蓄是對聽話人的一種尊重，能表現一個人的修養，也有利於建立自己給別人的第一印象。它總能讓對方在再三回味中不斷增加對說話人的好感，從而與之更好地相處。

生活當中有好多話是不能說的，會說話的人往往用委婉含蓄的方式表達這些不能說的話。

西安事變之前，張學良和楊虎城頻繁會面，其實他們早已有意對蔣發難。但是面對關係身家性命和國家安危的大事，在對方沒有表明態度之前，誰都不敢輕舉妄動，隨意開口。當時，張學良的實力比楊虎城大得多，又是蔣介石的拜把兄弟。楊虎城如果直接把自己的想法告訴他，萬一張學良有二心，那後果不堪設想。尤其是眼看時間越來越近，雙方還是難以找到表態的機會。

為難之下，楊虎城想到了一個解決的方案。

楊虎城有一位共產黨的部下，名叫王炳南，張學良也認識此人。在一次會面中，楊虎城婉轉地藉著王炳南的身分說道：「王炳南是一個激進分子，他主張扣留蔣介石！」張學良立即接應道：「我覺得這不失為一個好辦法。」於是兩個將軍終於不再徘徊於誰先開口的尷尬局面，開始正式商談行動計畫。

楊虎城選擇了藉不在場的第三者傳出心聲，即使對方不贊成，自己也可全身而退。這就是繞圈子說話的妙處所在。

同樣，十九世紀的俄國著名作家陀思妥耶夫斯基，也是用委婉含蓄的說話技巧獲得了意中人的芳心，贏得了完美的愛情。

一八六六年，對陀思妥耶夫斯基來說是不平凡的一年。他的愛妻瑪麗亞和他的哥哥相繼病逝。為了還債，他不得不開始趕寫小說《賭徒》，並雇用了一位名叫安娜・格利戈裡耶夫娜的性情隨和且善良活潑的速記員。

陀思妥耶夫斯基對待工作認真負責、一絲不苟的態度，使得安娜非常崇拜他，朝夕相處中，陀思妥耶夫斯基也早已深深愛上了安娜，但他並不確定安娜內心對他的看法。於是，他找了個機會對安娜說：「我又在構思一部小說。」

安娜聽後問：「是一部很有趣的小說嗎？」

「是的。只是小說的結尾還沒想好，女主角的心理活動我把握不準，現在只有求助於你了。」

陀思妥耶夫斯基看了看安娜認真聆聽的表情，繼續描述道：「男主角是一個藝術家，年齡已經不小了，而且剛剛遭遇了喪親之痛……」

聽到這，安娜已經聽出，他所描繪的主角就是他自己，忍不住打斷他的話：「看來你很同情你的男主角。」

「是的，我非常同情他，他有一顆善良的心，雖遭受不幸，卻依然渴望愛情，期望獲得幸福。」

安娜有些激動地說：「那主角遇到那位溫柔、聰明、通達人情的姑娘很不錯呀！」

「但是兩人的性格、年齡有差異，年輕的姑娘會愛上藝術家嗎？我揣摩不到，想聽聽你的意見。」

「當然會，如果兩人情投意合，她為什麼不能愛上藝術家？難道只有相貌和財富才值得去愛嗎？」

作家有些激動，聲音顫抖著問：「你真的相信，她會愛他一輩子？」

安娜一下子怔住了，她終於明白他們談的不僅僅是文學，而是在構思一段愛情的序曲。於是安娜果斷地告訴作家：「是的，我會愛他一輩子。」

後來，陀思妥耶夫斯基和安娜結為夫妻，在安娜的幫助之下，他不僅還清了全部的債務，還寫出了許多的不朽著作。陀思妥耶夫斯基這種委婉含蓄的求愛方式，被大家當作愛情的佳話。

有時候圓滑一點並不是世故，也不與真誠對立，對待朋友要真誠沒錯，但對一些敏感有爭議的事物，圓滑一點未嘗不可。

那麼，說話委婉都有什麼好處呢？

1 說話委婉，能夠化「干戈」為「玉帛」

尤其是在衝突將要升級的時候，試圖用戲謔的方法，以笑對怒，以柔克剛，用開玩笑的方式去創造一種和諧的氣氛，會很快緩解矛盾。

2 說話委婉，能夠讓惡意的挑釁者自食其果

面對他人挑釁的言辭，許多人往往忍不住發火，甚至大打出手。其實，只要以柔克剛，用婉轉的話語來應對，就能收到四兩撥千斤的效果，

讓對方收斂惡言惡行。

3 說話委婉，能夠在不經意間獲得期望的結果

委婉含蓄的語言是成熟、穩重的表現，委婉含蓄地說話，既能把意思表達出來，又能使對方愉快地接受。這是鬼谷子縱橫一世的經驗，也是現代人需要汲取的智慧。

鬼谷子教你詐

遇到令人尷尬的情況或不適合坦白的時候，直言直語不但不能起到積極的作用，還會引人反感。所以我們不妨另闢蹊徑，旁敲側擊，用委婉的「針」去刺中他的「穴位」。

8

以情動人，以理服人

古代歷史上，大臣輔佐君王，必須闡明自己的主張，提供決策情報。在說服君王的時候，大臣必須運用以情動人、以理服人的策略，促使自己的意見被採納。

對此，鬼谷子是這樣描述的：「將欲用之於天下，必度權量能。見天時之盛衰，制地形之廣狹，岨險之難易，人民貨財之多少，諸侯之交，孰親孰疏、孰愛孰憎；心意之慮懷，審其意，知其所好惡，乃就說其所重，以飛箝之辭，鉤其所好，以箝求之。」

在他看來，大臣輔佐君王治理天下，必須事先揣度君王的權謀智慧，衡量君王的才能，再觀察天時的盛衰，以及地形的廣狹、山川險要的難易等，綜合考慮各種因素，才能採用具有誘惑性和針對性的說辭，讓自己的政治主張成為國策。在此，曉之以理，動之以情，就成了大臣說服君王的拿手好戲。

而在日常生活中，國人求人辦事是很注重「情理」的。許多時候，國人把「情」放在「理」之前考量。國人認為「情」的地位，甚至超出了理性，其實這是一種錯誤的理解。人們常說：「以情感人，以理服人」，事實上，「情」只是在為「埋」作鋪墊，「感人」則是「服人」的前提。對國人來說，人情是工具、是手段，不是目的，講情只是為了更好地處理好事情。

某公司的銷售經理是老闆的哥哥。大家都知道這人平時工作拖拖拉

拉，沒什麼真實力，就擅長做表面工夫。只要老闆一來，他馬上搖身一變，一副幹勁十足的樣子。而且，他仰仗著和老闆的親密關係，經常對員工指手畫腳。大家對他這種行為非常厭惡。

有一次，他一時興起，竟然對財務部門一位職員的工作橫加干涉，在遭到同事的反對之後，竟然惡語相向。就在二人爭執的時候，恰巧老闆經過，這位職員就向老闆報告了財務部門的諸多錯誤。

老闆聽後不但沒有及時作出理性的反應，反而把自己的哥哥帶到了辦公室。結果顯而易見，那位職員第二天就被炒「魷魚」了。就因為這位老闆在工作當中公私情理不分，使得他越來越失掉人心，公司經營狀況也開始走下坡路。

國人重視家族血統觀念，本來無可厚非，但是，經營一家公司，領導者就不能用遠近親疏待人處事。必須把「情」與「理」的尺度把握好，按規矩辦事，用「理」服人，不能因為是自己人就亂了章法。

我們都知道，過分重視人情，忽視了「理」的價值，必然誤入歧途。但是，在生活中，我們又很容易發現，單純「講理」也是遠遠不足的，會給為人處世增加許多困難。因此，這個時候，我們就需要把「情」融於「理」，用「情」來包裝「理」。這才是對「情」與「理」的恰當運用。

1 道理往往是深奧的，情感是容易被人接受的

理，是一種理性思維，比感性思維邏輯性和規則性更強。如果處處講道理，把「理」放在口頭，必然造成人與人之間的溝通障礙。因此，有時候必須通過「情」來說「理」，達到明事理的結果。

2 盲目堅持道理，容易出現固執和走極端的現象

理，是一種邏輯思維。所以，一個人為了堅持自己認為正確的道理，很容易走極端，在與人的溝通和交往中堅決不妥協。這個時候就需要一些感性的思維去平衡它，以將道理人情化。

③ 道理常常掛嘴邊，而真正落實到行動中卻很少

講理是必要的，但是如果不分場合，不顧大局，大談自己的道理，必然各說各話，陷入個人的小圈子，這樣一來，人與人之間的關係就容易陷入僵局。

總之，在處世過程中，講「情」只是過程，目的是明事理，推進事情的進展。理解了這一點，才能掌握交際中的人情邏輯，學會在情理的交融下把事情做好。

鬼谷子教你詐

「合情合理」「合理合法」，「情」和「法」都要把「理」拉進來，國人的一切行為、各種關係，都要達到合理的邊界，才能被接受、被承認，否則你就會才步難行。

9

小錯不改，為大錯埋單

　　鬼谷子的思想中，蘊含著辯證的觀點，並且在事物相互轉化中看到未來的趨勢。他說：「不悉心見情，不能成名；材質不惠，不能用兵；忠實無真，不能知人。故忤合之道，己必自度材能、知睿，量長短、遠近、孰不如，乃可以進，乃可以退，乃可以縱，乃可以橫。」

　　顯然，如果不盡心努力洞見世情，就不可能成就聲名；如果沒有聰慧的素質才能，就不能進行軍事運籌；如果不能誠心忠實，就不能知人善任。在這裡，鬼谷子提出了「忤合之術」的法則，提醒人們估量自己的才幹、能力、頭腦，從而找到正確的方向，在可進可退中成就功業。

　　比如，人們在生活中習慣忽視小過錯，認為它無足輕重；結果，隨著事態的發展，往往迎來更大的失誤，到頭來悔之晚矣。這其實就是鬼谷子說的事態相互轉化，必須在事情可控的時候主動出擊，把不好的苗頭消滅在萌芽狀態。

　　諸葛亮曾說：「勿以惡小而為之，勿以善小而不為。」這句話講的是做人的道理，只要是「惡」，即使再小也不做；只要是善，即使再小也要做。因為極小的錯誤就可能會一點點腐蝕放大，就可能會慢慢擴張，然後毀掉你的一生。鬼谷子也深諳這個道理，在他並不完美的一生中，至少他懂得如何把大的禍患遏制在萌芽狀態，避免了小錯的蔓延。

　　好比丟了一個釘子，就會壞了一個鐵蹄。壞了一個鐵蹄，就可能折了一匹戰馬。折了一匹戰馬，會死一個騎士。死了一個騎士，就輸了一場戰爭。輸了一場戰爭，就可能亡了一個國家。這就是從一顆小釘子的錯誤開

始，釀成最後亡國的大錯。

在現實生活當中，總是有少數人把吃點、拿點、收點視為「小毛病」，並且完全不把這些「小毛病」當回事。豈不知，小錯誤到大錯誤，正是一個從量變到質變的過程，一旦你的思想防線被「小毛病」攻破了，就會快速滑向罪惡的深淵，這種教訓是屢見不鮮的。

從前有個小孩，從學校裡偷了一塊同學的寫字石板回家，並且拿到母親面前炫耀。母親不但沒罵他，反而還誇他能幹。第二次，他不再偷寫字石板了，而是偷了一件昂貴的大衣回家，母親看到竟然很滿意，還誇獎了他。

隨著歲月的流逝，小孩長大成人了，便開始去冒更大的險，偷價值更高的東西。在一次行竊過程中，他被員警當場捉住，並被反綁著雙手，押送到劊子手處。他的母親跟在即將行刑的兒子後面，捶胸痛哭。

這時候，兒子叫住了自己的母親，並說想和母親貼耳說一句話。他母親馬上湊上前去，誰知，兒子猛地用力咬住她的耳朵，撕了下來。母親罵他不孝，犯殺頭之罪還不夠，還要傷害母親。兒子歇斯底里地說：「我初次偷石板交給你時，如果你打我一頓，改掉了那個小毛病，我就不至於落得今天的下場，這樣悲慘的結局！」

從這個故事可以看出，播種行為收穫習慣，播種習慣收穫性格，播種性格收穫命運。生活中的點點滴滴都有可能改變人的一生，成功與失敗往往決定於一個人的習慣。冰凍三尺非一日之寒，大錯往往是由生活中的小錯彙聚而成，所以，犯了小錯必須及時加以改正。

俗話說：「千里之堤潰於蟻穴。」一步走錯，就可能滿盤皆輸。一九八六年，「挑戰者」號太空梭在發射七十三秒後爆炸解體，機上七名太空人全部遇難。失敗原因不過是固態火箭助進器出現了小小的故障，卻沒能及時發現和修整，最後發生了洩漏，導致了悲劇的發生。

「亡羊補牢，猶未晚矣。」這個古老的寓言故事，說的也是及時改正

錯誤的問題。丟一隻羊問題不大，只要發現問題是出在羊圈上，及時把漏洞補上，就能避免更多的羊丟失。而如果聽之任之，不去檢查羊圈，或者發現了羊圈的漏洞而不去修補，那麼圈裡的羊就會在不知不覺中丟光。同樣的道理，如果一個人犯了錯誤，但是根本不去做自我檢討，甚至認為錯誤無關大局，一笑置之，而且沿著錯誤之路繼續走下去。那麼，即使一開始只是芥子一樣的小錯誤，日子久了，也會發展成彌天大錯。到時候只有「悔之晚矣」的無奈了。

　　日常生活中，我們常常看到這樣的人和事，因為貪戀美食，不加節制，最終吃壞了健康；一些人貪圖享樂，任由慾望不斷膨脹，最終觸犯法律，走上了不歸之路。

　　所以，要重視改掉自己身上那些看似不起眼的「小毛病」，不管是道德所要求的，還是法律所規範的，都不要試圖去逾越。蟻穴雖小，可毀長堤；羽毛雖輕，也能沉舟。無論在任何時候、任何情況下，我們每個人都要加強自身修養，加強自省能力的鍛鍊，不斷提高自己的思想覺悟和辨別是非的能力，主動給自己的身上添置一件厚厚的「防彈衣」。時常提醒自己，遠離「小毛病」，改掉「小毛病」，自覺抵制不良行為，端正自己的作風。只有這樣，才能立德塑形，贏得健康的身心，贏得人生的輝煌。

　　「小洞不補，大洞吃苦。」衣服上破了一個小洞，補起來很容易。如不及時處理，一旦成了大洞，也許花再大的工夫也補不好了。人身上的小毛病正如衣服上的小洞一樣，不及時修補、改正，就會越來越大，乃至最終無法修補。如果把「小毛病」視為一種常態，不屑一顧，任由發展，久而久之，就容易使一個人的肌體喪失「免疫力」，「小毛病」的危害將逐漸瀰漫開來，危及全身，乃至生命。

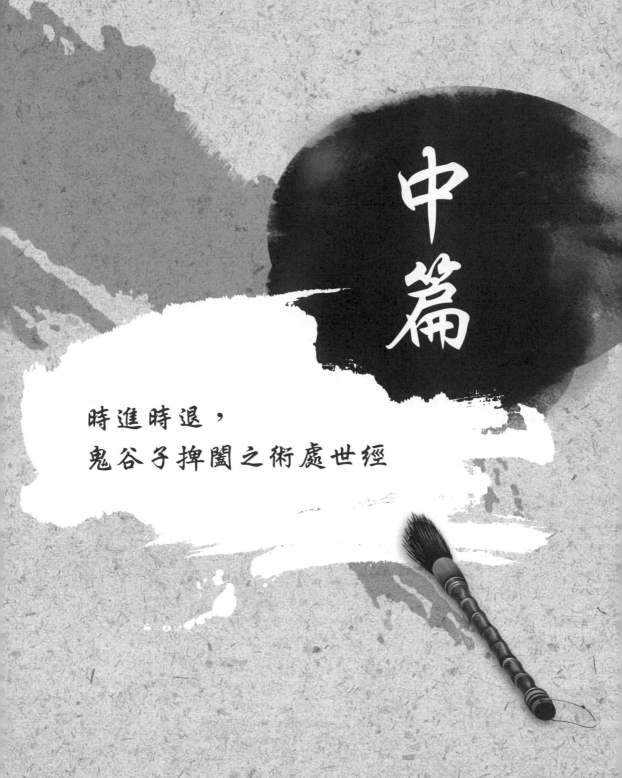

中篇

時進時退，
鬼谷子捭闔之術處世經

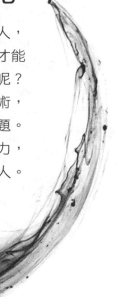

第四章

虛實術

審定有無，
識「真」人交其真心

在交際場上，人人都戴著面具示人，
那麼，身處其中的我們怎樣才能
交到真心實意的朋友呢？
鬼谷子的虛實之術，
便能夠輕鬆化解這個難題。
若想探知他人的真實實力，
就要以誠意相待，以利他人。

1

隱而不露，暗中識人

　　動物迫於生活本能應用陰陽之道保護著自己，獲得了生存繁衍空間。人作為最高級的動物，更應該懂得運用陰陽之道來謀求發展、追求進步、鑄就成功。雖然誓不低頭、毫不示弱，有時是勇敢、剛毅的表現，但是適當地隱匿自己，甚至認輸、放棄，才是聰明的表現。

　　鬼谷子認為，隱而不露是一種大智慧，如果在不瞭解對方時便大肆張揚，就會經歷更多的風雨，暴露在外的椽子必定是會先腐爛的。而不分時宜地過分張揚賣弄，不管多麼優秀的人，都免不了遭受明槍暗箭的打擊。所以愚人會大肆張揚地運用智慧，而智者則將智慧運用得隱而不露。

　　隱而不露是一種謀略，並非一聲不響、默默無聞、與世無爭，更不是逆來順受任人宰割，而是為達到某種目標，故意掩蓋自己的內心，以達到麻痺對方的目的。《易經》上說：「君子藏器於身，待時而動。」隱藏便是如此，關鍵在一個「動」字上。它不是單純地為了藏而藏，而是為了更好地表現，為了取得更大的成績、獲取更大的成功而藏的。正是從這個意義上說，隱藏，作為不被人瞭解而先瞭解於人的基礎上，提升生命境界的技能和手段，所追求的是和這個生命境界相應的輝煌。

　　春秋戰國時期，楚國兩代國君皆大有作為。楚莊王即位時，全國上下也都希望他能繼承遺志，開疆拓土，強盛楚國。鄰近小國則戰戰兢兢，時刻密切關注著楚國的動向。

　　而即位後的楚莊王卻令人瞠目結舌，對朝政不聞不問，終日沉浸在鶯

歌燕舞中，與妃嬪們尋歡作樂，或率領衛士前往深山打獵，一副荒淫無度的國君形象。

　　楚國大臣們不甘心將兩代君王的奮鬥成果就此毀滅，便紛紛上書進諫，對此，楚莊王一概置之不理，我行我素。後來聽煩了便下了一道令：敢進諫者死！大臣們為了保命均不敢再對其勸阻。

　　一連三年，楚莊王始終不理朝政，下面也亂作了一團：權臣們樹黨爭權，諂諛小人溜鬚拍馬趁此撈取官職；貪官們渾水摸魚，中飽私囊。楚國上下皆是混亂無序的狀態，只有忠臣在扼腕歎息。

　　大夫伍舉實在看不下去楚王的所作所為了，便決定進諫一回，當然誰也不願意當冒死英雄，便想出一個巧妙的辦法。他入宮時見楚莊王左摟鄭姬，右擁越女，邊喝酒邊聽樂師奏樂，見到伍舉便問是想喝酒還是要聽音樂。

　　伍舉笑道：「臣既不想喝酒也不想聽音樂，是聽說大王智慧過人，所以想請大王幫屬下解答疑惑。」楚王知道他是來進諫的，但並不點破。伍舉繼續道：「在我國一座高山上停落著一隻大鳥，羽毛繽紛豔麗，唯一的缺點就是三年不鳴叫，也不飛走，屬下實不知為何。」

　　楚王沉思片刻後答道：「這並非一隻普通的鳥，三年不鳴，是在積蓄力量，三年不飛，是在等待看清方向。它雖不鳴，但一鳴驚人；不飛則已，一飛沖天。你去吧，你的意思我明白了。」

　　如釋重負的伍舉，心裡立刻亮堂起來。他出宮後告訴大夫蘇從：「楚王並非庸君，他非常有頭腦，只不過在等時機罷了，看來楚國還是大有希望的。」

　　可是幾個月過去了，楚莊王非但沒有任何變化，反而更加荒淫無度，蘇從感覺受了騙，他全然不顧「進諫者死」的危險，捨身闖入王宮：「您身為國王，不理朝政，只知享樂，卻不知樂在眼前，憂在不遠，不久就會民眾叛於內，敵國攻於外，楚國也就離滅亡不遠了。」

　　楚王大怒，拔出長劍，指向蘇從喉嚨，厲聲叱道：「大夫不知寡人的禁令嗎？難道你不怕死嗎？」「假如我的死可以換回君王悔悟，能讓楚國

富強，那我又何畏於死？」蘇從一字一頓地說。

半晌，楚王扔下長劍，抱住蘇從，感慨道：「我等的就是大夫這樣忠於國家，不畏生死的棟樑。」他揮手斥退歌舞，與蘇從談論起楚國的政務，令蘇從吃驚的是，楚王對國家上下的瞭解比自己還要多。

隨後，楚王頒佈了一系列政令，將那些貪官污吏、權臣政客該殺的殺，該免職的免職；把蘇從、伍舉在內的忠臣提拔起來。一番措施後，楚國的政治從貪濁混亂，一下子變得清明而富有活力。

國內基礎穩固後，楚王便開始開疆拓土，平定了周圍小國的背叛，挺進中原，奪得了霸主地位，成為了歷史上著名的「春秋五霸」之一。

須知，拳頭收回來，是為了更有力地打出去。楚莊王清楚自己即位時，看似太平的國家盛世，卻充滿了隱憂：權臣奪利，小人充斥，群臣良莠不清，忠奸難辨。他故意將真實的自己隱匿起來，裝出荒淫假象，這樣不僅解除了周圍國家對其的戒心，還消除了群臣的顧慮，使其露出廬山真面目。苦等三年後摸清所有情況，將楚國政治清刷一新，這才是他真正的智慧。

現實生活中用藏巧於拙、用晦而明、聰明不露、才華不逞等韜略來隱蔽自己的行動，可以達到出奇制勝的效果。但藏要知道藏什麼，更需要知道為了實現我們的目的怎麼去藏。隱藏也不是目的，把隱藏當作追求的人，最終只能是弄巧成拙，自討苦吃。

鬼谷子的捭闔之道，從某個角度來講，卑是為了求索微小，崇高求索博大。所以如果向對手灌輸一些卑小的目標，展現自己的短處、弱點來誘導敵人上當，使其麻痺大意、放鬆警惕，然後將強大的一面迅時展露出來，一舉拿下對方。

糊塗要裝得不露聲色，越是大事，越要將糊塗裝得徹底，這樣一來就可以保護自己，看清對方的形勢。「不露」是暫時的，只要時機一到，在對方不防備時予以攻擊，最終大顯崢嶸。

鬼谷子教你詐

　　人生並非一帆風順，要切忌張揚，運用隱而不露的智慧，將自己的內心掩蓋起來，達到麻痺對方，暗中識人的效果。智慧也要盡可能地用在對方看不到的地方，時刻觀察事物的發展規律，探索變化的徵兆，學會分析引起變化的原因，及時制定應對的措施，找到合適的時機將其實施。大凡智慧者都應該「隱而不露」，這不先適用於古代戰場，更適用於現今社會，人生很多領域都應遵循同樣的道理。

2

任爾真假虛實，實心待之

　　鬼谷子說過，擁有極高深智慧的人叫聖人，擁有極高尚道德的人叫賢人。聖賢是既智慧高深，又道德高尚的人。所謂好的領導者就是那些胸懷坦蕩的人，沒有一個自私自利的人最後成了居高位者就是這個意思。領導者不一定是聖賢，卻要學習聖賢的人生智慧，跟隨聖賢的腳步。哪怕遇見虛情假意的人，也能以禮待之，這才是大智慧。

　　在當今社會，充斥著複雜、紛繁、激烈、尖銳的競爭。在法律和道德規範下，許多情況下，人們都自覺或不自覺地運用著智謀、測算、分析等等。而處於商業經濟時代的我們，更應具備識破來自方方面面，形形色色的詭辯形式或韜略智謀的能力，以避免自己受到損失。正因為人們越來越關注研究謀略之術，才使得過去只有少數人掌握的謀略術越來越大眾化，以達到不被人愚弄的目的，使得人以真心相待。

　　生活中並非人人都會以誠相待、真心相對，同時也仍然存在著大量真真假假、虛虛實實的人。與人交往時，不管什麼樣的人都要對其善待，這幾乎成了與人相處的一條基本準則。真心善待他人並非是簡單的同情心，而是對人的無形相助，是一種博大的愛。在需要合作的社會中，人們總是存在著互動的關係，不管對方如何，只要真心地善待他人、幫助他人，終會獲得與他們的愉快合作。

　　鬼谷子認為一個心有大志的人，只要做到屈己求賢、善待他人，那麼天下賢能之人就會雲集而來，為其事業出謀劃策。

　　與人為善並非只對賢能人士，也並不是一定為了得到回報。善待他人

不僅可以創造一個寬鬆和諧的人際環境，還能夠愉悅自身。它不需要誰刻意而為，只需要一顆平常心，這是很容易做到的。給人以微笑可以感染他人，即使是並非像你一樣以誠相待的人，都會受到感染，不會故意和你過不去。與人為善給了人們被人喜愛的充實感。

王玫是一名護士，工作二十多年，經她護理過的患者已不計其數，但是其中一位她永遠不會忘記，那是一位善待他人的老人。

剛工作一年時，王玫被分配照顧一位某軍區的司令。臨去前護士長一再囑咐說：「老人是一位癌症晚期患者，脾氣倔強，你處事一定要小心。」聽到此，王玫的心不由緊張起來。她懷著忐忑的心，輕輕地走進老人的病房，看到的是一位慈祥卻瘦骨嶙峋的老人躺在病床上，打著點滴。王玫輕輕地查看了一下藥物的名稱和針頭是否在血管裡，雖然動作已經很輕，但還是驚醒了睡著的老人。他睜開眼睛，雖然飽經滄桑卻不失銳利。她輕聲地對老人介紹道：「您好，我是您的護士，叫王玫，您以後可以叫我小玫，有什麼事您告訴我，好嗎？」老人手指輕輕動了動，旁邊的家屬告訴她說，老人讓她坐那休息一會兒。

不一會兒，老人的頭上淌下豆大的汗珠，緊咬嘴唇，雙手還緊緊地抓住被子。王玫趕緊站起來，將一隻手握住老人的手，另一隻手給他拿毛巾擦汗。她知道，這是老人在承受癌症帶來的疼痛。疼痛使他將王玫的手握得很緊，甚至有些疼。醫生看後說打一針止痛針。王玫給他注射了後，十分鐘左右，老人睜開疲憊的雙眼，看著她，臉上露出的卻是帶著歉意的微笑，聲音雖然很小，但是每個字都很清楚：「對不起，把你捏疼了吧？」王玫搖搖頭，表示沒關係。就這樣她對老人的護理開始了。

老人精神好的時候，會講他過去軍中的故事。講到戰友的犧牲，他彷彿又會經歷一回當時悲痛的場景。一次為老人檢查身體時，王玫發現他身上有著大大小小的疤痕，老人告訴她說，那是當時彈片留在身上的印記，他的身體裡甚至到現在為止還有沒有取出的彈片。老人說當時藥品緊缺，他硬是沒有用麻藥將部分彈片取出，將麻藥留給了更需要的人。王玫沒想

到他會如此堅強，她對老人的敬佩之心油然而生。

照顧老人的時間久了，王玫發現老人很親和，從不會因為她是護士而看不起她。老人也經常說他和她一樣都是為人民服務，工作沒有高低貴賤之分，不同的是分工。慢慢的他們成了忘年之交，也從未體會過護士長說的犯倔。

可就在王玫輪休的時候，護士長打來電話說，老人正在發脾氣，而且誰都勸不好，看看她能不能過來試著勸勸老人。她坐車來到醫院，看到一名護士正在擦眼淚，家屬圍在老人身邊，而老人卻在罵自己的兒子。護士長向王玫介紹了情況：剛才老人正在睡覺，李護士不小心把茶杯碰到了地上，把他驚醒了。他的兒子說了護士兩句，老人就生氣了，把兒子罵了一頓，還讓兒子給護士賠禮道歉。兒子剛辯解一句，老人就急眼了，非要起來揍他，家屬一勸，他就火冒三丈，把他們都攆出來了，誰進屋也不讓。實在沒辦法了，才把王玫叫來。

王玫打開房門就聽到老人喊道：「給我滾出去，我不用你們，都滾。」她走到老人床前，握住他的手，老人卻吃驚地問：「你今天不是休息嗎？怎麼把你也叫過來了？」王玫輕聲安撫老人道：「誰的話您也不聽，他們沒辦法了，只好叫我這個小朋友了，您可得給我點面子，要不咱們怎麼做朋友啊？您現在是患者，是不能生氣的，來和我說說，他們怎麼惹您了，我去修理他們，看他們還敢惹您不？我把您扶起來，揍你兒子一頓，把他打得跪地求饒，或者我去替您揍他一頓也行。」老人被逗笑了，然後氣哼哼地講了整個事情的原委。最後老人意味深長地說：「孩子，你還年輕，要永遠記得，不管你做多大的官，也不管你多麼富有，你都要學會尊敬別人、寬容別人、善待別人。尊敬別人，就是尊敬自己啊。」

鬼谷子深知世界上並非都是真誠之人，小人到處都有。當然，許多時候並非對方有多麼壞，而是雙方溝通不暢、利益衝突造成了隔閡。對此，不妨以真心示人，放下自以為是的心態，避免對人刻薄、挑剔，甚至隨意指責，將矛盾擴大。只要以誠相待，嚴於律己，寬待他人，自然容易與人

和睦相處。你的行為猶如一面鏡子，你如何待人，對方也會怎樣回敬於你。

寬容和善待他人一樣，都是做人的美德，而寬容更是一種明智的處世原則。如果僅因為對人的一時狹隘和刻薄，而在自己前進的道路上平添障礙，又有何好處呢？相反，無意中對他人的一點恩惠，就有可能擴寬道路。如何處世為佳，相信你自有定奪。孰輕孰重，自有明鑑。

對人寬容並不意味著就是對惡人的遷就和退讓，也不是鼓勵縱容自私自利。在失誤無可避免後去善意地寬待犯錯的人們，因其寬廣而容納了狹隘，因其寬廣顯得大度而感人。一個和諧環境的產生就得益於這樣的寬容，在這樣的環境下雙方都會感到快樂輕鬆。

一個和諧的環境由此而產生，雙方一同享受施惠於人的快樂。

鬼谷子教你詐

以誠相待，與人為善，寬以待人，真心對待每一個人，不管陰險、奸詐，還是真誠、友善。如冬日正午的陽光，去融化別人心田的冰雪，將其變成潺潺細流。一個不懂得真心對人的人，會顯得愚蠢，大概也會衰老得快；一個不懂得對自己真心的人，會因為把生命的弦繃得太緊而容易受傷，抑或斷裂。

3

強也示弱，給他人留足面子

　　《鬼谷子》中說道：「謂逢好學伎術者，則為之稱遠；方驗之，驚以奇怪，人繫其心於己。效之於驗，驗去亂其前，吾歸誠於己。」講的是若要守得人心，就要學會表揚稱讚，尤其在公開場合也不吝惜讚賞的詞彙，這樣不僅自己有面子，也能讓對方覺得感激，哪怕你比他強很多，也會讓他覺得自己很有面子，這樣人心自然就收攏了。

　　示弱是一種生存智慧，也是一種獲取成功的手段。鬼谷子捭闔術最突顯的智慧便是暫時以弱示人，來追求更大的發展目標。

　　懂得示「弱」是謙虛的表現，總是在該表現的時候沉默，在大家都駐足觀賞的時候，把一切讚揚、羨慕、鮮花、掌聲無償地讓給別人，沒有高談闊論，只有一聲不響；沒有誇官顯富，只有低調從容。在別人最需要幫助的時候，能及時伸出溫暖的雙手，這樣才是弱的境界。

　　示弱可以給他人以表現空間，為他人留有「面子」，為了維繫感情，不要做有損他人「面子」的事，不要說有損他人「面子」的話，並且還要想辦法給他人「面子」，讓他感受到你的「人情」。

　　懂得示「弱」的人一般是智者。聰明的人一般都是低調中暗藏自信，精神內守，精華內斂，沉靜似水，不輕易顯露江山本性，處處示弱，表面上風平浪靜，內心裡大智、大慧、大勇。示弱者冷靜、理智，心中裝著大志向，因而不拘小節，不爭功搶勞，不吸引目光，更多的時候是默默地積聚力量，沉澱歲月，以超凡脫俗的非凡之力脫穎而出，贏取最後的勝利。

　　明帝曹叡在彌留之際，命司馬懿和曹爽輔佐幼子曹芳。曹芳年幼，聽從明帝之命抱住司馬懿的脖子以示親近，司馬懿感激涕零，連表忠心。曹芳順利立為太子。曹叡離去後，遺命囑大將軍曹爽和太尉司馬懿共掌朝政輔佐幼主，大權便落入了二人手中。

　　司馬懿老謀深算，德高望重，兩個兒子司馬師、司馬昭也能征善戰，就其威望資歷遠大於曹爽。而曹爽是宗室後代，也有一定資歷。曹芳年幼，害怕大權落入他人之手，便傾向於曹爽而疏遠司馬懿。幾年中曹爽暗中發展自己的勢力，排擠司馬懿，時機成熟時，又奪了司馬懿的兵權，撤銷了其太尉的實職，而安排了一個太傅的空銜給他。司馬懿見曹爽的勢力控制了朝廷，於是裝病在家，不問朝政了。

　　司馬懿告病後，曹爽獨攬大權，並不關心司馬懿的病情真假。得意忘形之下，他大量安排自己的力量，將弟弟曹羲提拔為中領軍，曹訓為武衛將軍，曹彥為散騎常侍，就這樣，朝廷的武裝大權被他牢牢掌握。曹爽也因此毫無顧忌，每天就是與親近之人吃喝玩樂，連出行陣勢都開始效仿皇帝規模，甚至宮中的妃嬪、樂師，也被其帶回家中尋歡作樂。曹爽的所作所為被一些正直的官吏所厭惡，慢慢人心四散，非議驟起。

　　稱病在家的司馬懿不僅沒有閒著，反而對朝政和時局更加關注。他暗中高興曹爽不得人心的情況，於是靜待時機。

　　曹爽的黨羽李勝由河南尹調任為荊州刺史，按例向太傅司馬懿辭行。熟知官場之事的司馬懿向身邊侍女囑咐了幾句，便開始傳令接見李勝。

　　李勝來到他的病榻前，只見他面容憔悴，頭髮凌亂，虛弱地躺在病床上。司馬懿看到李勝後硬要掙扎著從床上起來，侍女趕忙上前相扶，又將外衣遞與他。只見司馬懿十分費力地接過外衣，手一直發抖，衣服不慎落地。侍女彎腰撿起，開始幫他穿上，但是他動作僵硬。司馬懿又以手指著嘴，侍女忙端來一碗稀粥，司馬懿也不用手去端，伸了伸脖子就喝，結果裡一半外一半，鬍子上都是稀粥和飯粒，前大襟上還灑了一大片，侍女忙拿手巾來擦。李勝見狀，忙往前湊了湊說：「只聽人們說您中風了，想不到竟病到這種程度。」

　　司馬懿上氣不接下氣地說：「唉！年老病重，死期不遠。君屈任並州，並州接近胡地，您可要當心啊！」說完喘了兩口氣又說：「恐怕你我不能再見面了，我把兩個兒子師、昭託付給您，請您多照應。」李勝見他說錯了，就糾正說：「我上任荊州，不是並州！」司馬懿聽了，大惑不解，偏偏頭側過耳朵問：「什麼？放到並州？」李勝只好再改口說：「我放到荊州。」司馬懿這才若有所悟地說：「啊！都怪我年老意荒，耳朵也背，沒聽明白您的話。您這回到了『並』州任官，要好好建功立業啊。」李勝無奈，便也不再解釋，於是寒暄幾句起身告辭。

　　從司馬懿家出來，李勝便去向曹爽彙報，他將司馬懿的情況繪聲繪影地描述了一遍。曹爽心中更加輕鬆，此後完全不將司馬懿放在心上。司馬懿知道此計已奏效，便開始了各種準備工作。

　　一次曹爽、曹羲、曹訓掌握兵權的兄弟三人護送曹芳出城掃墓之時，司馬懿立即派兩個兒子及其心腹奪取城中兵權，佔領要害部門，並關閉城門，使整個洛陽城處於高度戰備狀態。後又以皇太后名義要求曹爽護送皇帝回城，只要投降即可免殺。無能的曹爽投降後，司馬懿清除其羽翼，又以謀逆的罪名將曹氏家族誅殺。從此，司馬氏獨掌朝廷大權，為篡魏自立、建立西晉王朝奠定了基礎。

　　司馬懿本人如鷹似虎，卻裝病成不堪一擊的樣子來麻痺曹爽，讓曹爽只當他是病貓，卻絲毫不知已成為其爪下獵物。他心高氣不傲，假裝坐以待斃掩飾其野心，所以，成功也就只是時間的問題罷了。

　　鬼谷子在縱橫術裡面說到要學會示弱，不是認輸，而是學會低調，因為沒有人喜歡趾高氣揚的公雞，那些總是高高在上的人，是不會得到人心的。有的人喜歡被人稱讚，所以總想出盡風頭，覺得會被人肯定，能夠體會到成就感。其實這樣的「出頭鳥」，並不會贏得他人的好感，甚至適得其反，其鋒芒常會刺傷周圍的人，讓人避之唯恐不及，有時還會成為眾矢之的的，被其他人群起攻之，在競爭中首先將其開除出局。

　　強者示弱的極致表現便是胸襟寬廣、能容人。形勢不利於自己時要學

會隱藏強大的實力，免得被人嫉妒而遭暗算，要給人一種軟弱無力的假象，這樣才能保護自己、伺機而動。

示弱這種生存智慧，其實更是一種成功的獲取手段，示弱不僅不會使自己的身分降低，相反，強者示弱還會受人尊重，給人以謙虛、和藹、心胸寬廣、平易近人的印象。而強者已經處於有利地位，如果在一些小名小利之事上有所放棄，「抓大」「放小」，示弱於人，這樣可以使弱者感受到平等的人格，也能充分獲得尊重，同時還可以心平氣和地來向強者學習，達到提高的目的。

仔細想想不難發現，最後的贏家仍然是強者，因為「示弱」之人已成為大家眼中豁達大度、寬宏大量的人，更是一個充滿人情、充滿智慧，處世淺淺而悟世深深的人。如此一來強者變成了長久的贏家，只會越發強大。

鬼谷子教你詐

示弱是強者在感情上體貼暫時在某些方面不如自己、處於劣勢的弱者的一種有效且有力的交際手段，它能使你身邊的「弱者」有所慰藉，心理上得到平衡，減少或抵消你前進路上可能產生的消極因素，以使你的事業取得更大的進展。願事業上的強者都來學會示弱，它會使你雍容大度，更高人一籌！

4

抓住優點，巧妙讚揚

「解仇鬥郤，謂解羸微之仇。鬥郤者，鬥強也。」「解仇」就是要解除弱小者之間的仇恨，讓他們和解。「鬥郤（隙）」是說要使有嫌隙的強大者之間互相競爭。這裡鬼谷子所說的競爭不是惡意的爭鬥，而是強者之間的切磋。這也是誇讚的一種手法，任何人都希望被認可，所以好的領導者會抓住員工的優點藉機表揚。好的朋友也會稱讚別人的長處，不僅表明自己虛心，還能收穫更多的人心。

讚揚是人與人之間最容易達到心貼心的捷徑。每個人都希望被認同，這對自己來說有一種說不出的滿足感、重要感甚至是成就感，真真正正地感到了存在於社會中的價值。讚揚可以使對方同樣以友善的態度對待你，氣氛便會因相互謙虛而和諧，頃刻間便可達到朋友似的階段。

著名的心理學家傑絲·雷爾說過：「稱讚對溫暖人類的靈魂而言，就像陽光一樣，沒有它，我們就無法成長開花。」一個人身上的能量可以被一句讚揚的話輕易釋放，還可以調動一個人的積極性。讚揚能使軟弱者心理變得強大，能使怯懦者變成勇士，能讓受傷的神經得到休息和力量，能給身處逆境的人以務求成功的決心。

讚揚的作用在不同的領域中，被越來越多的事實所證明。讚揚對於開啟受教育者的自信、潛能和智慧，激發學生特別是兒童的創造力、塑造健全的人格所起的作用是超乎想像的；讚揚在企業管理中發揮著同樣非凡的效力，員工因得到及時的讚揚而更具活力，創造力被激發出來，企業凝聚力會因此加強，一句口頭的讚揚或者一張榮譽證書，會超過物質激勵作

用。有的時候一句讚揚的話，甚至是一個讚許的目光，都可以讓人精神一振，為之鼓舞；尤其是在人遭受挫折的時候，他人的讚揚便好比一把火炬，照亮了希望之光，還有可能改變一生的命運。

既然讚揚有如此魔力，那怎麼才能把握好讚揚的度呢？其實每個人都有自己的特色和許多優點，只要符合他的優點特色，並真誠地讚揚，就能收到良好的效果。相反，毫無根據的讚揚，便是不符合事實的，就成了憑空捏造的「虛偽」了。

鬼谷子也認同用褒揚之詞來抓住對方心理。即使缺點再多的人都有值得讚揚的地方，只是有時被我們的粗心忽略了。一件件的小事組成了生活，優點其實就在小事中潛藏著。只要善於發現，你就會知道，連服飾、思想、品味，甚至與一個人相關的事物，都會成為我們直接和間接讚揚的物件。不是所有的人都會有驚天地泣鬼神的大事，所以小事上體現出的優點，就完全可以成為我們讚揚的物件。就算實在發現不了別人的優點，奧地利心理學家貝維爾博士也教過我們：「如果你想讚美一個人，而又找不到他有什麼值得稱讚之處，那麼你可以讚美他的親人或者和他有關的一些事物。」

甄欣是一名小學語文老師，剛剛開始工作不久。最初她不懂得讚揚學生，每天總會發現有不能把課文背下來的學生，每每這個時候，甄欣就會非常生氣，總是罵他們，甚至放學也總將他們留下來繼續背誦。一段時間過去了，甄老師發現這些學生不但沒有任何進步，甚至還對語文課產生了厭學情緒。

一次甄老師在辦公室批改作業時，無意中聽到旁邊的李老師在對一個學習較差的學生大加表揚，她很疑惑。事後甄老師問李老師：「這個學生有什麼可以表揚的？」李老師並沒有直接回答她，而是說道：「讚揚就像一盞明燈，悄悄地指明學生前進的路。哪怕只是一個眼神，一句輕輕的話語，卻可以拉近心與心的距離，產生許多美麗的故事。我們在實際工作中，讚揚優秀學生，幾乎每個老師都能做到，但是對較差學生的讚揚，就

幾乎沒有人認同了。作為一個老師，要對所有學生實施有效的教育，就必須與較差學生進行有效的溝通。其實，較差學生毛病很多，在他們身上幾乎找不到可以讚揚的東西，但是如果不能從內心深處尊重學生、讚揚學生，就不能喚起學生對美好人性的熱愛，就不能喚起學生對老師教育的認同。所以教師要在傾聽的基礎上欣賞學生、讚揚學生。我在具體的工作中，注意了讚揚學生，就收到了良好的效果。」

聽完李老師的話，甄老師想起了風和太陽比誰強的故事，慢慢地她也開始讚揚學生了。對那些不能及時背好課文的學生，甄欣也不是一味地批評，而是盡量找出優點表揚他們，用各種方法激勵他們。學生得到表揚後，提高了學習的積極性，也不再像之前那麼厭學了。

第二個學期甄欣帶的班，不管從課堂紀律來講還是學習成績來講都還不錯，但她總感覺上課缺點什麼。慢慢地她發現是學生們不愛發言，即使是很簡單的問題，舉手的同學也會很少。甄老師針對這種情況，採用了綜合量化積分考評每個學生的週表現，其中「課堂發言」占單獨一項，每天對表現好的學生口頭表揚一次，每週班會進行物質獎勵。從此，課堂氣氛非常活躍，踴躍發言的人很多，總有不同的聲音、不同的面孔，為整個課堂不斷激起沸騰的小浪花。

幾週後，甄老師對班上的情況有了全面瞭解，學生的缺點也開始顯露出來。周明和李晨曦作業拖遝甚至不做，學習習慣也不太好。經瞭解，他們的家長工作很忙，對他們的學習基本上不聞不問。但是兩位學生的認錯態度每回都很好，批評教育時總是虛心接受，但是事後依然如故。之前還因此事對他倆大發雷霆，但是這回甄老師決定表揚他們一下。班會上甄老師對班上的前期工作做了一個總結，談到作業，特意提到了這兩位同學，他們都低下頭，等待著「災難」的降臨。

沒想到，他們並沒有受到批評，反而被表揚了一番，作業有進步，尤其是書寫方面，既乾淨又整潔，可見他們每天練字一張堅持得非常好。他們如果能用這種勁頭去對待其他各個學科各門作業，一定會取得優異的成績。自此以後，他們每天都能按時完成作業，上課專心聽講，肯動腦筋

了。以後甄老師也經常關注他們的動態，利用早自習、班會等找他們談心，鼓勵、表揚、幫助他們。

　　被甄老師讚揚的學生越來越多，他們的學習的積極性也得到了提高，成績進步很是明顯。這使得她的教學工作越來越順手，而讓甄欣感觸最深的是：學生的心靈在讚揚的激勵下健康成長。

　　讚揚他人是一種處世之道，人與人相處不易，處好就更加困難。《鬼谷子‧摩篇》就說到要善於揣摩人心，投其所好。對於喜歡讚揚的人就要找準優點不吝惜大肆誇讚，不僅能贏得人心，還顯示出自己的胸懷寬廣。如果總是帶著審視的眼光挑剔他人的不足，那將讓彼此都活得很累，處得艱難，也會讓人敬而遠之。人非完人，寬容地看待他們，會發現很多優點在挑剔中被忽略，其實這些優點是值得讚揚和學習的。我們更應該做的是以讚揚的態度給予肯定，讓他人感到自豪並得以發揚。

　　知道如何讚揚他人的人，不僅可以為自己營造出正面、和諧的氛圍，還可以獲得良好的友情回饋，豐富自己的人際資源，更為重要的是在讚揚他人的習慣中，養成熱情積極的人生態度、寬容的胸懷和博採眾長、知人善任的管理組織能力。

鬼谷子教你詐

　　讚揚並非阿諛奉承，也不是互相比對，讚揚是內心發出的贊同。學會讚揚，做好讚揚，多站在別人的角度替人考慮。人生在世，短短幾十年的光陰，誰都不希望活在別人的嘲笑與譴責中，誰都渴望得到別人的認可與贊同。學會讚揚別人，給自己一個更好的生活心態，凡事就會迎刃而解，生活也會燦爛無比。

5

收斂鋒芒，摒棄高傲和善待人

鬼谷子的弟子尉繚在《尉繚子》中作了註解，他認為領導者要「愛在下順，威在上立，愛故不二，威故不犯。故善將者，愛與威而已。」意思就是做人要和善，不要一味地威嚴不可接近，和善待人有時候更能贏得人心。

人活在世上，總會和人相處，而待人處世又是一門大學問。對人尖酸刻薄、高傲冷漠的人會被人拒之千里，而待人和善的人會得到來自家人、朋友甚至是陌生人的支持，還會得到上司的賞識、下屬的擁護，為自己賺取好人緣，辦起事來也會得心應手，需要人時，也可以一呼百應。

《水滸傳》中，宋江在去梁山之前，無論是對晁蓋、吳用、李逵，還是對武松、花榮、王英，他都以和善、誠敬之心對待，無論誰有困難都會伸手相助，不管是誰手頭緊張都會送銀子給予資助，所以結交了許多英雄好漢。他這樣做並不是為將來「造反」準備，而是建立人際基礎。到了落難時，好漢們趕來相救；他到了梁山後，先坐第二把交椅，晁蓋一死，他立即被大家擁立為頭領。論武功他在眾人之下，論才學有許多人比他強，然而他的人緣比誰都好，所以用起人來很有說服力、號召力與影響力，這也是他能成為一代梟雄的重要原因。

孟子說：「天時不如地利，地利不如人和。」從古至今，成功人士無一不是靠天時、地利、人和來成大事的，而「人和」又起到了至關重要的作用。正因為他們對人和善，懂得如何對待每一個人，所以才能吸引各種性格、各種才能的人來平衡各種力量，讓大家為自己發揮各自的特長，助

成功一臂之力。

　　古今中外的人們皆重視用人之道。人才的重要性不言而喻，而如何發現人才、用好人才卻難倒了許多人。鬼谷子說：「凡度權能者，所以遠征來近。」對人審度權謀，衡量才能，讓遠近的賢士為我所用。而有志之人能夠做到屈己求賢，那麼天下的賢能之人，便會雲集而相互回應，為自己的事業出謀獻策。天下儒士皆有極強的自尊心，要求別人尊重他，對人才的禮遇非常重要。如果能收斂自己的鋒芒，放棄高傲的姿態並使其得到滿足，便可使其真心真意地為你服務。諸葛亮也曾說「士為知己者死」，只要真心地對待，便能換來忠誠的追隨。

　　呂不韋執政時，秦國不僅經濟能力得到提高，文化也有了長足的發展，軍隊的戰鬥力更是不斷地增強，在對外的戰爭中取得了很大的勝利。其主要原因就是呂不韋知道如何待人，更知道如何重視人才。

　　當時，各國的諸侯大力招攬人才，供養食客。以「四公子」尤為著名，即齊國孟嘗君、趙國平原君、魏國信陵君、楚國春申君。呂不韋來到秦國之後，也意識到了人才的重要作用，開始大規模招攬賓客，並大批吸納其他國家的名士和政客。在他擔任相國時，就在相府內建造了數以千計的高堂廣舍，聘請了眾多名廚，並在咸陽的城牆上掛起告示，歡迎各方人士來相府做客。

　　本不是秦國人的呂不韋，卻得到秦國國君的賞識，做了丞相。這對於渴望功名的有識之士來說，無疑是一種極大的誘惑。再加上呂不韋當時的權勢極大，即使養賢納士也不會遭到別人的反對和嫉恨。那些有識之士看到在呂不韋的輔佐下，秦國在軍事上節節勝利，統一六國已成定局，便趁他發佈告示之時紛紛前來投奔。

　　沒過多久，呂不韋門下的食客就達到三千多人，他並不像之前做商人時那麼高傲了，而是和善地對待每一位前來投奔他的人。不僅對他們足夠重視，還發現並引薦了不少人才，而李斯就是最有名的一位。李斯原本是楚國上蔡的一個平民，在戰國末年來到秦國，成為呂不韋的門客。呂不韋

發現，李斯極具才幹，便委任他為郎官（宮廷侍衛）。從此，李斯就有了出入宮廷的機會，向秦王獻上「滅六國、成一統」的計策，從而受到重用，後來當上秦朝宰相。

呂不韋深知人才對得天下的重要意義，連司馬遷都在《史記》中說呂不韋「招致賓客遊士，欲以併天下」。《呂氏春秋》中有一篇《慎行論》，其中就說到人才對治國、平天下的重要性。他說：「身定，國安，天下治，必賢人。古之有天下者……其所以得之，其術一也。得賢人，國無不安，名無不榮；失賢人，國無不危，名無不辱。」這些都說明了人才對得天下的重要意義。《呂氏春秋·士容》篇中還講了一則「狗乃取鼠」的故事，說有一個人為了讓一隻能捕獐麋豕鹿的好狗去執行貓的任務─捕鼠，就用夾子夾住這隻狗的後腳，通過這則故事來諷刺挖苦那些君主壓抑人才的社會現象，以此來和善待人才形成鮮明對比。

在用人上，呂不韋不論年齡，只要有能力都會委以重任。奇才小甘羅是他任用的最小的人才了，甘羅十二歲就已經能負擔出使他國的重任。他首先幫助呂不韋勸服張唐接受出使燕國的命令，之後自己又單獨出使趙國，讓趙國心甘情願割五城給秦國。接著，他又聯合趙國攻打燕國，掠奪燕國屬地作為趙國的獎賞，於是趙王再次獻出十一座城池報答秦國。因此，甘羅也被封為上卿。

甘羅說呂不韋登上秦國丞相之位雖晚，但他絕無一般暴發戶政客嫉賢妒能的通病，他對元老重臣甚為器重。最突出的就是對老將蒙驁，呂不韋執政的十多年中，蒙驁從不居功，不傲上，而是繼續帶兵為秦國爭城奪地，雖然已經年邁但威風不減當年。對元老毫無成見，也是呂不韋取得成功的主要原因之一。

除此以外，呂不韋還認為，對人才委以重任後就要賞罰嚴明。賞罰要不憑關係親疏、個人好惡，而要考其實績，做到因功授爵，賞罰得當。儘管事實上他不可能真正做到事事賞罰嚴明，但提出這些主張，對整頓秦國吏治、增強國力是有積極作用的。

　　呂不韋作為一個優秀的領導者，惜才如金，不僅能善用人才，還會善待人才，才換來了人才對他的竭力盡忠。

　　人不敢欺和人不忍欺哪個更高明？顯然是後者。領導者讓員工害怕，遠沒有讓員工愛戴重要，而鬼谷子的弟子尉繚就談到一個更高的境界，就是「愛故不二，威故不犯」。鬼谷子所言極是，只有那些和善的人，才是心胸寬廣豁達之人，與這樣的人結交收穫的就是自身修養的提升，而那些尖酸刻薄、不可一世的人，只能讓人覺得厭惡。

　　自古以來，妒賢嫉能的人總是成不了大氣候。魚兒瀟灑自如是水的功勞，上司的輝煌員工功不可沒，你身邊的人才就是你的最大財富，離開他們，你可能會一事無成，他們對於你的善待受之無愧。善待部下才能留住部下，沒有員工願意在一個刻薄、冷酷的領導者底下做事，就算做也只是應付工作罷了，不會投入全部的精力和心血。所以，善用人才是必要的，善待人才亦是必要的。

鬼谷子教你詐

　　孔子曰：「三人行，必有我師。」在人與人的交往中，也要遵循善待人才的原則。和善待人是追尋成功的過程中應該遵守的一條基本準則，更是一種互動關係。只有我們先去善待別人，善意地幫助別人，才能處理好人際關係，從而獲得與他人的愉快合作。給別人一片晴朗的天空，就是給自己一片明媚的天空。曾經有人說過：「善待他人就是尊重自己。」這就是善待他人的真正含義，只有真誠地對待別人，對方才會與你真誠合作。

6

平等待人，尊重有禮方能知心

　　在鬼谷子的遊說術中，「平等互利」的談判技巧至今被人沿用。只有做到尊重他人，才會有平等相待的心態。做人和做事一樣，鬼谷子告誡後人要學會溫和地待人接物，這是體現一個人修養的最好方法。人都是生來而自由平等的，與人相處就如同照鏡子，你怎麼樣對待別人，別人也會怎麼樣對待你。只有平等待人，才能收穫對方平等的真心。

　　社會中每個人都是一個個體，人和人之間總是存在著地位高低之分，貧富差距之別，除此以外，容貌、智力、體能等也各有不同，這就有了生活習慣的差異。但是從人格角度來講，不管地位高低，貧富差距多大，人和人都是平等的，都有其存在的價值，其重要性也會在特定時刻顯現。所以對他人都要有最起碼的尊重，並且平等相待。

　　斯蒂爾曾說：「對一個有優越才能的人來說，懂得平等待人，是最偉大、最重要的品質。」平等待人，是人與人相處時應該有的一種正確態度，並非只有地位高的人才能獲得尊重，反之則要受人歧視。換句話說，在尊重面前人人平等。人與人的關係就好比面對大山大聲呼喊「我尊重你」，你聽到的回聲也一定是「我尊重你」一樣。

　　尊重是希望個人能力和成就能夠得到社會的承認，尊重是一種修養、一種品德，一種對人不卑不亢、不媚不奴的平等相待，更是素質高的體現。真心尊重別人的人一定能贏得別人的尊重。孟子曰：「愛人者人恒愛之，敬人者人恒敬之。」其意指愛別人的人，別人也經常愛他；尊敬別人的人，別人也經常尊敬他。古往今來，人們都把「尊重」視為一種高尚的

品德，因為它體現著人的「德行」。

　　真誠、謙虛、寬容、善良、讚賞、友愛，都與尊重相得益彰，而虛偽、狂妄、苛刻、嘲諷、兇惡、勢利，卻與尊重水火不容。它似一縷春風、一泓清泉、一扇心門、一盞明燈、一劑催人奮進的強心針、一首溫暖人心的讚美詩。尊重成功人士表明對他們的敬佩和認可；尊重失敗的人，表明支持他們敢於嘗試、不畏失敗的態度。

　　每個人的情感態度和處事風格雖不同，但是與人為善、真誠相待、平等待人，才能贏得別人的關懷和尊重，才可以讓別人抬頭仰望你。反之，即使處於很高的錢權位置，也只能讓別人俯視你。

　　志文生病住院，單位給他安排在一所規格不錯的醫院裡靜養，還專門為其請了看護，無聊之時，他也總是與之閒聊幾句。

　　這是一個五十多歲的女人，只上過幾年學，樸樸實實。她告訴志文，自己已經在這所醫院當了三十多年看護了，最讓她難忘的是看護過大陸的國學大師錢鍾書五年。

　　志文聽後，大為吃驚。在他心裡錢鍾書是猶如雲中廟堂、海底龍王，只可聞其聲不可能見一面的「神」啊，他不禁開始羨慕起看護阿姨。志文問看護阿姨道：「錢老也是住這座樓嗎？」她搖搖頭，指了指對面說：「他住在對面的單人病房。」志文告訴阿姨說他很是崇拜錢鍾書先生，學問之高，卻淡泊名利。阿姨當即點頭說道：「就是啊就是啊，有學問的人，待人真是好啊！真的真的！」阿姨猶如遇到知音，兩眼放光，大喜。但是她激動得不知該如何表達，只是一味地說好。而志文卻想瞭解一下錢老真正的樣子，於是問阿姨：「錢先生是不是很謙和？」

　　阿姨這才開始邊回憶邊描述起來：「他心腸好，脾氣也好，從不在我面前說半句重話。你想想，做我這個的，有什麼地位呀，可他跟我說話時，極客氣，十分尊重人，生怕刺傷你。即使疼得要命，他也忍著，生怕影響到我休息。不像有些人，有一點疼就不得了，能把好幾個人支使得團團轉……」

　　慢慢地阿姨打開了話匣子。有一次錢鍾書先生的家人送來了一些李子，看護阿姨將一部分摘下洗淨餵他吃，他吃了幾顆便說什麼也不吃了，阿姨問他是不是胃口不好，錢老搖搖頭，說留給她吃，想讓她也嘗嘗鮮。阿姨告訴錢老說只是洗了一小部分，還有好多沒洗呢，盡管吃就是了。於是他才將洗好的李子吃完。後來不管吃什麼，他總是要求給看護阿姨留下來一些。

　　還有一回，錢先生躺在床上，閉著眼睛，看護阿姨以為他睡著了，便輕輕給他蓋了蓋被子，就在這時，護士進來查房，因為沒事，就和護士小聲聊了一會兒。護士問阿姨為什麼來當看護工。阿姨說家裡很窮，蓋房子需要錢，但是沒有錢，所以只能出來打工。

　　下午，錢鍾書的夫人楊絳來醫院，錢先生忽然跟她要錢。他說：「我需要五千塊錢！明天你給我帶五千塊錢來！」楊絳奇怪道：「你躺醫院裡，沒有花錢的地方啊，要錢幹嗎？」錢先生卻開始用家鄉話和楊絳對起話來，看護阿姨因為聽不懂他的家鄉話，也就沒太在意。

　　第二天一早，楊絳來到醫院掏出五千塊錢給看護阿姨，阿姨吃驚地問：「幹嗎給我錢？」楊絳指了指躺在床上的錢先生說：「是他告訴我的，他聽說你家蓋房子，怕你缺錢，所以叫我拿來給你的。」

　　阿姨很是激動，開始有點哽咽了：「當時都不知道說什麼好，怎麼會有這麼好的人，他又那麼有心，還囑咐我不用還的。誰知道他就那麼快地離開了人世呢。他去世後，楊絳又另外給了我五萬塊錢。他的女兒也是很好的人，每次來看錢老先生總是帶很多很多吃的，都是在大商場買的，告訴我說她父親吃不了那麼多，怕我為了省錢不吃飯，所以多買了點，怕外面賣的不乾淨。」

　　看護阿姨不善表達，說得總是斷斷續續，最後跟我說：「你喜歡錢先生，我叫錢先生帶的研究生給你帶本他的書來！」我趕忙問：「怎麼帶來？」「他們隔一段時間就來看我一次，特別有兩位，幾乎每星期都來看我一次……」

　　錢鍾書先生對待看護阿姨的態度會讓阿姨終生難忘，在他的眼裡人沒有地位高低之分，他尊重的是每一個人。

　　鬼谷子生在亂世卻能看透世間如此之多的道理，不得不令人敬佩。他的時代是一個戰亂頻繁的時代，那時候沒有平等一說，所以鬼谷子告誡後人要學會平等，這樣才不會出現又一個亂世。人活在世上，不可能關起門來一個人過日子，與人相處就成了必然，每個人都希望在與人相處中受人尊重、受人歡迎，要想實現這一想法，首先要做到的就應該是真誠地尊重他人。

　　任何人都沒有資格對他人不屑一顧，更不能輕視、嘲笑他人。真正的尊重，是不管面對什麼身分、什麼地位的人，都能做到不卑不亢、不仰不俯的平等對待，同時肯定他人的價值和人格。一個真正懂得尊重他人的人，必然會以平等的心態、平常的心情去面對所有人，不論他是幸運抑或不幸運、成功還是不成功。當然他收回來的，也會是與他付出等值甚至是高於付出價值的尊重。

鬼谷子教你詐

　　「送人玫瑰，手有餘香。」平等待人、尊重他人在心理上也是愉快的，更可貴的是可以換來別人對自己的尊重。而吹捧奉迎卻完全不同，這是一種喪失人格尊嚴，對人有企圖的行為。如果靠低三下四、廉價恭維博得他人好感，首先看輕的是自己的人格，有道是「自輕者人必輕之」，再想換來別人對自己的尊重恐怕就很難了。

7

虛實糊塗，容人之過

在這個世界上，每個人都避免不了犯錯誤，「過，則勿憚改」，古訓說得好：「人非聖賢，孰能無過。」其實錯誤並不可怕，重要的是對錯誤的態度。鬼谷子這一點和儒家的處世哲學頗為相似，他認為，每個人都避免不了犯錯，過錯是被承認的，也是可以被容忍和原諒的，沒有犯錯誤的過程，就沒有生命的成長。所謂集大成者就是那些能夠看到別人優點，也能包容別人缺點的人。人非聖賢，孰能無過，有時候寬容別人就是抬高自己。

世上之事虛虛實實、形形色色，若事事認真，必將把自己逼到一個死胡同裡，毫無回頭之路。與人相處也是一樣，有時候著揣著明白裝糊塗，忽略他人過失，反倒能受人青睞。所以人們常拿「難得糊塗」來應對世上虛實之事，面對虛實之人。

糊塗人做糊塗事，自然被理解為在情理之中；而令人詫異的是聰明人也常常做糊塗狀，實則看似糊塗，卻糊塗得有理，有理卻成了難得糊塗。難得糊塗是人屢經世事滄桑之後成熟和從容。這種糊塗與不明事理的真糊塗截然相反，它是人生大徹大悟之後的寧靜心態的寫照。《紅樓夢》中寫薛寶釵是「安分隨時，自雲守拙」，她表面上看似糊塗，但實際上一點兒也不糊塗，只是不愛與人計較，能夠忽略他人的小毛病。小說中的種種描寫都證明了她的「糊塗」是裝出來的，是假象而非本象，這也成了她能深受大宅院裡嬌小姐們喜愛的一個重要原因。

絕大多數人無法放棄名利、地位、金錢等，因為這個過程實在過於痛

苦，但不能學會放棄便會顯得斤斤計較，處事過於尖銳，為絲毫之利你爭我奪。只有經過一番「痛苦」的洗滌、磨煉之後，才能夠使自己的靈魂得到昇華。因此才謂之「難得」二字。

真正的智者，好似閱盡人間興衰，體味過苦辣酸甜的百味，深感人間爭強好勝的無聊，爭名逐利的無恥，從而淡泊功名利祿，忽略個人的成敗得失，一切都淡然處之，以靜養心。對人尤其如此，明辨虛實之人與人相處能夠不與爭鬥，寬以待人，總能糊塗無事，正所謂「寧靜以致遠，淡泊以明志」。

「知其固實者，自養也。知己者，養人也。」鬼谷子說，知道堵塞自己漏洞的人，是能夠自養威勢的人；把漏洞留給自己的人，是幫助別人蓄養威勢的人。人難得糊塗，實則過程糊塗，結果不糊塗；外在糊塗，內心不糊塗；小事糊塗，大事不糊塗。這也正切合了鬼谷子的教導，體現了一種從容不迫的氣度、謙抑為人的態度。

好友張美芳有一雙兒女，兩人都非常出色。女兒是清華化工的高才生，成績優異，各方面都很出色，後被學校保送為研究生。兒子更是清秀帥氣，聰敏可人。家境富裕的張美芳過著幸福美滿的日子，很多人羨慕不已。

可是，這段時間張美芳卻情緒低落，毫無往日的幸福之色。終於她再也忍不住對我發洩出來：「我要離婚！」我詫異地看著她：「好日子不過，閒著沒事幹呢？非整出點花樣來！」張美芳猶如開了閘的洪水，開始數落起自己的丈夫文斌來。

張美芳的婆家是個大家庭，上面有兩個大姑，下面有三個小姑，文斌是家中的獨子。因為父親早逝，姐妹們不管誰有了事情都來投奔自己這個兄弟，再加上他生意做得好，認識人也比較多，處理起事情來也比較有經驗，親不親，自家人，姐妹們不管有什麼事過來找他幫忙，他都會義不容辭，陪上工夫，搭上人情，再花上錢。

家裡人多，事情也自然會多，這回偏趕上二姐二姐夫出車禍，傷得比

較嚴重。文斌很是著急，忙著找醫生、轉院，肇事司機不出錢，所有的錢都是親人墊上，已經花了二百萬。他怕張美芳心疼錢，又怕她知道了生氣，所以一直沒有告訴她。可是張美芳做事有條理，家裡家外每一筆帳都非常清楚，絕頂聰明的她根本不可能被文斌隱瞞。很快事情就被張美芳發現了，問文斌這麼多錢去了哪裡。文斌看瞞不住也就說了實情。於是張美芳感覺被丈夫欺騙，這麼多年來風風雨雨，跟著一家人操心，卻換不來一句真心話，還讓丈夫當外人防著，開始賭起氣來。氣在心頭的她越想越覺得委屈，於是想到了離婚。

聽著張美芳越說越氣憤，我就想到了另外一個朋友的故事，於是講給她聽。瑾瑜三十多歲時，丈夫就在外面有了外遇。那是一個大學生，剛剛到丈夫的公司工作，年輕又漂亮，慢慢地兩人對彼此都有了感情，後來兩人總是偷偷在一起，逛街吃飯。再後來女孩租了房子，那裡也成了兩人甜蜜的小窩。周圍的人看在眼裡，卻誰都不願意說出來，俗話說寧拆一座廟，不破一樁婚，所以誰都不願做那個說出實情的「惡人」。

但是瑾瑜的死黨實在看不下去自己的好姐妹被人欺騙還蒙在鼓裡，於是將事情告訴了她。沒想到的是，瑾瑜非但沒有惱羞成怒，找小三理論或與丈夫爭吵，反而平靜地說自己知道這事，只是覺得他還愛我們這個家，還愛她和孩子，他也就是一時貪玩，等新鮮勁過了，他會回來的。如果和他吵、和他鬧，才是真正把他往外推，他才會真正離開家。

後來的很長一段時間，瑾瑜都是裝聾作啞，故作不知道此事，還是一如既往地對丈夫好。慢慢地，丈夫開始往回收心，陪妻子的時間開始變多，他知道了原來能和自己白頭偕老的人只有妻子。於是他和小三徹底斷了關係，重新回到家庭。人們又看到那對恩愛的夫妻，帶著孩子出出進進，還是原來完整幸福的一家人。

我問張美芳，文斌為了自己的姐妹哪裡做錯了嗎？他沒有如實地告訴你，實在是怕你生氣、心疼，怕與你爭吵從而影響到孩子，更怕傷了你們兩人的和氣。出發點是好的，總的來說都是為了這個家，為了你們那個大家。如果他六親不認，會對你好嗎？張美芳聽了沉默下來。

　　古語道：「水至清則無魚，人至察則無徒。」意思是，水過於清澈，魚就會難以生存，人太過精明而過分苛察，就不能容人，就沒有了夥伴和朋友。有時很有必要裝糊塗，不管是對親人還是對朋友，能裝傻的裝傻，能包容的包容，缺點也就不成為缺點，過錯也將不是過錯了。小是小非不要放在心上。

　　鬼谷子的縱橫術裡講到，要有寬廣的心胸容納不好的事情。難得糊塗也是一種境界，這是勝過精明一世的高明和修養。

　　糊塗有虛有實，世人較多會耍小聰明，事事、處處、時時都沉浸在爭鬥之中，爭名爭利，卻不知也會因此以小失大。糊塗不是昏庸，不是愚昧，亦不是傻帽，相對而言，它反而是一種氣度、一種修養，甚至於說，它是一種智慧，一種大智慧。生活中，真正的聰明人都會裝糊塗，知道該捨小利時便能夠捨棄，該糊塗時絕不自以為聰明。

鬼谷子教你詐

　　心底無私天地寬，天地寬了，就不會對一些瑣碎的事認真，苦惱也會隨之而去，怨恨也就更遠了。可是，有多少人懂得，我們苦苦追求的，未必是最適合我們的。也許就在這一時刻，有多少風景正與我們擦肩而過。適時的捨棄是一種大智大勇，適時的糊塗是一種聰明的表現，是一種容人的表現，更是一種樂觀豁達的人生態度。與人交往，誰都無可避免地會犯錯誤，對此故作糊塗不計較，反而抬高了自己，朋友也會與你更加親近。

8

與人信任，真心真意交知心，
心與心離得更近

　　《鬼谷子》博大精深，充滿著權謀策略的智慧，包含著言談辯論的技巧，是中國古代劃時代思想的薈萃。鬼谷之術，往往有得於闔闢翕張之外，神而明之，益至於自放潰裂而不可禦。至於說到人心，鬼谷子更是有著極高的角度，他告誡後人要與人信任，這是人與人相處最佳也最難得的狀態，收穫人心就是靠信任。

　　信任是人際交往的基石，只有有了信任，人與人之間才會變得更加和諧。古語說：「用人不疑，疑人不用。」這就是對人的一種信任。其實信任不只侷限在用人上，平時的交往中時時處處需要信任。

　　縱橫家非常重視攻心，因為攻心是遊說成敗的關鍵。鬼谷子說：「心靈是精神的主宰。」信任可以讓人從心底裡有一種發自內心的順從感，所以遊說起來變得更加容易。有一定生活閱歷的人都有過這樣的體驗：對他人表示信任，是一種終於有了依託之後的輕鬆愉快；而受到他人的信任，是一種肩負起責任感之後的自豪幸福。信任因難得而加倍珍貴，信任因出自純樸真誠而更顯得厚重。

　　信任是人與人溝通的必要條件，人生之幸，莫過於被人信任。得到信任，可以使人充滿信心，激發內在的無窮無盡的潛能，得到意料之外的收穫，會讓生活更美滿、幸福；而人生之憾，莫過於失信於人，缺乏了應有的信任，就會使人覺得迷茫無助，猶如徘徊在十字路口，不知該去往何

處，甚至會走向對立面，造成矛盾和痛苦。無論父母和子女，還是朋友或是戀人之間，信任是建立良好人際關係最重要的基石，是人與人之間必不可少的精神支柱。

美國哲人大衛‧威斯格說：「信任是一種有生命的感覺，信任也是一種高尚的情感，信任更是一種連接人與人之間的紐帶。你有義務去信任另一個人，除非你能證實那個人不值得你信任；你也有權受到另一個人的信任，除非你已被證實不值得那個人信任。」信任他人是一種高尚的品德，值得別人信任也是無比幸福的。朋友間的信任除了心靈相知、思想共鳴，這些純粹精神上的因素以外，在生活和網路中我們結朋交友的重要衡量標準，是他是否值得我們信任。信任是友誼的紐帶，得到朋友的信任，讓人感到滿足和快樂。

孔子說：「人而無信，不知其可也。大車無輗，小車無軏，其何以行之哉？」意思是說：「人與人之間相互不信任，我不知道還能做些什麼。正如車上的轅木與橫木間，若沒有了個靈活的接榫，無論大車小車，應該怎麼行進呢？」現在社會雖有道德、合同、法律的指導來約束人的行為，但是如果沒有人與人之間的信任，不要說人和人之間的關係會分崩離析，就連社會都不能正常發展進步了，孔子可謂一語中的。

現今社會，人與人之間缺乏一些最基本的信任，在相互交往中很少能夠彼此充分地信任，總會多少藏著掖著點什麼，使本來很簡單的事變得撲朔迷離，如此往往會付出更多更大的成本。雖然人們常說「害人之心不可有，防人之心不可無」，但終不能防範大於信任。

友誼的基礎是信任，沒有信任的友誼猶如沙漠裡的樓房，隨時都會有倒塌的危險。如果沒有信任，朋友之間的感情則很容易出現裂痕，重則釀成不可挽回的悲劇。建立信任需要一個長期的過程，而毀壞卻是輕而易舉的。所以一定要說到做到，即便是一件很小的事情，不管你是沒有去做還是沒有堅持下來，都可能會失去別人的信任，信任的基礎也就隨之崩潰了。有句古話：「君子一言，駟馬難追」，便對此作了很好的詮釋。

　　信任有兩種，一種是有條件的信任，一種是無條件的信任。在這兩種信任中，發揮著強大預言力量的是無條件的信任。無論在商海中、在企業裡，還是在平日與人交往的過程中，信任都已漸凝結成一種大眾認可的精神文化。

鬼谷子教你詐

　　想讓人真誠相待，必先真誠待人。你面對的永遠是一面鏡子，你怎樣待人，別人怎樣待你。你與人為善、真誠待人，別人通常也會反過來如此待你。與人相處中付出的十分真誠得到了八九分的回饋，自然是情有所值、利大於弊。「真誠能打動人，真誠能贏得一切。」沒有人不喜歡真誠，真誠是生活中的通行證，有了這張通行證，我們就會在生活中暢通無阻，一帆風順。

9

心誠為匙，實心實意交朋友

中華民族擁有五千年的悠久歷史，誠信是華人引以為傲的傳統美德。鬼谷子《中經》曾提到：「誠以其可轉危為安，救亡使存也。」可見誠信的重要性。做事講究誠信，對人就要有誠心。所謂「攻城為下，攻心為上」，得人莫過於得心，以赤誠之心待人，必會使人心甘情願地對你敞開心扉。

鬼谷子強調以誠待人、以德服人，就是用崇高的道德來感化人，替人排憂解難，這樣就會提高聲望，擴大影響力，周圍的人就會依附過來。國人講究誠信待人，對人示之以誠，推心置腹，從而得到衷心回報。

對人真誠的人無論走到哪裡都會受歡迎，因為真誠是一種心靈的開放，人們對於真誠是可以感應的，所謂「唯天下至誠為能化」，只要有至誠之心，萬物都可以被感化，何況是人呢？真誠的人不會欺騙別人，這樣的人不管在哪都會有人樂於和他交談、和他共事，容易讓人接納，和真誠的人交朋友讓人放心。

真誠與人交往並不是說說那麼簡單的，它貫穿於與人交往的任何一件事情之中。正如「忠言逆耳」，也許對方並沒有將要說的話加以藝術處理，聽起來好似直白的指責，但是請不要就此蠻橫地認為對方不好，是無中生有，反駁對方，更應該細細思索對方所說的問題，自己是否真的存在，如果確有其事，接受對方的意見並加以改正，才是最佳的方法。對朋友也是一樣，真誠指出對方的問題所在，不僅不會存在誤會，還會讓雙方的信任由此增加。

　　處世交友能夠待人以誠，對別人的意見虛心接受，改正自己的過錯，不欺騙他人，不苛求於人，這是做人的基本準則。只有做到了這些，你才能擁有更多的朋友，贏得更多人的幫助，才能更容易成功。而那些不能待人以誠的人，不僅不容易交到真正的朋友，還會失去許多事業發展的良機，成就偉業就只可能是一種妄想。

　　私呵絜是南天竺一個濱海國家，當時一個鄰近的小國兵荒馬亂，人們流離失所。阿榮就是其中之一，她漂泊到私呵絜，沒有住處，靠乞討為生。但是乞討始終不是長久之計。一日她聽說當地有一位富裕的老人，待人很是和善，便想去拜見一下。阿榮謙卑地懇求老人能夠收留她。老人仔細地端詳著她，問道：「你是從哪裡來的？親人們呢？」提到親人，阿榮難過地哭訴說：「我並不是本國人，家鄉戰亂，親人被殺，剩下我一人孤苦無依，靠乞討為生。」

　　老人看到阿榮這般模樣說道：「你別難過了，留下來吧，我們不會虧待你的。」阿榮高興地不斷稱謝：「我沒有什麼可以報答您的，您就派給我差事讓我做吧，我不怕苦。」老人笑笑：「只要你不嫌棄，咱們也可算是一家人，快別客氣。」此後，阿榮安心地住了下來，幫著操持一些雜務。

　　一日，阿榮奉命去街上買日用品，看到沙門們托著缽，緩步走來。她回憶起從前自己的家人也是虔誠的佛教徒，經常設宴佈施供養三寶，如今卻心有餘力不足。她看到沙門們的缽裡是空的，便合掌行禮問：「請問你們早起去托缽嗎？是否得到供養了？」沙門回禮說道：「早上入城托缽，一無所得，現在正要回去！」阿榮便說：「讓我回去看看，能找到願意供養的人，我立刻就回來；若沒有辦法，我也會告訴各位的。」沙門們感受到阿榮的誠心，便在附近樹下靜坐等候著。

　　阿榮跑回家對老人道：「夫人，您能否借我一千塊錢啊？我有急用。我可以賣身，終身做你的奴婢，我們可以簽訂契約。」老人詫異：「你在這並不缺吃穿啊，要錢何用？」阿榮低聲說道：「個人之用，不能說。」

老人非但沒有生氣，反而慈祥地笑了笑：「拿去用吧，我要你的契約何用？」拿到錢的阿榮，找了約五十戶人家，將錢分給他們，並告訴他們如何做。接著她又回到樹下告訴沙門們，好多人家等著供養他們。沙門們聽了便又折了回去。

幾天後，再次來買東西的阿榮又碰到了沙門們，他們問阿榮住在哪裡，為何找遍全城也不見其人。她見無法再隱瞞下去，只好從頭到尾將自己的身世與自願賣身以做供養的始末講了出來。沙門們聽了為之動容，說：「想不到，今日所乞的食物，竟是施主賣身所換來！我們該如何報答施主的恩惠呢？」

沙門們商量，決定大夥一起在禪定上精進不懈，因為眾沙門精誠感應，很快獲得禪定，證得神通，神威震動私呵絜舉國上下，全國的樹木也都彎曲，狀如跪拜。沙門們將證悟的功德，也都迴向給施主。

「人有誠心，佛有感應」，真誠可感動萬物。

老人善待阿榮，將其收留，並不訂立任何契約將錢借與她；阿榮真心虔誠地賣身供養；被感動的沙門們發起精誠用功德求道心，因為證得神通，使舉國上下出現瑞象，這些都是真誠待人的可貴。

真誠雖不是智慧，但它經常要比智慧更可貴。許多憑智慧千方百計也得不到的東西，真誠卻能輕而易舉地得到。

現實生活中，總會有人害怕真誠待人會吃虧上當，所以總想讓別人主動真誠待己。這樣看似自己很是放心，卻成了被動的偽善的人際關係態度。如果人人都這樣想，都希望別人先付出的話，那誰來第一個伸出真誠之手呢？世界上還會有真誠的存在嗎？

對人真誠從而換來別人的真誠以待，細細想來實則是在種因得果。真誠待人就是善待自己。你給人以善意的微笑，別人也以真誠的微笑回應，真誠地給人以關心，別人也會以真情回饋。這就是人常說的「以心換心」！

人非獨居生物，社會由人構成，是一個利益共同體。每個人都在這個

社會大樹上扮演著不同的角色，誰也離不開誰，不可能孤獨存在。生物學教會我們一個真理：只有互助性強的生物群才能繁衍生存。傷害別人就等於用自己的左手傷害自己的右手。

陶淵明的桃花源令人嚮往，溫馨和諧的意境彷彿可以看到原始的生命，而原始的生命是飽含真善美的，也許生命最美的狀態就是這種原始美。原始美是自然的，只要真誠便可以擁有這份自然美。而營造出溫馨和諧的人際關係氛圍，需要你付出努力。在積極主動付出努力的同時，你才會是這個氛圍的受益者。友善真誠待人的結果是雙贏。深刻的道理，往往是簡單的；而簡單的道理，真正做到了卻很不簡單。

鬼谷子教你詐

想讓人真誠相待，必先真誠待人。你面對的永遠是一面鏡子，你怎樣待人，別人怎樣待你。你與人為善、真誠待人，別人通常也會反過來如此待你。與人相處中付出的十分真誠得到了八九分的回饋，自然是情有所值、利大於弊。「真誠能打動人，真誠能贏得一切。」沒有人不喜歡真誠，真誠是生活中的通行證，有了這張通行證，我們就會在生活中暢通無阻，一帆風順。

第五章

探心術

摩人意索其欲，
知人心而不為惡

若想人際關係好，
眾人心思都要做到心中有數。
既然不能明目張膽地刺探其真實心意，
何不暗中觀察，
然後揣摩其心意，探知其喜好，
進而投其所好，在滿足對方願望的同時，
也能收穫更加融洽的人際關係。

知人知面，難在更要知心

　　世界上沒有兩片完全相同的樹葉，也更加不可能存在兩個完全相同的人。就像人們常說的：一種米養百種人；人生境遇萬千種，造就萬千眾生相。即使是長相完全相同的雙胞胎，其內心世界也會千差萬別。俗話說「人心隔肚皮」，知人知面就未必知心了，而知心卻恰恰是最為重要的。

　　世間之人可謂千奇百怪：有賢良有不肖，有聰明有愚蠢，有勇敢者有怯懦者，有仁人之君同樣也存在苟且小人，這種種造就了人與人之間的千差萬別。只有用「心」審視他、詳查他、明辨他，才能對不同的人給予不同的態度。對於賢德之人可迎為上賓，而不肖之人大可拒之千里；引進重用聰明之人，而愚蠢之人大可以廢黜斥退；怯懦之人使其卑賤，而勇敢之人要使其尊貴。

　　鬼谷子認為，用人之道貴在識人，而識人最重要的就是知其心了。只有認清每個人的特點才能夠對其善用，而識人卻是一門精深的學問。不會識人的人，看到的只是他們的形象，而看不到其真實內在，無法準確地讀懂他們的內心。縱觀古今，成功人士無一不是精通洞悉他人內心的方法與技巧，能夠解讀人心的秘密，清晰感知他人的情緒變化，以不變應萬變。

　　鬼谷子遊說之術中觀察是重要的手段，在遊說過程中，時刻觀察對方，通過對方的言談，僅僅憑藉一句話，甚至是一個眼神，便能夠讀懂他們的內心，思考其潛台詞，分析他的真實想法，由此找出對方的弱點，逐一突破，趁機而入。

　　孔子想在齊景公之地尋一職位，但齊景公並不想接納孔子。一會兒說

沒有適合孔子的職位，一會兒又說自己老了，不想再實行新政了。孔子明白景公是在找藉口，便主動離開了齊國。孔子離開後感慨道：「不知言，無以知人也。」連別人的潛台詞都聽不出來，就做不到「識人」了。其實「知言」不僅只是說了什麼，說話的語境、身分背景、肢體語言等都是觀察的物件。只有撥開表象的外衣，直指內心，才能通過蛛絲馬跡看清對方的真實想法。

　　唐玄宗時，李適之和李林甫兩人同為宰相，共同輔政，在今天看來，兩人就是一人之下萬人之上，地位甚高。兩人表面一團和氣，暗地裡卻勾心鬥角。唐玄宗荒於政務，每日就是花天酒地，極盡享受，國庫日漸空虛。他發現這個問題後，要求李適之和李林甫設法解決。

　　李適之和李林甫都很著急，李適之是真的著急，想著從哪裡能夠找到錢，供皇上享樂，同時又讓國庫充盈，但李林甫最為關心的是如何扳倒李適之，獨攬朝廷的大權，於是心生一計。

　　散朝後，李林甫找到了一個適當的時機，假裝說漏嘴了，說出了華山藏金的事情。說者有心，聽者更有心，李適之注意到了這個資訊，完全沒有想到背後的陰謀，於是，回到家裡之後，他馬上開始寫奏摺，提議開採華山的金礦，應付國庫緊張的局面。在這裡，李適之犯下了一個大錯，既然李林甫知道這樣的消息，為什麼不到皇上面前去獻計，得到皇上的嘉獎呢？

　　唐玄宗見到奏摺，非常高興，便找李林甫前來商議。李林甫在猶豫了一番之後，終於說出了早已經考慮好的話語。李林甫的意思，華山藏金的事情，很多人都是知道的，可是大家都沒有提出來，就是因為華山是皇家的龍脈所在，一旦開礦破了風水，後果難以預料。

　　當時正值風水之說盛行之時，唐玄宗不得不考慮皇家的龍脈，這豈是能夠隨意動的？李林甫已將李適之陷於非常被動的處境，被扣上了不為皇家考慮的帽子，雖然屬於無心卻鑄成大錯。李林甫看到唐玄宗面露不悅，便開始加油添醋說李適之對皇上的生活末節有一些意見，常常在背後議

論，説不定，開採華山金礦的想法，是李適之有意為之。

　　唐玄宗聽到這些話語之後，很是惱火，便拂袖離開了，李林甫達到了自己的目的，而李適之卻還蒙在鼓裡不知大禍即將臨頭。按照我們現在的思維來説，唐玄宗是不應該有這麼大的猜忌心理的，可是古代的帝王，一生過於孤獨，他們幾乎沒有朋友，而且都過於自負，最為看重的就是權力，無論什麼時候，都要牢牢掌握權力，李林甫正是掌握了唐玄宗這樣的心理，故意誹謗和陷害李適之。

　　自此以後，唐玄宗越來越看不慣李適之，總是找機會給他難堪。不久，他找到了李適之的一個小過錯，將李適之革職了，朝廷的權力就落到了李林甫的手裡。

　　李適之雖知道與李林甫的利益衝突，但疏於對其內心的透徹瞭解，以至自己陷入李林甫設置的圈套之中。

　　古人說：「世事洞明皆學問，人情練達即文章。」如果希望事業有成，那麼不會閱讀、不懂得如何識別人心是不行的。與人相處一定要善於剖析對方的心，擁有一雙慧眼看準人心，懂得用理性去看透、斷準一件事物、一個人，那麼對於世事的駕馭將瞭然於心。

　　然而，識別人心是多麼不易的一件事，連料事如神的諸葛亮都感歎：「夫知人之性，莫難察焉！」人的本性一般都不會直接暴露於眾。用諸葛亮的話說就是：「美惡既殊，情貌不一。有溫良而為詐者，有外恭而內欺者，有外勇而內怯者，有盡力而不忠者。」一句話道出了人心叵測的關鍵，世界上的人很多都是心口不一、表裡不同的。

　　單憑眼睛看是很難察覺的，只有學會揣摩「心」，不光是他人之心，還要先將自己瞭解透徹，正所謂知己知彼、百戰不殆，從自己的角度去揣摩他人說話背後的動機。因為一句話、一個動作，背後都能反映其一種動機，而這種動機往往是其態度的表現，態度又是由期盼所支配。有的方式往往是不錯的，可惜很多時候我們自己說過的話或者做過的事情，連我們自己都無暇去深究其背後的動機或者深層次的期盼，更何況身邊的人。掌

握了方法卻疏於觀察，可能這才是我們經常讀人心而不解的真正原因。

　　洞察一個人內心最深處的東西，就是摸清他人的底細。一個人也許生性謹慎，一出生就先天地具備良好的判斷力。這是一種天賦智慧，使他們尚未起步就等於走過了一半成功之路。隨著年齡和經驗的增長，理智達到完全的成熟，可以使判斷力因時就勢，左右逢源。但是看清楚事情並不很容易，可又不能不在這方面多動腦筋。

鬼谷子教你詐

　　人無時無刻不在與他人打交道，在人際交往中如果不能瞭解他人，識別他人的真實意圖，那麼你就很容易受到別人的欺騙，甚至被別人利用。人際交往中也會出現這樣的情況，今天他是你的朋友，而明天，當你可能會成為他的競爭對手或者對他的生存構成威脅的時候，他可能又會來污蔑你、攻擊你。因此，我們唯有懂得閱讀他人，真正察覺別人的內心世界，才能辨惡存真，實現自己的目標。

2

鑼鼓聽音，擅做傾聽之人

　　人生來便是兩隻耳朵、一張嘴巴，其實就是讓我們多聽少說。鬼谷子也教導我們要：「因其言，聽其辭」。就是要善於傾聽，並在聽的過程中善於誘導對方發言，通過反覆推敲對方發言的內容，來把握其內心的真實情況，然後再確定自己的應對策略。

　　經常有人在與他人交流時遇到非常尷尬的情況，那就是說者有心，而聽者卻無意。無論你怎樣費盡心機地委婉表達自己的意思，對方就是不能明白你真正的意思。結果只能是聽者著急，說者更著急，氣氛尷尬無比。

　　在交談中，有的人喜歡直截了當，而有的人就很委婉，雖然這沒有對與錯的分別，但是有時候直截了當地說，就可能不太方便或抹不開面子。比如，批評人時不能言語太刻薄，否則會傷害別人的自尊；給上級建議時，不能讓上級覺得你比他的能力還要強；如果別人問到你的隱私，不便直說，但仍要給人以臺階下；再或者涉及商業機密只能用「暗語」來回答，在這些情況下都需要委婉地來表達意願，這樣才會起到更好的效果。不過有一點需要注意的是，要學會聽懂對方的言外之意，否則只能陷入尷尬局面。

　　所謂「弦外之音」就是別人不便明說的言外之意，雖然看不到，但它傳達的資訊卻極其微妙，需要我們精心捕捉、認真揣摩各種「話裡話」的意思，以便得知其真正用心，只有這樣才能避免言語行為的盲目性，順暢地與人交流。否則，不僅會影響交談的順利進行，而且還可能產生誤解。比如，一位年輕的下屬在非正式場合，向上司說起他的工作量比別人大很

多，任務也很重。上司卻誤以為下屬在向自己訴苦，於是說了一大堆要吃苦耐勞、無私奉獻之類的官場話，結果下屬再也無心與上司閒聊。其實下屬也只是隨便反映一下他的情況，讓上司知道他的工作確實很辛苦，希望能夠得到肯定。如果上司聽懂了這其中的「話外音」，他一定會肯定下屬的工作並給予關心，但是「話外音」只能用心來體會。

常言說：「鑼鼓聽聲，聽話聽音。」會不會傾聽，能不能聽懂對方的言中之意，推敲出「弦外之音」，能不能在傾聽中摸準對方的「軟肋」或者是「破綻」，以便迅速地調整應對的策略，是我們要培養自己的重要能力。聽一個人說話，不同的人，可以聽出不同的意思。有智慧的人會在傾聽的同時，不顯山不露水地引導人按照自己的設計多說，以「聽到」自己想知道的「話」。

西元前二六五年，趙國被秦國猛烈進攻，於是求救於齊國。齊國卻要求趙國用長安君作為人質，他們才能出兵。這時趙國由趙太后掌權，她堅決不同意讓自己最疼愛的小兒子做人質，大臣們極力勸諫，太后十分惱怒，明確告訴他們：「再為此事進諫者，格殺勿論！」

趙國的左師觸龍說他希望謁見太后，太后猜想他肯定也是為人質之事而來，於是怒容滿面地等待他。觸龍一進屋，慢步走向太后，到了跟前連忙請罪說：「老臣腳有病，已經不能走快了，好久沒能來謁見了，心裡很是過意不去，一直怕太后玉體偶有欠安，所以很想來看看太后。」太后說：「我走路只能靠著這根拐杖了。」

觸龍又說：「太后每天的飲食還好吧？」太后回答道：「就靠喝點粥罷了。」觸龍又說：「老臣現在胃口很不好，就自己堅持步行，每天走三四里，食慾才能稍微好一些，對身體也能有所調劑。」太后說：「我也老了，走不動了。」說著說著，臉色漸漸和緩了起來。

「老臣的劣子舒祺，年紀最小，是個不肖之子。臣老了，偏偏又很愛憐他，希望能派他到侍衛隊裡湊個數，來保衛王宮，所以冒著死罪來稟告您。」觸龍接著說。太后說：「沒問題。年紀多大了？」觸龍回答說：

「十五歲了，雖然還小，但希望在老臣沒死的時候先拜託給太后。」

露出微笑的太后說：「做父親的也愛憐最小的兒子嗎？」觸龍答道：「比做母親的愛得更深。」太后笑道：「婦道人家才特別喜愛小兒子。」誰知觸龍卻說：「依老臣個人的看法，老太后愛女兒燕後，要勝過長安君。」太后連忙說：「您錯了，對女兒的愛比不上對長安君愛得深。」觸龍說：「父母愛子女，就要為他們考慮得深遠一點。老太后送燕後出嫁的時候，抱著她的腳為她哭泣，是想到可憐她要遠去，也是夠傷心的了。送走以後，並不是不想念她，每逢祭祀一定為她祈禱，總是說：『一定別讓她回來啊！』難道不是從長遠考慮，希望她有了子孫可以代代相繼在燕國為王嗎？」太后點點頭，說：「確實如此。」

觸龍又說：「從現在往上數三代，到趙氏建立趙國的時候，趙國君主的子孫凡被封侯的，他們的後代還有能繼承爵位的嗎？」太后說：「沒有。」觸龍說：「不只是趙國，其他諸侯國的子孫有嗎？」太后說：「我老婆子沒聽說過。」觸龍說：「這是因為他們近的災禍及於自身，遠的及於他們的子孫。難道是君王的子孫就一定不好嗎？地位高人一等卻沒什麼功績，俸祿特別優厚卻未曾有所操勞，而金玉珠寶卻擁有很多，這才是真正的不好。現在老太后授給長安君以高位，把富裕肥沃的地方封給他，又賜予他大量珍寶，卻不曾想到目前讓他對國家做出功績。有朝一日太后百年了，長安君在趙國憑什麼使自己安身立命呢？老臣認為老太后為長安君考慮得太短淺了，所以，我以為你愛他不如愛燕後。」

太后恍然大悟，馬上讓人套馬備車一百乘，讓長安君到齊國去做人質，長安君一到，齊國也就出兵了。

觸龍對於趙太后的諫說，成功於「神不知鬼不覺」之中，步步誘導，環環緊扣，不露痕跡。先用「緩衝法」，然後用「引誘法」，再用「旁敲側擊法」，藉用自己疼愛兒子，卻讓兒子參軍作為可供類比的先例。最後，觸龍才觸及主旨，提到長安君，指明太后的做法，看似愛子，實為害子，終於讓太后心悅誠服，同意讓長安君作為人質出使齊國。如此既避免

了自己觸及死罪，又成功地將太后說服，完成救國的使命。

　　人與人之間的溝通，重在分析資訊，作出判斷。其間，必須善於傾聽，這既是搜集廣泛、準確情報的需要，也是在分析情報中揣摩的過程。對此，鬼谷子說：「故計國事者，則當審權量；說人主，則當審揣情；謀慮情欲必出於此。」他認為，凡是謀劃國事的人應當詳細縝密地衡量權勢，在向君主遊說或陳情獻策時，應當仔細揣摩其內心的實情。

　　推而廣之，我們在工作、生活中與同事溝通，與朋友交談，不都是遵循這樣的策略嗎？所以，善於傾聽，在揣測中準確分析對方的真實意圖，才能採取有效的對策，傳達給對方正確的資訊，實現良性溝通的目的。

　　善於傾聽是與人交談必不可少的組成部分，尤其是在談判中必須要學會傾聽、善於傾聽。許多情況下，能夠做到善於傾聽，其實就已經掌控了眼前的整個局面。

鬼谷子教你詐

　　和人打交道，善聽弦外之音，能解言外之意，是最奧妙的人際關係操縱術。老於世故之人大都擅長話裡有話，一語雙關，精明之人無須多言直語，即讓你心裡明明白白；高明的小人慣會含沙射影，指桑罵槐，用話中之刺讓你身敗名裂。不管說話之人是否故意暗藏玄機，聽話者必須弄明白他的真實意圖，方能應對恰當。腦子不清，耳朵不靈，一定會多遇難堪。話裡藏話、旁敲側擊是聰明人的遊戲，笨人玩不了。腦子不靈光，煞風景自不必說，落笑柄更是常有的事。話裡藏話、旁敲側擊其實是一種迂迴，可它既重迂迴策略，更重隱含之術，較之迂迴更主動、更微妙。妙接飛鏢又暗中回擲的是高超人際交往術，是機智聰明者才能駕馭的玄妙功夫。

3

察言觀色，莫逆人而為

　　揣測人的內心世界，可以通過面部表情、神態等作判斷。對此，鬼谷子給出了這樣的解釋：「故常必以其見者，而知其隱者。此所謂測深揣情。」他認為，人的內心情感發生變化，必然會在外表的形態上表現出來；因此，人們習慣用自己觀察到的外在特徵，來揣測對方的內心活動。這種探測對方內心和洞悉實情的方法提醒我們，一定要順著對方的心意來，才能獲得準確的情報。

　　與人交往，學會察言觀色是最基本的要求。俗話說：「出門看天色，進屋看臉色。」觀察天氣無可厚非，而看臉色就不單單是察看人的臉色了，而是通過觀察對方的舉止神態、言語情緒，來捕捉其真實想法。佛洛依德說：「人是沒有秘密可言的。即使他們口不作聲，指頭也定會喋喋不休。內心的秘密總會通過每一個毛孔洩露出來。」在現實生活中，如果每個人都精通察言觀色，並能夠根據具體情況來調整應對策略和處世態度，那麼辦事的效率自然會提高數倍。

　　察言觀色可謂鬼谷子遊說之術中最重要的手段了。鬼谷子認為在遊說過程中，不停地觀察對方，聽他在說什麼，潛台詞是什麼，分辨其真實意圖又是什麼，如果遇到的是比較強的對手，就要敢於用「捭」的戰略，主動攻擊，以勢壓人；反之，則要採用「闔」的戰略，隱藏自己以德服人。

　　而在社交過程中學會察言觀色的本領也是至關重要的，因為不同脾氣秉性的人，喜歡聽的話、做的事不盡相同。性格活潑、開朗的人，說話可能會比較隨便一些；而性格內向的人，則需要耐心的交談；性格耿直的

人，對其直言不諱也不會生氣，可能還會引起共鳴；對於小心眼、生性多疑的人，說話就要小心謹慎，以免得罪對方。

不同心境下，人的情緒也會變化，正如「人好水也甜，花好月也圓」。性格拘謹的人，在高興時也會表現出一瞬間的活躍，只要善於觀察，把握時機，即使是向對方提出要求，只要合理，對方答應下來的可能性就要比平時高出很多；溫文爾雅的人，在情緒變得狂躁時也不希望有人隨便打擾，否則就會怒目相對，自討沒趣了。

善於察言觀色的人，一定善解人意，什麼事都不會逃脫他的眼睛，能夠時刻清楚對方內心的想法，就算對方有什麼不同意見，也已經早做打算，提前化解了。即使對方已經提前作出反應，也可以按照對方的反應進行策略調整，將話說在適當的時機，說進對方的心坎裡。如果對方不悅，就要適時而止，以免影響溝通，見風使舵隨機應變，事情也就不會搞砸了。

俗話說：「伴君如伴虎。」如果不善察言觀色，就可能被「虎」吞掉，反之，不魯莽行事，善於揣測對方的心意，並進行形式有效的應對，你就會發現兇猛的「虎」已經成為溫馴可愛的「貓」了。

齊桓公召見各國諸侯，衛國的國君最後一個到達，退朝後桓公便和管仲商討征伐衛國。桓公從朝堂下來，衛姬望見，急忙下跪叩首，說是為衛國的國君請罪。桓公納悶：「我跟衛國並沒有什麼糾紛啊，你們國君何罪之有？你為何請罪呢？」「我看到您進來的時候，腳步提得很高，呼吸也很強烈，很是氣憤，看見我時又露出不安的表情，這明明就是要討伐我衛國啊。」衛姬不緊不慢地說出了自己的看法。

第二天，桓公進入朝堂便朝管仲一拱手，然後進去。管仲跟進後問桓公道：「主公您是不是放棄了討伐衛國的計畫？」桓公又是一臉不解地問：「你何以知道我放棄伐衛了呢？」管仲答道：「您上朝拱手時比平時恭謹，說話也遲緩了，看到我時臉色發紅，觀察了這幾個方面，我覺得您應該是放棄了討伐衛國的計畫。」

　　還有一次，齊桓公也是和管仲商量攻打莒國，之間並無他人，謀劃的事也並沒有向外公佈，可是此事卻被國人所知。桓公很是奇怪，問管仲是何原因。管仲説：「國內一定有聰明的人。」桓公略有所思，然後説道：「那天你我説話時，一個士兵一直向上張望，估計就是他吧。」於是下令讓那天的士兵再次來服役。

　　東郭牙就是那天服役的人，不一會兒，他來服役。管仲看到東郭牙眼神游離，便對桓公説：「看來把消息傳出去的人就是他了。」

　　桓公派人將東郭牙傳召進來，他和管仲也分別站在了主賓臺階上。「傳播攻打莒國消息的人是你吧？」管仲語氣堅定地問。東郭牙回答「：是的」，聲音雖小，卻著實令桓公吃了一驚。桓公説：「我並沒有説過攻打莒國的話，你為何要傳播攻打莒國的消息呢？」此時東郭牙卻底氣十足地説：「我聽説君子善於謀劃，小人善於揣測，我是私下揣測出來的。」「揣測？你依據什麼揣測的啊？」桓公更加不解。東郭牙不緊不慢地説：「君子有三種神色：欣賞鐘鼓樂器之時，神色悠閒，面露喜悦；面帶清冷安靜之色，必是居喪之時；而手足揮動，怒髮衝冠，面色威嚴，就是要用兵打仗了。那天我一直望著您，您在臺上怒氣衝天，捶胸頓足，這必是用兵打仗的神色。您胳膊舉著，指向莒國方向，而嘴巴張開，沒有閉上，説明當時在説『莒』。眾諸侯中，唯有莒國不肯歸順齊國，所以我料想您是要攻打莒國了，所以才將消息傳播了出去。」

　　桓公聽了頻頻點頭，並沒有因東郭牙傳播此消息而治罪於他，相反還升他為將士。

　　衛姬、管仲、東郭牙均是觀察了桓公的行為才猜出了他的心理，他雖沒有將心裡話一一說出，卻將所想表露無遺。而他們三人卻可以識別桓公之心事，作出了相應的猜測和應對。

　　一般人喜歡通過語言來分析人，而齊桓公並未多言，他的潛在慾望只是體現在了舉止形態之中，是他的行為洩露了他微妙的內心世界。心理學研究證明，外界事物對人的大腦的刺激，往往會使人體內某些相應組織的

機能在短時間內出現異常。換而言之，喜怒哀樂不僅通過語言表現，更多情況下是通過肌體表現出來的。再就是個體存在差異，感情外露程度不同，有些會展現在動作或神態中，只能對其進行「觀色」，比如齊桓公。

心有所思，口有所言，通過語言確實可以窺視人的內心世界，因為人的潛在慾望總是或多或少地流露在自己的話語裡。有的隱藏在話題中，有的存在於話題的展開方式上。可見「察言」也可以發現有用的資訊暗示，可以深入地瞭解一個人的本質。

察言、觀色固然重要，但是並不是所有人都會時刻將喜怒哀樂表現於言、於色，很多時候是「笑在臉上，哭在心裡」。那就要考驗人的傾聽能力了，聽出他人的弦外之音，再加上如「看雲識天氣」般的觀察其臉色，便能夠很好地對人進行識別了。

對人察言觀色的同時，也要防止對方看透自己，因此即使心裡波濤洶湧，都要深藏不露。這樣做的原因有二：其一，你心裡的事是你自己的，讓別人來一同承受是不公平的。其二，你都表現出來人家會覺得你這個人太淺薄，沒有心計，什麼事都沉不住氣。

鬼谷子教你詐

想在人際交往中遊刃有餘，必須要能夠認真地察言，又要仔細地觀色，將它們緊密地結合起來進行分析判斷，這對提高我們的社交水準是大有裨益的。如果你不會察言觀色，不會見風使舵，那麼就很可能在風浪中翻了船，給生活帶來不必要的麻煩。

4

巧言恭維，探其喜好滿足之

　　說到恭維，多會與「拍馬屁」「馬屁精」「溜鬚拍馬」等聯繫在一起，讓人感覺不好聽，在思想上也常會對此不屑一顧，甚至極為排斥，至於拍馬屁的人也會被深惡痛絕。而它卻一直與人同生共長，古代趙高、高俅、魏忠賢、賈似道、和珅等人，均是「一人之下，萬人之上」的位高權重之臣，雖然身處不同朝代，但同樣憑藉「拍馬屁」的絕學，穩中有升，深受帝王喜愛。可見自古以來人就有著喜歡被恭維的需求，尤其是手握權力之人，更是喜歡被人奉承。這正是人們常說的：「千穿萬穿，馬屁不穿」。

　　「三百六十行，行行出狀元。」拍馬屁也可以達到其至高境界，它對手法和拍法也是極為講究的。場合一定要對，否則達不到效果；拍的點要掌握好，否則感覺虛偽；拍的輕重程度也要把握好，拍輕了，好比在撓癢，拍重了，無法體現其誠意。如果能在投其所好後無聲無息、不著痕跡地將馬屁拍出來，讓人覺得暈暈乎乎、得意忘形，其他聽者自然也不會反感，如此便成了「拍馬屁」行的「狀元」了。

　　鬼谷子所言：「揣情者，必以其甚喜之時，往而極其欲也，其有欲也，不能隱其情。」揣摩君主心事，也要在適宜的時候，選擇一個適當的時機表達，這樣才能得到人主的歡心。雖然很多人不喜歡和珅等溜鬚拍馬之人，但是這種人總是占盡便宜，正是因為他們善於揣摩君王的心意，瞭解他們的內心所需，進而進行不露痕跡的巧言恭維，所以才得以官運亨通。其實不單單要揣摩君王的心意，做任何事對任何人都要進行揣摩，從

而投其所好。換而言之，恭維、拍馬屁在現在的生活中，一樣是不可或缺的處世之道。

我們在對拍馬屁反感的時候，已經忽略了恭維在人與人交際中的作用，可以說它既是潤滑劑，又是解毒散，可以將很多尷尬之事輕鬆化解。一句看似恭維的話，卻蘊含了無限的玄機，所以顯得含蓄委婉，但其作用不可忽略，更不可輕視。

恭維的首要條件便是要找到切合點，簡單來說就是對方「好哪一口」。每個人都有熟悉和感興趣的話題，若想與人愉快交談，投其所好便成了萬能鑰匙。與志趣相投的人交談可謂其樂無窮，如遇知己。因此，碰到要和陌生人交談時，不妨從談論對方的興趣愛好開始，這樣更容易拉近彼此的距離，還可以引起對方的興趣，從而容易進一步加深交流。

包公可謂是歷史上赫赫有名的「包青天」了，他辦案剛正不阿，深受世人讚譽。但據一些雜文野史記載，這位眾人愛戴的鐵面包公，也有喜歡被人恭維和「戴高帽子」的一面。

初到開封做知府時，包公身邊並沒有師爺，想尋覓一位稱職的文人來輔助自己，於是便張貼了招聘師爺的告示。消息一傳出，便有大量來自四面八方的文人學士前來應試。整個應試分為兩個階段，一是筆試，二為面試。筆試階段的考題均為包公親自來定，就連審閱、批覆也沒有勞煩他人。最後從上千人中篩選出十個文采出眾的儒生。第二階段的面試，包公同樣親力親為，一個一個單獨會面，隨口出題，要求文人當面作答。

世人只知包公臉色發黑，卻不知具體何然。據雜文野史記載，包公頭和臉都黑得如同煙燻火燎一般。如果沒有眼睛、鼻子、嘴巴的輪廓存在的話，彷彿肩膀上頂了一個黑色的罈子。說到眼睛，那就更是可怕了，圓而外凸，一瞪起來，白眼仁多，黑眼珠小。包公別出心裁，以自己的面容為題。十位文人，每進來一位便問：「你看我長得怎麼樣？」文人看到包公面容，無一不是倒吸一口涼氣，害怕如實講出他的模樣會無機會可言，更有甚者，怕面前的包老爺還會大發雷霆。他們心裡琢磨著，為官之人哪有

不愛聽恭維話的，不如對其奉承一番，留個好印象，以便對任用有利。於是都恭維他長得眼如朗星，眉似彎刀，面色白裡透紅，一副清官相貌。包公聽著一個個的胡言亂語，怒火中燒，本來就黑的臉上簡直可以滴下墨汁了，於是便一一打發了事。

　　第十個應試者推門而入，但包公已不抱任何希望，不過還是問出了同樣的問題。文人同樣如他人一樣對包公仔細打量，然後不緊不慢地回答道：「大人的容貌嘛……」他故意拖延，「怎麼樣啊？」「恕小人直言，臉形如罎子，面色似鍋底，與美毫不沾邊，簡直醜陋無比啊。尤其是兩個眼睛，一瞪之下寒氣襲人，甚是嚇人啊！」包公聽後，精神一振，但是黑臉卻故意拉下，大聲喝道：「放肆，你怎敢如此評價老爺面貌，難道不怕老爺我怪罪於你嗎？」應試者卻不慌不忙地答道：「老爺莫要生氣，小人深信，誠實的人最為可靠。老爺的臉面確實是黑的，難道小人說一聲『美』就會變白嗎？如果老爺不喜歡聽老實話，以後還怎麼能夠秉公辦案，做個清官呢？」

　　包公內心本無怪罪他之意，聽到他的解釋更是點頭稱是了，不過接下來的問題就更刁鑽了：「你說的倒也在理，不過我聽人說：容貌醜陋，其心必奸。你如何看待，是否可以當真呢？」應試者答道：「此言不一定正確，一個人奸否取決於其內心，而非容貌。只要大人有顆忠君愛民的心，就算長得再黑，也會被百姓認定是清官的。老爺在朝為官，一定見識過白臉奸臣吧。」包公聽完心中大喜，當即宣佈：「師爺人選，非你莫屬！」

　　第十個文人勝出並非用了奇招，而是與其他九人一樣恭維著包公，只不過他勝在揣測了包公的內心，切中了其真實想法，並將恭維滲透於問答肌理，不露聲色地投其所好，說出包公想聽的話。由此可見，恭維人也要討巧。

　　雖然很多人不喜歡拍馬屁的人，但又希望能有人對自己進行恭維。這種矛盾心理促使了恭維的合理存在，有時候說一些恭維的話是非常有必要的，比如，新娘一定是漂亮的，小孩一定是前途遠大的，壽星一定是長壽

的。如果你不講出這些恭維的話，就是對他人的侮辱。這時慷慨地恭維又何妨呢？多給人戴幾頂「高帽子」，不僅能夠哄人，還可以為自己遮風擋雨，一舉兩得，何樂而不為呢？

鬼谷子教你詐

　　無論在世界哪個角落，總有不同的語言表達對他人的恭維，雖然恭維有時並不是發自內心的，但它卻在現今社會起著良好的作用。學會恭維，恰到好處、把握分寸，並且不失時機地說人家的好處、吹人家的長處、拍人家的「馬屁」，無論在現實中還是網路上，提醒自己給你的交往對象盡可能多的恭維。無論你骨子裡是謙恭的還是驕傲的，真心的讚美、誠心的恭維，都會為你帶來快樂和機會，也為別人帶來快樂和機會。

5

話當謹慎開口，有話心中留

「病從口入，禍從口出。」鬼谷子也曾用聖人的話教育學生：「口可以食，不可以言。」佛經記載的一則故事，告訴我們鬼谷子的話意義重大：一隻烏龜遭遇百年不遇的乾旱，被困在一個乾涸的湖泊中，無力爬行到水草豐盈之地覓食。就在它感到絕望的時候，居住在旁邊的大雁也準備遷徙。烏龜對其苦苦哀求，希望大雁能夠將它帶離此地。善良的大雁便用嘴將烏龜叼在嘴裡飛向高空。飛行多時，烏龜忍不住問道：「你這樣不停地飛，到底要飛到何處？」大雁張嘴回答，但是答案還沒有聽到，烏龜已開始直線降落，最終摔在地上，被人拾取宰殺享用了。烏龜張嘴說話最終卻害了自己，這正應了鬼谷子所言，口可以用來吃飯，但不能用它講話。

雖然「口不能言」主張「沉默是金」，但也不代表完全保持沉默，如若這樣，在當今社會是非常不合時宜的，畢竟語言表達才能更好地將自己的才華展現出來。但言多必失，禍從口出，說出去的話猶如潑出去的水，再也無法收回。所以即便有雄辯之才，也應謹言慎行。有些話說出來沒有效果，就沒有必要說；有些話可能會傷到別人，就一定不要說。

常言道：「說者無意，聽者有心。」而人和人的交往中，語言的交流占了很大的比例。往往一句看似很平淡的話，可能就會傷害到他人，使雙方陷於尷尬局面。可見這種語言危機存在於各個角落，懂得這個道理的聰明人，絕對不會把精力浪費在說廢話上。

美國的藝術家安迪渥荷曾經說：「我學會閉上嘴巴後，獲得了更多的威望和影響力。」事實也確實如此，言多必失，說得越多，越容易暴露自

己的內心，讓人瞭解。所以不管在任何場合，都要盡量少說話。如果非說不可，也要盡量注意所說的內容。比如，中國人見面打招呼一般會問：「吃飯了嗎？」在我們看來很平常，也不會傷害到任何人。而外國人卻會感到不可思議，認為這是自己的事，別人無權過問，他們打招呼則會在天氣上做文章。看來語言的藝術不僅僅中國人適用，全世界的情形都是類似的。

　　孫柔上週日曾接到樓下美容院打來邀請的電話，說是可以體驗一下美容老師的按摩手法。由於她的頸椎不好，所以便和同樣頸椎不好的姐姐一起去了。原本是想嘗試一下的，但是去了才知道原來是推銷產品。

　　每次來美容院做臉，孫柔總是特別享受美容院舒適安靜的環境，給自己帶來的徹底放鬆，但這回美容師好像被買通了一樣，總是在按摩師按摩的時候說產品怎樣怎樣好，對頸椎的治療如何如何管用，還明確保證一週便可以讓頸椎變得舒服。她們經不住美容師的勸導，便買了一些產品回來使用。而結果卻令孫柔大失所望，除了刺痛之外就是肌肉麻木，頸椎酸痛的感覺一點進步都沒有，當然美容師的保證也就成空話了。

　　這週孫柔公司事務很多，週末想在家好好休息一下，但又接到美容院的電話，說之前購買的美容產品月底該結帳了。她想到欠人家的錢始終是樁心事，所以還是拖著疲憊的身軀去了。來到樓下美容院，她的「御用」美容師休息，只能請另一位新來的美容師為她服務。本想躺在美容床上安靜地享受一會兒，但從她進門開始，這位可愛的小美容師便一直跟她說話。雖然都是一些聽著讓人疲勞的客套話，但她也都一一回應著。

　　她們聊天時旁邊美容床上來了一位特殊的客人，她懷著孕，想做做臉。因為懷孕很多項目都不能做，比如精油之類的項目，所以便選了一個對孕婦沒有副作用的項目做起來。給這位孕婦做臉的美容師看到孫柔，便也客氣地打了招呼，然後又問了上週日按摩指導老師給她按摩後的感覺。說到這事原本想自認倒楣的孫柔，又有了一肚子話說。

　　性格直爽的孫柔就像說書似的，一口氣把當時的感覺和自己的想法說

了一大通。令她沒想到的是，反應最為激烈的竟然是那位孕婦，她直接跟那位美容師說：「那套產品我也不買了。」美容師聽了趕緊跟她解釋說：「每個產品都是因人而異的，個體不同效果也不一樣。」但是不管她怎麼解釋，孕婦都不願意再購買那套產品了，而她的理由也很簡單：因為懷孕，所以不適合用這個產品。美容師還是一再強調這個產品對孕婦沒有副作用，而且還推薦她生完寶寶後再用。但是孕婦似乎更相信孫柔的話，堅持要退掉產品。美容師著急地說出了實情：錢是由她先墊出來的，如果孕婦不要的話，錢只能自己出，如果轉手的話，也只能等到下一個買家才能收回這筆錢。

孫柔立時感覺自己的話太多了，攪了人家的生意。她表面裝作若無其事的樣子，但是內心卻很不好意思。孫柔知道為孕婦做臉的美容師是外地來的，賺到這筆獎金不容易，沒想到竟然讓自己的一句話給搞砸了。她整晚都很鬱悶，就好像做了虧心事一樣。她決定以後做臉都來照顧這位被她連累的美容師，以挽回這次「言多必失」給她帶來的損失。

美容師和孫柔都成了禍從口出的典型，一個是給自己挖了個「坑」，另一個更是起到了「推波助瀾」的作用，把一筆已經成功的生意攪掉了。可見少說話甚至不說話是大有益處的。

禍從口出，是因為言多必失。滔滔不絕地講話，說多了，肯定會暴露很多問題，比如對事物的態度、對事態發展的看法、今後的打算等，會從談話中流露出來，被對手所瞭解，從而制定出相應的策略來戰勝你。而且，話說多了，自然會涉及其他人。

再者，由於所處的環境不同，人的心理感受不同，而同一句話由於地點不同、語氣不同，所表達的情感也不盡相同，如果其他人加上個人的主觀理解，口口相傳的話，往往會和當初說出來的原話大相逕庭，勢必造成誤解、隔閡，進而形成仇恨。

另外，人處在不同的狀態下，講話時心情不同，內容也會不同。心情愉快的時候，看事看人也會覺得很是順心，讚譽之詞可能就會由心而生；

反之心情煩躁時，講起話來不免會憤世嫉俗，講出許多過頭的話，妨礙一些人的利益，進而招來很多麻煩。

「喜時之言多失言，怒時之言多失禮。」古人很早就認識到「禍從口出」的道理，所以才指出，對於開口說話一定要持謹慎態度，避免「言多必失」。

鬼谷子教你詐

為人處世一定要管住自己的嘴巴，不要輕易說話，否則不僅容易傷人，而且容易惹禍。如果必須要說，則一定要慎言。慎言不是不說話，慎言是該說話時就說，不該說話時永遠不要說。另外什麼話可信什麼話不可信，都要在腦子裡多轉幾個圈，心裡有個算盤。害人之心不可有，防人之心不可無。

6

言拙意隱，語縝密不傷人

鬼谷子說：「故口者，機關也。」如此看來，「口」就成為了人的「政府機關」。看似簡單的說話，卻隱含著大文章。有時一句話能讓人開懷大笑，而有時一句話也可讓人陷入無比尷尬之地，但也有可能一句話就能讓人拂袖而去。如何讓「口」這個「政府機關」，真正地為自己所用呢？鬼谷子教我們道：「聖人之道陰，愚人之道陽。智者事易，而不智者事難。」聖人能夠左右逢源，不僅是他們的智慧，更得益於他們懂得見機行事，聰明地表達己見，在不露聲色之中表達自己的見解。

如此看來，說話也是一門藝術，尤其是中國的文字語言的博大精深，稍微換一個字，意思就可能有天壤之別。現代社會，競爭與合作充斥其中，有人在競爭中失敗，而有人在合作中成功。究其奧妙，說話就占了很大的比重，成功之處就在於掌握了說話的分寸。社交場上的「逢人只說三分話」「點到為止」，政治上的「研究研究」，生意場上的「一語值千金」，文化場上更有「點睛之筆」「破題而入」之說。可見，在語言交流中，什麼話能說，如何說，就是考驗人的時候了。

說話有分寸便可以用語言來巧妙地表達思想感情。能夠把握好語言分寸的人，不會通過言語勉強別人遵從自己的觀點，卻能讓他人服服貼貼地同意，能一起體會喜怒哀樂，反之則會讓自己陷入被動境地。可見說話的最高境界便是沒有明確說出讚美言語，卻能讓人感到美滋滋的；已成功表達對其不滿，卻仍讓其微笑面對自己。

另外，說話有分寸還體現在是否到位。如果說不到位，別人就不能明

白，理解不透徹，沒有辦法琢磨出你的真實用意，自然提出的意見或想法就不被人重視。不但事情沒有辦法辦成，還會被人忽視，自然也不會換來欣賞，更不會受到器重。反之便是說話過頭了。如果要求過高，言語尖酸刻薄，那麼就會讓人感覺到不舒服，覺得不懂規矩，不知好歹，往往被人敬而遠之。說話除了是否到位以外，還要巧妙，太憨實有時會招來嗤笑；太絮叨有時會招來反感；太直露有時會招來麻煩；太幼稚有時會令人瞧不起。

　　王陵驍勇善戰，早年追隨劉邦東征西討，立下汗馬功勞，他為人仗義，性格直爽，性格爭強好勝，說話也是直言不諱。

　　雍齒和王陵一向交好，但劉邦卻對雍齒厭惡至極，但礙於王陵的功勞，一直忍怒不發。一次劉邦將王陵特意招來，臉色陰沉地對他說：「雍齒為人卑鄙，行為不檢，很多人對他都嗤之以鼻，甚至痛恨於他，你和他並非一路人，為何要與他相處？」王陵非但沒有畏懼，反而低聲回道：「主公不喜歡他，所以別人都不敢和他來往了。可是我看不出他有什麼不好，再說了，這是我個人的私事，主公何必干涉呢？」劉邦見其並不聽自己所言，心有怨氣，卻不便發洩，只好讓其告退。

　　回去以後，王陵便和好友周勃聊起此事，怒氣一直未消。周勃卻歎口氣說：「你不該對主公直言。主公恨雍齒，盡人皆知。你不避嫌與他交往也就罷了，又何必將心裡話說與主公聽？此事可大可小，主公一定記掛在心了。」

　　「我忠於主公，從無二心，他會在意我幾句實話？大丈夫光明磊落，畏首畏尾、口是心非之事不能去做。」王陵不服道。

　　天下平定之後，論功行賞時，多人被封賞，卻只封王陵為安國侯（虛職）。許多人為他求情，劉邦卻正色道：「行軍打仗，他確有功勞，但其他方面並無過人之處，打江山只靠勇猛還遠遠不夠，封他為安國侯還委屈他了不成？」

　　王陵心有不服，欲找劉邦理論，家人卻苦苦相勸說：「你的毛病全在

嘴上，如今還想惹是生非嗎？如果你去理論，只怕我們和你一樣都活不成了。」他考慮再三，只能作罷。

劉邦死後，惠帝繼位，呂后掌權。惠帝卻在王陵任右丞相兩年後去世。呂後將王陵、陳平和周勃等大臣招來，向他們問道：「天下太平，我呂氏出力甚多，讓呂氏子弟稱王，各位意下如何？」

周勃和陳平相視一眼，卻並不作聲。王陵卻說道：「先皇曾宰殺白馬，歃血為盟：『倘非劉氏而立為王，天下人共擊之。』先皇遺訓如此，不能改變。呂氏立王之說，並不可行。」呂后聽後非常不悅，轉頭問陳平、周勃：「你二位意下如何？」他們二人卻說：「時勢有變，其道自不同了。先皇平定天下，分封劉氏子弟為王，天經地義。如今太后臨朝執政，呂氏子弟有大功於國家，稱王自無不可，合當施行。」呂后聽後，笑顏逐開，對二人連連誇獎。

事後王陵指責其二人背棄先皇。陳平道：「諫阻無益，強辯自不可取。我們當面諫阻不如你，可日後保全國家，安定劉氏後人，你就不如我們了。」

不久王陵宰相被罷免，十年後鬱鬱而終。而周勃和陳平保全了下來，成為誅殺諸呂的主力，重興了漢室江山。

王陵雖一心效忠朝廷，但最終卻毀於「直言不諱」。可見言語是瞭解一個人的重要視窗，如果沒有分寸節制，必被人洞察清楚內心，也就無秘密可言。只有措辭得當，有所保留，才能勳事有成，與人無咎。

《增廣賢文》裡說：「逢人只說三分話，未可全拋一片心。」說話本來有三種限制，一是人，二是時，三是地。非其人不必說；非其時，雖得其人，也不必說；得其人，得其時，而非其地，仍是不必說。非其人，你說三分真話，已是太多；得其人，而非其時，你說三分真話，正給他一個暗示，看看他的反應；得其時，而非其地，你說三分真話，正可以引起他的注意，如有必要，不妨擇地長談，這叫作通達世故。

曾經得一高僧處世良方，教人如何待人接物，內容很有意思，其中

有：熱心腸一副、溫柔二片、說理三分等等。有人可能會問：這說理為什麼只是三分而不是十分呢？

「說理三分」是一種溝通技巧。話若有理，聰明人一點就通，不用十分，三分足夠，無須畫蛇添足；碰到蠢人，費再多口舌也無用，沒有必要告知其十分，不妨讓其慢慢領悟；至於蠻橫之人，他本不講理，你即使講上二十分，也無異於對牛彈琴，有時是在對「虎」彈琴，生命都無保證可言。

「說理三分」可以說還是一種寬容。人無完人，總是或多或少存在不週全的地方，對方如果不明白，你巧妙地說上幾句，點到為止，確是與人為善，讓他心存感激。若是窮追猛打，非要弄得人家連面子都留不住，只能是兩敗俱傷。

「含蓄不露，用意十分，下語三分。」言辭謹慎，應不露鋒芒。含蓄是一種大氣、一種風度，真正會做人的人，總是含蓄的，總是懂得明明占理十分只說三分，總是記得「得理也讓人」。

鬼谷子教你詐

「含蓄不露，用意十分，下語三分。」言辭謹慎，應不露鋒芒。含蓄是一種大氣、一種風度，真正會做人的人，總是含蓄的，總是懂得明明占理十分只說三分，總是記得「得理也讓人」。

7

局勢不定，莫多言多觀望

　　古時候，大臣陪伴在君王左右，往往提心吊膽，乃至有「伴君如伴虎」的說法。為此，大家往往順著君王的意思說，在情勢還不明朗的時候，隱藏自己的意圖。對此，鬼谷子是這樣描述的：「言往者，先順辭也；說來者，以變言也。善變者，審知地勢，乃通於天，以化四時，使鬼神，合於陰陽，而牧人民。」

　　在鬼谷子看來，跟君王談論過去的歷史，應該順著對方的心思，進行合理的解釋；與君王談論未來的趨勢，則要留有餘地，採用變通的言辭，根據形勢靈活應對。顯然，只有善於變通的大臣，才能審時度勢，得到君王的認同。生活中，在探查人心的時候，也需要多看、多聽，做到心中有數。

　　自古以來，成大事者都懂得伏藏之術，他們徘徊在出世與入世的兩端，知道何時應藏身於山林，韜光養晦，仔細觀察，何時又應造福社會，建功立業。正是因為他們善於隱藏，所以表面看來「和光同塵」、毫無稜角，看似庸才，卻是深藏不露的能人志士，絕非普通人能比，實為「潛龍」。

　　孔子曾對《易經》中「潛龍勿用」一語有過精闢的論述。「潛龍」比喻像龍一樣有德有才而隱居的人，不會追求功名利祿，世俗無法改變其節操；隱居於世間卻不會感到悶悶不樂，即使不被人承認也不會感到苦悶。如若能實現抱負便入世行道，感到憂慮則會出世隱遁。而「勿用」，也並非毫無條件地勿用，只是條件不成熟，局勢不定，不宜盲動。他們行動上

隱藏自己，言語上撲朔迷離，看似胸無大志，卻對萬事深思熟慮，瞭然於胸。之所以「勿用」，是因為知道自己所處的境地、對手的意圖，只因時機還未成熟，所以只能多看以便瞭解對方更多的資訊，更是保存了自己。

　　東晉時，謝安才華出眾，少年時就聲名在外。朝廷屢次徵聘他為官，都遭到了他的拒絕。喜歡遊弋於山水的謝安，終日約一干人等遊山玩水、釣魚打獵，樂不思蜀。

　　謝安的弟弟謝萬是朝廷重臣，在朝廷中任中郎將，監司、豫、並、冀四州的軍事，並兼任豫州刺史，雖手握重權卻不及身為平民的謝安名氣大。當時東晉內憂外患，處境很是危險，王導死後，朝野上下都希望再有一位像王導這樣的賢相支撐搖搖欲墜的晉室小朝廷。謝安被公認為是宰相的最佳人選，但他卻似乎對世事無所掛懷，打定主意要老死於名山勝水之中了。朝廷中的士大夫們都互相哭喪著臉說：「謝安始終不肯出來做官，百姓可怎麼辦呢？」盼他出來做官的呼聲越來越高。

　　在一次作戰中，身為指揮的謝萬不戰而逃，而被朝廷罷免官職，廢為庶人，謝氏家族的地位和聲望也一墜千丈。其後妻子和族人苦勸，謝安為挽救家族的命運，便應徵出山做官，在征西大將軍桓溫府中任司馬。

　　桓溫因可以起用謝安為官，大喜過望，對他極為器重。到桓溫府中任職，只是謝安的一個跳板，他不久就到了朝中任侍中，掌管吏部，與尚書令王坦之同輔朝政。當時桓溫總攬兵權，威震內外，他總想廢除晉朝，自立為帝，卻又怕眾人不服，不敢倉促行事，朝廷上下也都知道他有此野心，卻也無法奈何於他。

　　本以為將死的簡文帝會把皇位識趣地讓給自己的桓溫，正在暗自竊喜的同時，傳來令其輔政的消息，細細打聽卻是被王坦之攔住了。桓溫大怒，從鎮守地姑熟返回京城。自此京城謠言四起，都說桓溫此番是要殺盡王謝二族，然後廢帝自立。桓溫也認為一切都是王坦之和謝安搞的鬼，便在府中兩側安排了刀斧手，用帷幕遮住，想趁二人來見時下手除掉。

　　王坦之和謝安明知是鴻門宴，卻又不得不去，見到桓溫後，王坦之渾

身流汗，手上的手版都拿倒了。謝安卻是面不改色，神情依舊，與桓溫談笑風生，暢敘往日情分，桓溫倒是一時狠不下心來殺掉二人。談話之中，一陣風吹過，把帷幕吹起，露出埋伏於後的士兵，謝安笑道：「我聽說諸侯有道是在四面設兵防守，明公卻在兩廂幕後埋伏人，其意為何啊？」

被謝安點破的桓溫尷尬無比，敷衍道：「這也是軍府中的老規矩了，為防刺客而已。」桓溫對帝位垂涎已久，見一計不成便又生一計，派人向朝廷要求給自己加九錫，也就是在儀仗中增加九種法器。從王莽以後，奸臣篡奪帝位，加九錫既是一種徵兆，也是一道不可省略的步驟，加九錫之後便是強行請皇帝禪位於己了。謝安明知如此，卻也無法不給，便叫袁宏起草給桓溫加九錫的制文。

袁宏堪稱當時最會寫文章之人。他曾隨桓溫出征，需要趕寫一篇檄文，他倚在馬上，文不加點，頃刻間便寫了萬餘言，極富文采，所以當時朝廷的詔旨制冊大多出自他的手筆。他盡心竭力地寫好後，謝安卻在上面一通亂改，然後扔還給他，讓他重寫。反覆幾次，均遭同一命運。袁宏不解，又不敢問謝安，便私下裡問王坦之。「以你的大手筆，哪裡還用修改，桓溫年老病重，活不了多少時間了，謝安這是在想辦法拖延。」王坦之笑道。

果不其然，還沒等到加九錫，桓溫便一命嗚呼，晉室朝廷總算逃過一劫。桓溫死後，謝安才成為名副其實的宰相。內憂已解，外患難除。前秦苻堅滅掉燕國，已和東晉隔江相望，苻堅在王猛的輔佐下，不斷吞併周圍的小國，統一天下，勢在必得。

為安軍心，謝安安撫大將謝玄：「稍安毋躁，朝廷已有旨意。」說完又出門登山遊玩，到夜裡才回來，然後招集眾將，指揮部署，派謝玄、謝石率精兵八萬抵禦入侵的秦軍。兩軍對戰淝水，謝玄派使者前去要求苻堅讓秦軍向後退一些，空出些地方，讓晉軍渡河，然後展開決戰。苻堅想趁晉軍渡河到一半時發起攻擊，便答應了這個要求，下令全軍後退。沒想到軍隊向後退了不遠，便有人大喊：「秦軍敗了。」只這一聲喊，前秦的百萬大軍竟然頃刻間土崩瓦解，紛紛逃起命來，謝玄率軍渡過河後，從後追

擊，秦軍狼奔豕突，自相踐踏，死者遍地，大傷元氣。謝安便又立大功於東晉。

謝安目標直接瞄向宰相一職，雖最初不想為官，是在觀察局勢，等待時機。他堅持忍耐二十餘年，終解救東晉於水火之中。

《孟子》中有言：「天將降大任於斯人也，必先苦其心志，勞其筋骨，餓其體膚，空乏其身，行拂亂其所為，所以動心忍性，曾益其所不能。」歷史上如謝安一般的姜子牙、百里奚、張良、諸葛亮、王猛、劉伯溫等大智慧者，均是被世人公認的大英雄。他們都是生在亂世之中，但他們都能夠保持清醒的頭腦，絕不同流合污，而是隱居民間，靜觀時局變化，謀劃扭轉乾坤的大計，然後擇明君而侍之，從而成就千秋偉業。

俗話說：「小不忍則亂大謀。」形勢未定或沒有看清形勢便做出應對之策就會影響大局，使之身陷不復之地。鬼谷子說：「世無可抵，則深隱而待時，時有可抵，則為之謀。」換而言之就是做事不但要看環境好壞，看問題的大小，還要懂得看準時機，在沒有完全掌握或時機不成熟時，切莫多動多言，以導致「小不忍」而「亂大謀」。

鬼谷子教你詐

　　不顯現出的智慧為大智慧，不顯現出的謀略才是真正的謀略。鷙鳥將要發動攻擊時，一定收翼低飛；猛獸將要搏鬥時，必先附耳貼地；聖人賢君將要行動時，必先隱起身，不動不言，不被人所關注。這正是「道在不可見，事在不可聞，勝在不可知」的韜晦之術。處逆境，當做潛龍，觀察時機，以便高飛。

8

拋磚引玉，不搶他人風頭

　　這個世界上，掌控局面的人未必呈現出高高在上的樣子，反而可能不易被察覺。鬼谷子主張做人低調、謙虛、謹慎，不要處處跟人搶風頭。他說：「故聖人之道陰，愚人之道陽。智者事易，而不智者事難。」

　　在鬼谷子看來，聖智的人做事總是暗中用手腳，愚蠢的人才在明處咋咋呼呼。所以，聖智的人做起事來就容易，愚蠢的人做起事來就難。這提醒我們，做人還需低調。在不顯山不露水中把事情辦成，不給自己找麻煩，反而容易做成大事。

　　鮮花盛開無非兩種結果，被人採摘或走向衰敗。人生亦是如此，所以當志得意滿時，切不可趾高氣揚，目空一切，不可一世，否則將成為眾矢之的。不管你是如何的才華橫溢，都一定要謹記，不要將自己看得太重要，也不要高傲地認為只有自己才是救國濟民的聖人君子，適當地收斂鋒芒，掩飾才華，放低調些吧。

　　收斂鋒芒、收起高傲、低調做人是一種品格，一種風度、一種修養、一種胸襟、一種智慧、一種謀略，是最佳的姿態。低調作為一種古老的智慧，謙虛謹慎的做人態度和寬容謙遜的處事風格，不喧鬧、不造作、不沾染是非，不招人嫌、不招人忌，即使能力高於他人也要注意藏拙，與人為善。

　　古今中外，功成名就之人多是低調做人的典範，越是能低調做人，越是在關鍵時候能夠成就一番事業。這種韜光養晦的策略被鬼谷子所認同，這種智慧也被世界上所有的哲人認可，不管何種民族、何種宗教，無不認

為：「低調是最接近智慧的，在通往智慧的道路上，低調是必須經過的道路。」

要做到低調就要將鋒芒收斂，切勿高傲。不管身居何處，位列幾何，鋒芒都不可畢露。有才華固然是好事，但是才華如何運用，何時運用才不被人，忌，這才是真正的智慧。即使是錐子也只把禿的一面朝人，只有這種才華，人和社會才樂於接納。

如果不懂得什麼時候收斂自己的鋒芒，什麼時候顯示自己的實力，就會陷入「才高被人忌」的尷尬場面。不論古今這都是職場通病。只有低調處事，藏光隱輝的下屬才能保全自己。因為一般情況下，上司是不會重視毫無野心的人的，更不會與其計較。但如果下屬超過自己，那將不被上司所容忍，下屬成功就意味著自己的失敗，那麼等待下屬的將是各種可能的嫉妒。所以能人俊傑皆是識時務者，總能採取圓滑低調的方式保全自己，以防暗箭來襲。

東漢末年，楊彪之子楊修才思敏捷、機智過人，是三國時期的大文學家。後來成為「一代奸雄」曹操的謀士，被任命為主簿，替曹操辦理事務。

曹操命人為自己建造了一座花園，建成時邀他去觀看，但是他並沒有發表任何意見，只是在門上寫了一個「活」字。工匠並不知道是何意，便請來楊修詢問，楊修看後笑笑，並說出了其中的隱義：「門內添活字，乃闊字也。丞相嫌門闊耳。」工匠聽後才知道曹操原來是嫌門太闊了，於是又將圍牆改造，縮小門圍。改造好後，曹操再次前來查看，看到隨其心意，很是高興，便問是誰猜透了他的心意。侍從告訴他是楊修，曹操嘴上對楊修大加讚揚，但是心裡卻隱隱發忌。

後來曹操接到塞北送來的一盒酥餅，他心生一計，隨手在盒子上寫下「一盒酥」三個字，然後命人拿給大臣。眾大臣看到皆不知何意，等傳到楊修手裡時，他便打開盒子分給眾人。眾人擺手稱不敢食用相國的東西，楊修解釋說是相國的意思，因為上面寫著「一人一口酥」，眾人瞭解後才

開始食用。曹操知道後和大家嬉笑一場，卻開始討厭楊修了。

　　生性多疑的曹操，總是擔心別人會對他實行暗殺，所以吩咐侍衛說：「我睡覺時你們不要靠近我，因為我在夢裡殺人。」一日午睡時，曹操故意將被子蹬下床來，侍衛急忙跑來拾起給他蓋上。而曹操卻跳起來拔劍殺了前來為他拾被的侍從，然後上床裝作繼續睡覺。等起床後看到屍體躺在床前，他裝作吃驚的樣子，大聲追問是誰殺了侍衛。等知道事情的經過後，曹操大聲痛哭，命人厚葬了他。此後，人人皆知曹操夢中殺人，楊修卻一語道破：「並非丞相在夢中，夢中人為我們。」而後曹操對楊修懷恨在心。

　　曹操有兩個兒子，一次他想試著考一下他們。由於曹植很欣賞楊修的才能，平時經常和他一起談天論地，所以兩人很談得來。為了這次考試，楊修暗中將答案給予曹植，所以在與曹操的提問中，曹植總是對答如流。生性多疑的曹操開始有所懷疑，直到曹丕買通弟弟身邊的人，將楊修給曹植的答案偷出給他看，曹操勃然大怒：「這個匹夫竟敢欺騙於我！」從此有了殺掉楊修之心。

　　機會好像給曹操準備好了一樣。劉備親自率領大軍攻打漢中，許昌有所驚動，於是曹操也率領了四十萬人馬迎戰。曹劉兩軍在漢水一帶對峙。曹軍由於屯兵時日已久，便覺得進退兩難。正在此時，一碗雞湯端到了曹操面前，看到碗底有雞肋，猶如正中下懷，沉吟間夏侯惇入帳稟請夜間號令，於是隨口說道：「雞肋！雞肋！」於是這個口令便被傳了下去。楊修知道後便安排隨行軍士收拾行裝，準備歸去。將士不解，問其緣故，他說：「雞肋者，食之無肉，棄之可惜，丞相說的就是當下的形勢，不日就會退兵。」於是夏侯惇和其他諸將也開始紛紛打點行李。曹操知道後便以造謠惑眾、擾亂軍心的罪名，將楊修斬首示眾了。

　　楊修一直被認為聰明絕頂，他是真聰明嗎？如果真的聰明，就應該知道「才不蓋主」的道理。嫉賢妒能已成了一些人的通病，對於下屬確實很是不公，通過努力辛苦得來的成績，卻不能得到上司的友好對待，帶來的

肯定是不甘和委屈。為了很好地發展，忍一時之氣卻是必要的，有事業心的人都想成功，而成功難免招致他人眼紅和嫉妒。

在受到他人嫉妒，特別是上司嫉妒時，下屬最好能夠學會韜光養晦、大智若愚，千萬不要與上司爭功。不管上司們原來的氣量有多好，當他們個人的光環被人為地擴大的時候，就意味著他偉大的形象不容侵犯。這個時候，他們害怕個人智慧受到質疑和挑戰，如果你功高蓋主，那就不可容忍，所以歷史上功勞顯赫的楊修、文種、韓信，都落得悲哀下場。

「木秀於林，風必摧之。」錐子也只有使用的時候才可以尖銳鋒利，低調收斂並非意味著退縮，只是沒到一定時機而已。

低調已成為一種修煉，也是一種體悟。老子認為：「兵強則滅，木強則折」、「強樑者不得其死」。老子這種否極泰來的哲理思想，深刻體現了事物的內在運動規律，已為無數事實所證明，現已成為廣泛流傳之哲理名言。待人處世多自我克制一些，當自己處在不利地位或者危難之時，不妨先退讓一步，這樣做不但能避其鋒芒，脫離困境，還可以另闢蹊徑，重新佔據主動；當形勢對你非常有利時，更要放低姿態，謹慎處事。避其鋒芒，才能走好人生路。

鬼谷子教你詐

　　充滿風險的人生航行中，要想把迷茫、失敗和不幸的海浪，遠遠地丟在身後，就不能鋒芒畢露，要放下高傲，學會謙虛忍讓，低調行事。這樣才能自我保護，從而在人生的航途中如魚得水，並慢慢抵達成功的彼岸。而一味地耍小聰明或炫耀自己，只能與成功失之交臂。

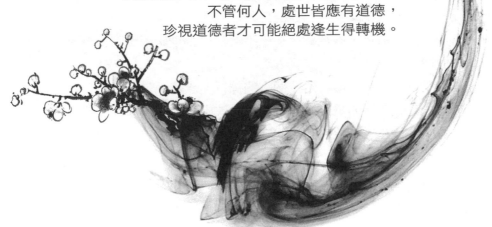

第六章

中經術

以心營外物，
珍視道德助人是福

處世是人與人打交道，自然要用心經營，
唯有處處用心、時時留心，
才能精準地識別對方是什麼樣的人，
才能根據其人，擬訂與之適合的交往之道。
不管何人，處世皆應有道德，
珍視道德者才可能絕處逢生得轉機。

1

有德之人，可救其於困

　　鬼谷子常常談及「修身」。「修身養性」指的是培養性格、涵養、性情，用現在的話來說，就是鍛鍊增強心理承受能力和心理調節能力。在鬼谷子理論中，修身養性要達到的境界主要表現在兩個方面：一是遇事冷靜沉著，頭腦清醒；二是與人相處寬容大度，有禮有節。能達到這種境界的人，歷來都很受推崇。

　　一個人要想成就一番大事業，光靠自己單人單向的力量是遠遠不夠的，必要時，還得藉助他人或者是俗話所說的「貴人」的力量。可是，人們往往只有在力量不夠大時，才想到去尋求別人的幫助，才後悔當初自己沒能以德處世，以德交友，為自己鋪墊好基礎。

　　鬼谷子從來都是未雨綢繆，從來不讓自己置身於困頓時才後悔莫及，所以，他懂得先做好人，再去與人交。

　　自古以來，心靈之道就是一個人的德行。「德」是自我的教育，是內心的梳理，表現在外的是行為的規矩。泱泱中華民族經歷了上下五千年文明的洗禮，從遠古的蠻荒到現代的文明，我們耳畔仍然清晰地迴響著「仁者愛人」「上善若水」的文化訓導。遠古的智者用他們超凡的智慧指引著我們心靈的去向，蕩滌著我們內心的醜惡、思想的塵埃。所以在「德」的思想引領下，我們的行為所表現出來的是善良、關愛、寬容、穩重等能給人美好感受的特徵。

　　當歷史的車輪碾過昔日的繁華，我們來到了這個經濟飛速發展、物質高度發達的時代。熙熙攘攘的車流、急急匆匆的腳步，似乎皆奔著利益而

去。一時間，欺詐、詆毀、攻擊等醜劇在人間頻頻上演。在人們追求利益最大化的同時，道德的淪喪、親情的缺失，正在逐漸瀰漫開來。

當衣食無憂、絢爛多彩的生活，換不來孩子溫情的目光時，當每一個步入社會的人，都慢慢滑向道德的邊緣時，我們才發現如今的人性與人際，已複雜得讓我們琢磨不透，招架不了了。尤其是人們急功近利的心態，奔忙不息的勞作，已經讓人疏忽了對未來的考慮。

以端正的心思來「正其心」，駕馭感情，進行調節，以保持中正平和的心態，集中精神修養品性。只有把心洗得一乾二淨，達到澄澈圓明後才是真正的修身。心不純，光修身無望無用，這就是「德」的道理所在。鬼谷子說，德行好的人，自會解救別人和自己於困境之中。

在韓國有這樣一個小夥子，他雖然家境貧寒，卻受到過良好的教育，有著自己的做人原則和道德信仰，為人處世都以德為準則。在他二十多歲的時候，他遇到了人生第一個至關重要的選擇——去美國當外交官，或者去印度做官。毋庸置疑，去美國自然是風光無限，可是，考慮到美國的高消費水準，為了賺錢補貼家用，他還是選擇了去印度。

雖然去印度不是他的夢想，但他到任後很快就以自己的才氣引起了韓國駐印度總領事的注意，雖然他職位不高，卻是個談吐不俗、思路縝密、辦事沉穩、有責任心的人。領事非常看好這個小夥子，對他印象極為深刻。

小夥子也看出了領事的青睞，所以更加謙虛地向其求教取經，也更加賣力地四處奔波，把領事館的各項事務打理得井井有條。

後來，領事擔任了韓國國務總理，他首先想到的是十幾年前在印度一起共事過的那個小夥子，便立即把他推薦到總理府工作，後來憑藉他獨特的才能，果然被破格提拔為總理禮賓秘書、理事官。小夥子就像坐了直升機一樣，一飛沖天。

雖然這個小夥子一生也經歷了一些坎坷，但他最後還是登上了聯合國秘書長的舞臺，他就是——潘基文。

從表面上看，是那個善於發現人才的領事，改變了潘基文的命運，但實際上，在這個過程中，潘基文並非只是憑藉運氣，還有他平日以德處世、認真做人的基礎，以及他不畏苦難的奮鬥精神。歸根結底，是他自己給了自己機會。

「德」似乎是個很寬泛的概念，實際上在人際交往中，很多小的細節，都可以體現一個人的「德」。

1️⃣ 笑容是最犀利的武器。當你有求於人時，說聲「麻煩你」，再加一個笑容，對方就會被你的友善感染，並竭盡全力地幫你。這不但是禮貌，亦是個人修養的體現。

2️⃣ 如果你做錯了事，且影響到了別人，必須馬上道歉，勇於認錯，沒有人會怪罪和厭惡一個懂得反省的人。

3️⃣ 如果有人在你面前無事生非，你大可不必理會，很多事情不回應就會自生自滅，而且不容易與他人起衝突，既保全了自己，也不至於在那些無謂的事情上浪費精力。

4️⃣ 如果在某一問題上與他人持不同意見，互不相讓而導致了言語上有衝突，當你希望扭轉壞情況時，你可以採用一種開玩笑的方式來緩解局面，並把觀點一分為二，用平等的方式結束衝突。

5️⃣ 在交往中能夠做到辦事情、想問題首先想到別人。多站在對方的立場上思考問題，替對方打算，在受到別人的批判時，能聽得進去，做到豁達大度，對方自然就會把你當成知心朋友。

6️⃣ 一個有道德的人還能做到：「非理之財莫取，非理之事莫為。」即不取不義之財，也不做那些不講道理的事情，也不隨便背後談論別人的缺點和過失。因為有道德的人能夠做到「不為物累，不為慾傷」，即不為物質財富所左右，同時還能很好地把握自己的慾望，懂得「慾壑難填」的道理，因此，他不會讓某些慾望傷害到自己的德行。

現實生活，有些人的人緣一直不好，又沒有知心朋友，自己過於清高傲慢，無意中傷害別人不說，還常常把對某個人的厭惡寫在臉上。主要原因就是在人際關係中沒有學會以德處世，以德服人。

　　一個人若想成就一番大事，在人際交往中，就要把做人放在第一位，就要守住「德」的標準。把目光放得長遠一些，切記，心地寬容人緣好，只要你擁有一顆容人之心、德義之心，人生之路就會越走越寬廣，到處充滿多彩的陽光。

鬼谷子教你詐

　　道德的力量是無限的，擁有高尚道德的人也是不可戰勝的，愛人者人恒愛之。當我們面臨金錢與美德、自私與博愛、關懷與冷漠、寬容與狹隘的選擇時，請作出我們正確的選擇，那麼，當我們置身險境時，也自然可以化險為夷。

2

聲氣不同，隱真情而去

鬼谷子在《捭闔》篇中說：「故捭者，或捭而出之，或捭而納之；闔者，或闔而取之，或闔而去之。」在這裡，他將「捭闔」之道與中國古代源遠流長的陰陽學說融會貫通，並將之運用於縱橫遊說的說術言略中，使之成為戰國策士們立身處世、說諸侯、幹人主、掌機變、握形勢的總原則，進而衍生出那個時代的縱橫風雲。

按理說，人際交往中應該坦誠相待，大家暢所欲言才能顯示出彼此的誠意和真心。但是，現實世界的複雜多變，要求我們在誠懇之外要有所保留，在直白之外要懂得一點含蓄。正所謂「言為心聲」，你說的每一句話，都可能透露出內心的真實想法。構建人際關係網時，一個最基本的要求就是：不求刻意，但需留心。尤其是在發現雙方道不相同時，必須與之保持恰當的距離，不能隨意將心事和情感表露出來。這樣一來，不僅可以在處理人際關係中得心應手，更重要的是當出現機遇時，你能夠快速地抓住它，恰到好處地處理它。這需要我們善於察言觀色。察言觀色，不是謀劃，也並非算計，這僅是更好處世的一種手段。

人們有不同的利益，有不同的追求，每個人都有自己的隱私。如果一個人想做什麼就用嘴巴說出來，那就完了。做該做的事情，說該說的話，是一個成功人士最起碼的素養。在複雜的社會環境中，許多時候，你要保護好自己的利益，別讓人看透你的內心，否則你將失去容身之地。

在現實社會裡，大到國家之間的爭端，小到個人之間的利害關係，欺詐無處不在。《莊子》中寫道：「以利合者，迫究禍患害相棄也。」就是

說，因利害關係相結合的人，在遭遇困難逆境時，很容易背棄對方。與此相反，「以天屬者，迫究禍患害相收」。「以天屬者」是指彼此結合的關係是建立在極為信賴的基礎上，這種朋友關係即使在逆境中，也會經得起考驗，彼此相互幫助，同舟共濟，患難與共。

　　春秋戰國時期，齊桓公對自己的服飾有特別的偏好，尤其喜歡穿紫色的衣服，無論上朝還是會客都著紫色衣衫。

　　大臣們發現齊桓公這一愛好以後，就紛紛穿上紫衣來討好齊桓公。很快，穿紫色衣服的風氣擴展到全國，各地的老百姓都開始身穿同一顏色的衣服。那些精明的商販們也趁機抬高紫衣的價格，大量收入流進了商人的口袋裡。

　　齊桓公意識到這件事的偏激性和嚴重性，就找管仲商討對策。管仲對齊桓公說：「大王，您只要明天朝見群臣的時候，故意對穿紫衣的人表現出討厭的情緒就可以了。」齊桓公不太明白，但是第二天還是按照管仲的提議做了。

　　第二天，齊桓公在朝堂上看到幾個穿紫衣朝服的大臣正洋洋自得，就皺起眉頭說：「天天穿紫衣，簡直讓人看煩了，離我遠點兒吧！」經過這一次，朝中再也沒人敢穿紫衣了，而民間穿紫衣的風氣也迅速減少。那些投機取巧的商人也無利可圖了。

　　齊桓公向大臣顯露了自己的喜好，所以大家為了迎合他都穿紫色的衣服，結果齊桓公成了一個風向標。對我們普通人來說，如果你的一舉一動都會受到大家的注目，成為關注的焦點，那麼你的特點和喜惡就會輕易被人識破，甚至被人利用。所以，善於隱藏個人好惡，不透露自己的內心世界，才能避免不必要的麻煩。

　　現實生活中，人們為了求生存，必須要有慎重的生活方式和態度。與人打交道時要謹慎小心，防止吃大虧。對人不妨考慮一些防範對策，如果等事情發展到糟糕程度時就為時晚矣。這不代表我們要去欺騙別人，只因

這個社會上魚龍混雜，到處都是陷阱、圈套，必須小心提防。對於不是一路的人，必須保持距離，以免被其同化，或誤入歧途。

對個人來說，在與人交往的過程中，適當隱藏個人好惡，才能保持自己的獨特性，而不是被對方徹底看穿。而在商業談判、競爭關係中，隱藏個人好惡，是我們戰勝對手、贏得成功的必要手段。

事實上，華人在與人交往的時候最講究察言觀色了，這就是在體察對方的個人好惡。我們需要意識到，在商業談判的時候，隱藏個人好惡才能避免對方順水推舟，從而有效維護組織利益；在辯論中，隱藏個人好惡，才能避免對方抓住我們的心理破綻，從而把握主動權。

隱藏好自己內心世界的某些東西，是為了在交往中掌握更多主動權，有更多輾轉騰挪的機會。為此，必須把握好下面幾點：

人性本惡，不可不防。那我們該如何分辨與提防呢？對哪些人隱瞞自己的情緒呢？

1 兵不厭詐，心也不厭詐，對他人的協作要有冷靜客觀的判斷，凡異常的動作、異常的用意，要把這動作和自己所處的環境一併思考，發現其中玄機。

2 鞏固城池。即讓人摸不清你的底細，不隨便露出自己性格上的弱點，不輕易顯露自己的慾望和企圖，不得罪人，不露鋒芒。

3 利害關係比較緊密的朋友不宜太親密。比如在商業關係中，許多朋友只是生意場上的朋友，因此，當你飛黃騰達時，這些人都會奉承你，一旦你失勢，這些人便會拋棄你。這種事在生意場和官場上都很常見。

4 交友要慎重。現實生活中，有些人交朋友是為了利用別人，而自己卻很少為別人做些事情。這種朋友關係很難維持長久。對於這些人，交往時更要小心謹慎，保持距離。

5 別把自己的喜好和盤托出。一些人總是喜歡表現自我，所以很容易把自己的喜好都告訴對方，結果使自己暴露無遺，根本沒有安全藏身的地方，這種做法是不明智的。

6 聽取他人意見時要態度謹慎。在溝通中涉及一些重大的人、事

時，要格外小心，不能輕易外露自己的好惡，否則對方可能會曲解真實情
況，使自己失去正確決策的依據。

鬼谷子教你詐

　　人在江湖，要牢記一句話：人心難測。正所謂明槍易躲，暗
箭難防。有人為了升遷，不惜設下圈套打擊其他競爭者；有人為
了生存，不惜在利害關頭出賣朋友；有人走投無路，狗急跳牆。
因此，多一點防人之心，多一份保守，才會讓自己更安全。

3

遵德守義，可轉危為安

　　鬼谷子認為，修身養性並不只是代表急流勇退或養生之道，這種理解並不全面，它也代表一種進取，一種歷練的精神和態度。德是一個人的修養和胸襟，義則是忠誠和厚道。德義之人方成大器。

　　廣交朋友是獲得更多發展和成功機會的法寶。古往今來，很多出色的政治家、商人，無不在人際交往上表現出獨特的才能，獲得了好的人緣，除了一些客觀的交際技巧外，更重要的還在於自身的修煉。正如鬼谷子的處世之道一樣，他總是把做人的德與義放在交友的首位，唯有自己尊德守義了，才能在關鍵時刻獲得幫助，轉危為安。

　　如今人們想要在人才濟濟的社會上出人頭地，單憑自己的高學歷或專業技能、雄厚的資金，是萬萬行不通的。因為，除此之外，還有一樣更重要的東西，那就是好人緣。這是一個團隊合作的年代，你要想出人頭地，有所成就，就得懂得培育你自己的人際關係網路，這樣才能強化個人的核心競爭力。好人緣就是你在需要幫助的時候，可以毫不猶豫地向他們開口求助的那些人，就是那些無論你輝煌還是落魄都支持你的人。

　　人與人的相識與相知，本身就是緣分使然。珍惜聚首的機緣，用心待人，真心助人，自然會使你成為一個受人尊敬和歡迎的人。當你的口碑變得更好時，人際關係給你帶來的幫助和益處將是不可估量的，甚至能挽救你的性命，所以說，有了好人緣、好關係，即意味著你將擁有好的前程、好的命運，這幾乎成了當代人獲得成功的方程式。

唐克潘，出身於二十世紀五〇年代的農村家庭，身為大學生的他還被人們稱為「天之驕子」，備受眾人的關注。

唐克潘大學畢業後到光華機械廠工作。在工作中，早已習慣追捧和讚揚的他，依然沿襲在學校中的態度，總是一副高高在上、好為人師的樣子，時常恃才傲物，與同事爭吵，與工廠科室主管頂撞，從來沒把他人放在眼裡。因此，他雖然才華過人，在單位裡的人緣卻極差。

就這樣，在短短一年的時間裡，同事們紛紛對他提出了意見。實際上唐克潘自己也受不了同事們對他的冷漠，正想遠離這個單位呢。

不久之後，他到了紅成電子廠工作。在這家新的工廠，他還是和往常一樣，在德高望重的師傅面前逞能，鄙夷老年人根本不懂新的技術，在上級面前不服從安排，分配的任務也不按照規定時間完成，總是隨著自己的性子來。

一年後，他又離開了。之後的幾年裡，他先後去了四家工廠。可是他依然沒意識到自己的老「毛病」，他那種仗著自己學歷高、能力強的優勢，不尊重同事、瞧不起上級、我行我素的行為，最終毀掉了他的前程。

故事中主角的經歷是悲劇性的，他沒弄懂在社會上的個人發展是不能脫離大眾的，是不能沒有做人的「德」與「義」的，尤其是在單位裡，「德」明顯地表現為對上級和前輩的尊重、對工作的負責，「義」則明顯表現為對同事的謙和、對下級的關照。這些他都沒有。作為大學生的他，不僅不懂得如何處理好與同事、上司的人際關係，反而主動製造麻煩，讓自己的人脈不斷流失，使自己的人生之路越走越窄，最後到了窮途末路的地步。所以他失敗了，埋沒了自己一身的才華。

相反，淩航科技集團的董事長許仁旭先生，就是一個懂得做人，懂得依靠人緣競爭而馳騁商界的典範。

許仁旭沒有顯赫的家庭背景，也沒有值得驕傲的高學歷。但是，他從彰化縣鹿港鎮出發，隻身到竹科去闖蕩，在自己的鑽研和探索中，找到了

自己的經營方法，開始了創業之路。

短短幾年，公司業績就突飛猛進，經濟狀況陡然飆升。在循序漸進的發展中，許仁旭把自己的道路越走越寬，直到現在，五十多歲的許仁旭，已經是身價不菲的富翁了。他的名下擁有十幾家科技類公司，被家鄉人稱為創業者的典範。

說到許仁旭的為人，大家都異口同聲地說，許先生為人和善，非常願意跟別人交流他的成功心得，對待需要幫助的人從來都不吝嗇……

尤其是當記者問他成功的秘密是什麼時，他非常坦率地告訴記者：「靠朋友。身邊的朋友越聚越多，機會就越來越多，千金難買的是朋友。」許先生還說，很多機會就連自己當初也未曾想到過，這些都是機緣，其實都是人緣，而這些人緣實際又都是他以德義處世交友所積澱下來的信任。

鬼谷子在德義上面的理論和儒家很相似。每個人都不斷地提高自己的道德涵養，用禮儀和道德來教化民眾，使每個人的內心都有一種無形的精神來約束自己的行為，並自動自發地去做，這是最好的社會狀態，也是鬼谷子希望後人達到的高度。

那麼怎樣才能具備「德」與「義」，以贏得好人緣呢？

第一，不要在別人背後說三道四。

第二，為人正派，做事出於公心，不要凡事先替自己打算。

第三，待人熱情，富有人情味。

第四，與人交往尤其要以誠相待，保持誠實的美德。

第五，始終守信用。跟人約好或答應的事，務必要守信。

第六，不說穿別人的秘密。

這幾條看似簡單，要完全做到又不那麼容易。我們必須在不斷修煉和完善自我的基礎上，去更好地與他人相處，繼而靠著你所打造的好人緣、好人脈，為自己開拓更廣闊的天地。

鬼谷子教你詐

　　一個人要想獲得成功，要想做出一番轟轟烈烈的事業，就要有好的人緣，這些人緣全都是由你在日常工作和生活中，所表現出來的為人處世的原則和態度，以及你對他人的態度所決定的，要知道，你的品德與道義，直接決定了別人對你的看法，直接關係到你在需要幫助的時候，是否有人伸出雙手，也直接影響著你未來的發展走向。

4

救拘執窮者，能積恩德

鬼谷子在《中經》裡說：「謂振窮趨急，施之能言厚德之人。救物執窮者，不忘恩也。能言者，儔善博惠，施德者，依道；而救拘執者，養使小人。蓋士，當世異時，或當因免……」這說的就是如何擺脫困境，救人於危難之中，能做到這些的，一定都是具有很強的說服能力，並且道德深厚的人。救助那些被拘捕而身陷囹圄的人，那些被救的人，是不會忘記救助者的恩德的。

現實生活中，幫助他人的最佳方法，可以歸結為兩種：一種是錦上添花，另一種是雪中送炭。有些人喜歡做錦上添花的事，比如，朋友喬遷時前往祝賀，朋友新婚時送去厚禮。可惜，這個時候的關懷和祝福，總不容易發揮出光彩。雪中送炭與錦上添花的不同之處在於，它是在面臨失意、遭遇坎坷、前途暗淡時，給他人送去的一份熱心和一種支援。因為人們珍惜饑腸轆轆時所得到的一小塊饅頭，勝過酒足飯飽後端來的山珍海味。「危難中見真情」，在危難之中向別人伸出援手，會獲得他人更多的信任與感激。

同樣，在人際交往時也是如此，幫助他人解決工作和生活上的難題，為他人分憂解愁，是每一個在社會上生存的人應有的積極態度。幫助是分時候的，也就是說，如果沒有幫到點子上，往往會適得其反，令人生厭。因此，如果你想擁有良好的人際關係，就要選擇他人最需要幫助的時候盡力相助，這樣才能收到雪中送炭的良好效果。

對於處於困境之地的人來說，我們及時伸出的熱情雙手和真誠關懷，

不僅能助他人一臂之力，而且能給他人以力量和信心，使他人有更大的勇氣去戰勝困難，別人也定會有「湧泉相報」的感激。

　　說到雪中送炭，我們可以看看在希爾頓飯店創始人希爾頓先生身上發生的事情。

　　有一段時間，希爾頓負債累累，債主都向他逼債，他正面臨破產的威脅。在最困頓的時候，希爾頓對自己的朋友哈里說：「如今，我已經無路可走了。」

　　「路還是有的，給你，先把帳還了吧！」哈裡一邊拿出支票簿，簽了一張五萬美元的支票，一邊笑著說。

　　此情此景，希爾頓先生簡直難以相信。他說：「你知道，我可沒有什麼東西抵押給你！」

　　「我向你提這個要求了嗎？」哈里反問道。

　　「要是我真的破產了，你的錢就收不回來了。」希爾頓也坦率地說道。

　　「我相信你，我的朋友。」哈里拍了拍希爾頓的肩膀鼓勵他。

　　就在這五萬美元資金的幫助下，希爾頓精心經營，終於渡過了難關，把他的飯店做成了世界級品牌。

　　可見，人是需要關懷和幫助的，在困境中尤其需要。你如果為朋友排憂解難，在他困難時給予物質和金錢上的資助，那麼將來，他也會同樣奮不顧身地救助身處困境中的你。

　　俗話說：「積財不如積德。」在人際交往中，擁有人情味的人，擁有善意之舉的人，才會獲得他人的尊重。

　　劉備當年被曹操打得大敗，但他不聽眾將的勸說，冒著被曹操追上的危險，扶老攜幼帶著全城的百姓出逃，看著百姓落難的痛苦情景時，慚愧得掉下了眼淚。劉備雖然吃了敗仗，但是他不丟棄百姓，而是和大家榮辱與共，所以贏得了人心。

貞觀末年，唐朝發動對外戰爭，大將李思摩在作戰時被敵人的弩箭射中。李世民親自為他吮傷口的血，身邊的將士看到這種情形大為感動，一時間士氣大振。

大臣李勣晚年得了暴病，醫方上說需要用「鬍鬚灰」做藥引。李世民得知這種情況，就剪掉自己的鬍鬚，然後入藥。李勣被感動得「頓首見血，泣以懇謝。」

李世民曾說：「為君之道，必須先存百姓，若損百姓舉其身，猶割股以喚腹，腹飽而身斃。」對待大臣、部下、百姓，李世民都注意和大家同呼吸、共命運，因此贏得了眾人的擁戴，建立了強盛的帝國。

因此，平時要多關心人，富有同情心和理解心，要不斷深思人情。因為想利用各種人際關係為自己鋪路，無非是通過感情投資來拓展自己的關係網。而雪中送炭救人於危難，則是最易獲得穩固人際關係的途徑。

須知，良好的情感溝通，極具人情味的交往，可以產生良好的默契，成為你提升的動力。所以，要想處理好人際關係，就必須下足功夫培養感情。

1 寬容他人，關照他人。人難免有個三災六禍，如果能在他人困難之時，想人之所想，急人之所急，伸出援助之手，幫人解決困難，必定會獲得他人的尊崇。

2 要多與朋友待在一起。大家一起共事，能夠互相幫助、互相關照，達到榮辱、貧富與共，這是最容易產生認同感的。特別是在困難環境中，更容易建立難以忘懷的交情。

3 生活中，有許多人抱著「有事有人，無事無人」的態度，把朋友當作受傷後的拐杖，康復後就扔掉。用別人時，即便再去施恩，也沒人願領情。這類人終會被朋友所拋棄。

有句古語：「得人心者得天下。」這句話在歷史中、在現實中，一直透出智慧的光芒。與人交往的過程中，對方遇到困難要伸出援助之手，而不能躲得遠遠的；處世中，如果出現意外情況要挺身而出，與朋友共同承擔、走出困境，唯有如此才能贏得朋友信賴，為日後繼續合作打下基礎。

鬼谷子教你詐

　　享受富貴的時候，大家稱兄道弟，不足以反映出人心的真假；只有在危難的關頭同仇敵愾，才能真正實現天下歸心的目標。患難時刻見真情，雪中送炭，是對危機時刻的他人所給予的最好報答；是對他人在悲傷時所給予的一種神奇的慰藉。這種奉獻和給予，是對他人心靈深處的撫慰，是他人再次前進的動力。

換位思考，體察人心

　　換位思考，顧名思義就是換個立場看問題，站在別人的角度想問題。換位思考的實質，就是設身處地想人所想，理解至上。鬼谷子認為，換位思考是我們對別人的一種心理體驗過程，是達成理解不可缺少的心理機制。它客觀上要求我們將自己的內心世界、情感體驗、思維方式等與對方聯繫起來，站在對方的立場上體驗和思考問題，從而與對方在情感上得到溝通，為增進理解奠定基礎。

　　換位思考是一種理解，也是一種關愛。因為人們看待事物、處理問題，習慣於用主觀的、單一的思路進行思考，很難跳出自我設定的圈子，再加上每個人的生活環境、生活閱歷不同，工作能力和經驗也不盡相同，觀察事物的角度、分析問題的思路千差萬別。

　　正因為人類的這一特點，馬克思採用「一分為二」的觀點來看世界萬物，降低姿態、轉換角度、調整視角、求同存異，在比較中反思，將換位思考的思維模式，結合到實際的為人處世當中。

　　有一個老奶奶，她有兩個女兒，老奶奶把兩個女兒撫養長大以後，分別把她們嫁給了一個賣傘的和一個賣鞋的。可是老奶奶卻怎麼也高興不起來，她整天坐在路口哭，被人稱為「哭婆婆」。

　　有一天有一位禪師來到這個小鎮上，看到了坐在路邊愁眉苦臉的老奶奶，就很好奇，問她為什麼哭。老奶奶就說了自己的困惑。原來她每當天晴的時候，就想起了賣傘女兒的傘會賣不出去，因此傷心而哭；而每當天

下雨的時候，又想起賣鞋女兒的鞋一定不好賣，因此也傷心落淚。

老禪師聽完以後笑了，他說：「下雨的時候，你要想賣傘女兒的生意好；天晴的時候，你要想賣鞋的女兒鞋賣得好，這樣你就不會哭了。」

老奶奶於是換了一個想法以後，真的再也不哭了，而是每天高高興興地生活了。

換個思路，整個世界都會有大的改觀。現實生活中，學會換位思考會讓我們重拾久違的幸福感。例如，行走在大街上時，很多行人不走斑馬線亂穿馬路、車輛不主動禮讓行人橫衝直撞等現象的存在，除了交通意識不強之外，還與缺乏換位思考意識有關。如果行人懂得為司機著想，遵守交通規則，就可減少許多交通事故；如果司機為行人著想，懂得禮讓，也就會給行人帶來很多便利。

可以說，換位思考無時無刻不伴隨在我們左右。人與人之間相處需要換位思考。現實生活中，很多衝動的話語就像利劍，會刺痛人的心臟；衝動的話語，比真槍實彈還要可怕，有著我們無法想像的破壞力。每個人又都希望得到別人的尊重、支援和理解，人與人之間的交往需要坦誠相待，換位思考。只有不斷地站在對方的立場上思考問題，才會理解對方、同情對方，從而尊重對方，而當你能夠理解和尊重他人的時候，你自然會獲得更多的理解和尊重。那麼，如何學會換位思考，體諒人心呢？

第一步：如果我是他，我需要⋯⋯

詹姆斯也說：「人類本質中最殷切的需求是渴望被肯定。」不管是什麼人，也不管他嘴上怎麼說，其實都非常在意自己在別人心裡的價值和評價，我們從心底裡期望得到他人的承認、尊重和讚賞。當這種心理需要得到滿足時，我們就會感覺心情愉快，充滿信心；但倘若這種需要總是遭到他人的否定甚至有意的剝奪，我們不僅會情緒低落，有時還會因缺乏理智而出現攻擊性的言行。要知道，你的需求也許正是別人的需求，所以這時候就需要我們以己度人，換位思考了。

第二步：如果我是他，我不希望……

俗話說：「己所不欲，勿施於人。」你不希望的正是別人所不希望的。雖然自私是人不可能完全拋下的劣根性，是人的天性，所以很多人考慮問題都不由自主地從自身利益出發，這都無可厚非。可是，當事情涉及的關係複雜化時，就不能純粹地以自我為中心了，就必須從自我的感受出發去推敲別人。

第三步：如果我是對方，我的做法是……

如果你認為別人的行為不符合你的心意，或者傷害到了你的利益，那麼，你先不要抱怨，不要憤懣，你可以試著變換一下位置，假設自己在對方的位置上你會如何選擇、如何行動。很多時候你會發現，當你真正站到對方的立場上時，你所做出的行為跟對方是一樣的，只不過那個時候感覺受傷害的就成了別人。

鬼谷子認為，用別人對自己不好的方式去對待別人，是小肚雞腸；用希望別人對你的方式來對待別人，是將心比心；用別人期望的方式來對待別人，是善解人意；為對方著想，實際上是最樸實也是最高超的技巧。

鬼谷子教你詐

關心他人、尊重他人、理解他人，是「己所不欲，勿施於人」的實質所在。我們在人際關係中，要對人持平等、尊重和友善的態度。採取方式之前，要先設身處地想一想，如果自己是對方，是否願意受到這種對待。如果我們不願意，那麼我們就不能以此對待別人。如果我們時時處處都能夠從別人的角度思考問題，體驗他人的情感世界，我們就能融洽、友善地與人相處。

6

克制慾望，不貪他人之利

　　當下社會，無論求人辦事也好，合作共事也罷，都會涉及利益的分配和共用。有的人總希望自己多得一點兒，總是千方百計剋扣他人應得的利益，甚至不惜與多年的好友撕破臉，也要一爭高低。也有的人因為自己的貪婪和慾望，貪戀他人的利益，而被同伴群起攻之，最後成了孤家寡人，實在是愚蠢，也實在是悲哀。

　　鬼谷子胸懷寬廣，他從不教導後人貪圖他人之利。他認為，一個人最好的修養就是控制自己的慾望，以免人心不足蛇吞象。比如，事業的發展必須建立在與人合作的基礎上，做好利益分配，是妥善處理關係的基礎。每個人都有自己不可侵犯的一部分，只有保證了這部分的完整，大家才會心安，才有團結。否則，利益紛爭，就意味著關係不穩，甚至破裂。所以，要想獲得成功，關鍵是在利益上要達到共用共榮，如果聯合只是一種表面形式，就容易讓對手從內部攻破而導致失敗。

　　在傳統文化裡，道家主張順應自然，提倡「不爭」。其中，老子還最先提出了：「夫唯不爭，故天下莫能與之爭」的觀點。從字面上看來，似乎是在抹殺人們的進取心，實際上是在彰顯「天下莫能與之爭」的成功之道。

　　「不爭」的實質就是「爭」，所謂不爭，不過是一種以退為進的策略——一種不易為人察覺、保守的進攻策略。處理關係的時候，如果只懂得進攻，必容易導致大動干戈。對於這其中的道理，我們可以從象棋對弈中看出一二。

象棋有兩種顏色，一種是紅色，一種是黑色。一般情況下，把象棋拿出來的時候，兩個人都會主動去拿黑色的棋子，沒有人去拿紅色的。

針對這一現象，有外國人問中國人：「你們中國人下象棋都去搶黑的，為什麼不拿紅的呢？」有人回答說：「我沒有搶黑的，我只是在讓紅的給他。」外國人聽了恍然大悟。所以說，不爭在中國人的觀念裡還是根深蒂固的，中國人更擅長欲擒故縱，用「讓」來「爭」。

在每一個群體中，分配利益的時候也要懂得謙讓，出現失敗的時候要承擔責任，這才是運用關係成大事應該有的素質。一個人如果凡事都要與別人爭奪利益，只能給自己四面樹敵，難以贏得信任與支持。

古人說：「吃虧是福」，是有其道理所在的。有時候，吃的虧是眼前的、表面的，得到的益處卻是無形的、長遠的。曾仕強也認為：只有一個經得起吃虧的人，才是有福氣的，一個生怕吃虧的人就沒有未來。所以，一個人吃點虧無所謂，一個人多做點慈善的事情，多讓點別人，照顧一些弱小的人，才顯得了不起。處處占小便宜，處處和人家爭，一切只顧自己，這種人也沒什麼價值可言。

張英是清代康熙年間一個禮部尚書。在一次擴建住宅的過程中，家裡與鄰居在地基的問題上發生了矛盾，氣憤的母親寫信給張英，讓他利用自己的權力採取措施壓制鄰居的囂張氣焰。

為此，張英陷入了左右為難的境地，經過一番深思熟慮，他終於給母親寫了回信：「千里修書只為牆，讓他三尺又何妨。萬里長城今猶在，不見當年秦始皇。」

母親看到信後立刻明白了兒子心中所想，覺得兒子說的不無道理，於是不再與鄰居為了一點點利益爭鬥了，主動把院牆向後移動了三尺。鄰居看到這種情形，意識到自己的行為也很失禮，也主動把院牆向後讓出了三尺。

就這樣，兩家院牆之間出現了一條六尺寬的巷道，周圍的人每次談起這件事，都讚頌兩家人懂得謙讓的良好道德修養，本來的衝突就這樣變成

了別人眼中的榜樣。

張英沒有憑藉自己禮部尚書的權勢欺壓他人，而是採取了忍讓的策略化解與鄰居的矛盾，最後取得了超乎想像的效果。這也從另一個角度證實了：吃虧不一定是壞事。

因此，世上任何事都具有兩面性，一面吃了虧，另一面必定會有補償，關鍵看自己怎樣取捨了，畢竟，魚和熊掌兼得的情況是不存在的。因此，如果長期利益和短期利益相矛盾，就要犧牲短期利益，以贏得長遠利益，這才是成功的關鍵。

❶ 目光遠大者才敢吃虧。有小便宜就占，有小虧就躲，這樣的人是典型的鼠目寸光，只看重眼前的短暫利益。在人際交往中，沒有人願意和只貪便宜不吃虧的人打交道，反倒是那些甘願吃點小虧的人，能夠吸引更多的合作者，能保持相對長久的合作關係。

❷ 有智慧的人肯吃虧，主動「吃虧」是一種善於抓住他人弱勢心理的智慧。當你自願顯得有點「傻」時，別人反而更容易對你產生信賴感，更容易變相地獲得你想要的利益。

❸ 有勇氣的人才敢吃虧，這個世界是公平的，當你在某一方面有所付出時，就一定會在另一方面獲得加倍的補償，因此，不要擔心你所吃的虧是一種損失，總有一天，它會換一種方式重新回歸到你的身上。

鬼谷子教你詐

　　現實生活中，有些人好高騖遠，處處斤斤計較，唯恐吃虧。雖然平日裡在一些細端末節上能嘗到甜頭，但到頭來處處樹敵，最終將身陷四面楚歌的境地，所以，中國人把「不爭」看成最高境界的「爭」。只要自己與大家不爭，大家就不會與自己爭，同時自己盡量想辦法讓別人爭得更多，這樣的人必然關係通達，處世有方，無論做什麼都能獲得更多的信賴與合作。

7

多講善言，少說惡語

　　鬼谷子在《捭闔》裡面有這樣的理論：只要你有一顆坦蕩之心，真誠地幫助別人，成其美事，阻止惡事，是能夠得到理解和尊重的，這種君子之道也會給你帶來意想不到的榮耀和感激。這遠比總是覷覦別人、挖苦別人來得快樂高尚。

　　說好話是為人處世的基本準則。「善言」能給人愉悅，也能給己方便；惡語能給人添堵，最終也對己不利。正所謂：「善有善報，惡有惡報。」善語善言，是和諧人際關係的靈丹妙藥。

　　「少言己是，慎論人非。」八個字是智者給我們的警誡。第一句是少說自己的好；第二句是要謹慎說別人的不好。尤其是在一個公司裡，吃香的人往往有兩種：一種是確有才幹的，另一種是沒才幹但有口才的。口才好就能八面玲瓏，左右逢源。可是那些即使有才幹卻不會說話，或言辭偏激的人，經常口出惡語的人，要想前進一步，恐怕也會是難上加難。

　　所以說，說話要有「口德」，要常說善語，要講究方式方法，這是一個至關重要的問題。誣陷人的話、搬弄是非的話，是要堅決杜絕的；尤其是那些出於洩私憤的惡言惡語，更是不可原諒的。

　　要知道，話一出口，如同潑出去的水、射出去的箭，是收不回來的。一旦弄髒了別人、傷害了別人，那也是很難彌補和挽回的，必然遭人怨恨。假如你平時不注意，信口開河，惡語傷人，給自己的四周築起了高牆，那麼即使你是隻猛虎又能如何？沒錯，真正傷害人心的話不是刀子，卻比刀子的殺傷力更大。它在傷害別人的同時，一定也會以同樣的力量傷

害到自己。鬼谷子從不教導後人做這樣尖酸刻薄的小人。

如果一句善言能開一條路，一句惡語也許就能設一道牆。要善言，首先要對人多些尊重與理解，少點輕蔑與猜忌；多些鼓勵與幫助，少些排斥與反對；多些理解與寬容，少些挑剔與苛刻；多些坦誠與關懷，少些掩飾與冷漠。

人在頭腦發熱或者抓狂時，難免言語偏激；所以說話前要三思，要保持冷靜的頭腦，保持熱情的心。傷害人的話不能說，尤其是對待較為親近的人，更不能言過其實，傷及無辜。因此，尊長的話，要多聽少說，急事要慢慢地說；小事要幽默地說；大事要婉轉地說。對於你想給別人的一些善意的提醒，用句玩笑話講出來更好。

有一頭熊在與同伴奪食的搏鬥中受了重傷，奄奄一息的它來到一位守林人的小木屋外，乞求得到守林老人的援助。守林老人看到後，覺得它很可憐，便決定收留它。

晚上，守林老人耐心地、小心翼翼地為它擦去血跡、包紮好傷口，還為其準備了豐盛的晚餐享用。老人所做的一切，都令這隻受傷的熊無比感動。

準備睡覺時，老人發現木屋裡只有一張床，於是邀請熊與他共住一張床。就在熊剛剛躺下後，它身上那難聞的氣味鑽進了守林老人的鼻子裡。

誰知老人聞到後脫口而出：「天哪！我從來沒聞過這麼難聞的味道！」接著又嫌棄地躲了躲。

熊聽後沒有說任何話，可是它因此整夜都無法入眠，勉強挨到天亮後，它向守林人致謝，然後回到了山林裡。

多年後，守林老人再次與那隻熊偶遇：「你那次傷得好重，現在傷口癒合了嗎？」

熊回答道：「皮肉的傷口早已癒合，可是心靈的傷口卻永遠難以痊癒！」

上面這個小故事說明，語言的傷害力是極其強大的。在為人處世中，學會與人為善，和睦交往，對任何人都有利。而處處與人為敵，到頭來也會讓自己寸步難行。

眾所周知，人生中不可避免地要與各種各樣的人溝通，人際關係的好壞，往往會決定一個人的命運。在與別人相處的時候，善於運用一些語言技巧，可以輕鬆改善人際關係，讓你如魚得水。生活中改善人際關係的善語有許多，其中經典的辦法有以下四種。

1 最能化解尷尬的一句話：「也許你是對的。」這句話可以讓一個人在激戰中放下武器，在爭執中承認錯誤，既會避免很多傷害和損失，緩和了僵持的局面，又不會傷害到別人的面子和尊嚴，維護整體的團結和穩定。

2 最讓人感覺寬慰的一句話：「我就來。」每個人都有最需要幫助的時候，一句「我就來」，會讓對方頓感輕鬆和寬慰。

3 最讓人增長信心的一句話：「我相信你行。」當一個人遇到困難、挫折或徘徊不前的時候，如果你能充滿熱情地對他說一句「我相信你」「我覺得你行」，那他一定很快就會鼓足勇氣。

4 最能讓人擺脫流言蜚語的一句話：「走自己的路，相信自己的選擇！」每當有人聽到外界嘈雜的聲音時，要堅定自己的決心，就需要這句話來寬慰。

其實說好話並不難。對待自己的親人朋友，多鼓勵、多表揚、多感恩；對待陌生人，多說聲「你好」、多說聲「謝謝」、多說聲「對不起」。因為多善言，少惡語，確實能創造出一個和諧的環境和心境，確實有利於身心健康，有利於家庭和睦，有利於人際關係的和諧發展。

有句老話說得好：善言一句三冬暖，惡語傷人六月寒。所謂說善語，就是多說好話。聽一句良言善語，即使歷經幾番寒冬，心間的暖流仍似泉湧。每一句親切的問候都是溫情的傳遞，是友好溝通的最佳管道。

鬼谷子教你詐

　　我們處在這個社會大家庭中，總免不了和他人產生交流、聯繫，自然也會有小摩擦。我們只要多存善心、多做好事、多說善語，就能夠更和諧、更友好地和他人相處，人與人之間的關係也會變得更加美好。

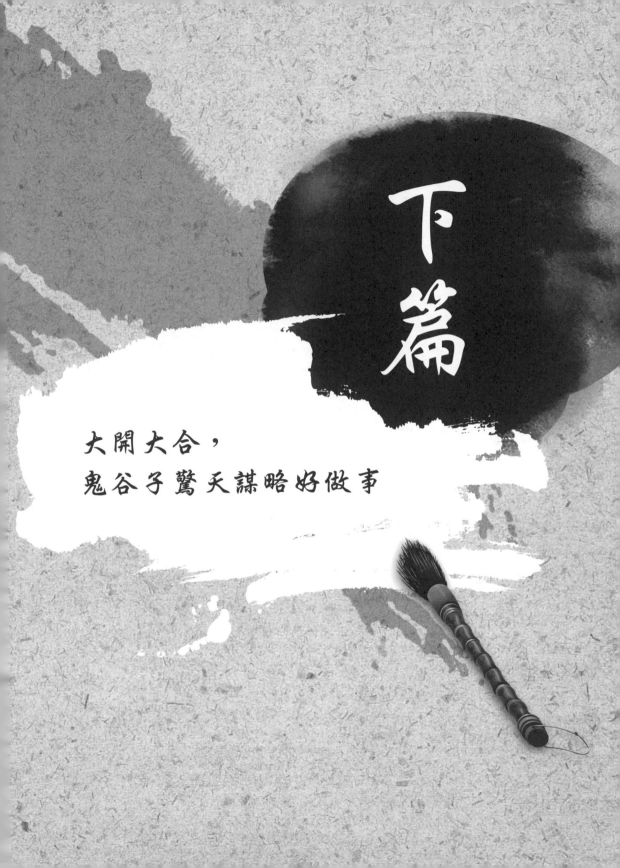

下篇

大開大合，
鬼谷子驚天謀略好做事

第七章

智謀

曉陰陽知天地，成事有智有謀

沒智謀，即使天時、地利、
人和皆備又能怎樣？沒智謀，
即使成功觸手可及，
也肯定會以失敗告終。
要想成事，成大事，
就必須具有博大精深的智慧，
擁有鞭策天下的權謀。智謀哪裡來？
唯知曉天地萬物變化規律而已。

剛柔相濟，化危難於無形

　　剛柔之術是一個人生存和發展的必備武器，它能夠幫助一個人轉化危難，將不利的形勢轉化為對自己有利的形勢。對此，鬼谷子說：「以陽求陰，苞以德也；以陰結陽，施以力也。陰陽相求，由捭闔也。」剛，表現在一個人性情的剛直不阿、堅守自我立場、處事能夠把持自我原則，也稱為「方」，但如果一味地保持「剛」性，則會變成脆，脆則易斷，所以不可取；另外，柔，就是要在保持原則的情況下，在大前提下處理事情，尤其在細枝末節和一些技巧上要適度地讓步、彎曲，這樣才能更快達到雙方滿意，不失和氣地實現雙贏，即為「圓」。

　　事實上，剛柔之術講求適時、適度，採用適當的方法方式，但並不要求一味的柔，因為這樣就會容易變成軟，軟則弱，易受人欺，所以也是不可取的。在人生道路上，只有剛柔並濟、外圓內方，才能順利而快捷地達到目標，實現雙贏，最終走向成功。

　　正所謂「文武之道，一張一弛。」無論做任何事，都要能靈活地安排自己的生活，真正做到張弛有度。一個懂生活、會生活的人，是能夠適時嚴肅而不失活潑，該工作的時候工作，該休息的時候休息，遊刃有餘，瀟灑自如。一味地處於緊張狀態，就會讓自己繃得太緊，始終處於「張」的狀態，往往導致自己逐漸失去彈性和張力，喪失對工作和生活的樂趣；反過來，一味地鬆弛懈怠，會讓自己變得懶散，進而失去進取心和鬥志，停步不前。

　　因此，無論工作還是生活都要有個度，過猶不及。做任何事情都要保

持一個平衡，成功的時候不要得意忘形、沾沾自喜，以免樂極生悲；失敗的時候更不要灰心絕望、萎靡不振，相信只要堅持就能柳暗花明、峰迴路轉，只要堅持就有實現夢想的那一天。

　　春秋時期齊國著名的政治家、軍事家管仲，在齊國任相的二十多年間，使齊國的經濟、軍事地位得到進一步的鞏固，百姓安居樂業，國家繁榮昌盛，更為日後齊桓公成就其霸主地位奠定了基礎。

　　一次，鮑叔牙從幽地回到臨淄，齊桓公設宴召集群臣為鮑叔牙洗塵。席間，桓公舉起酒杯，對鮑叔牙說：「我能有今天，必須要感謝亞相，這些年，亞相為齊國的長治久安殫精竭慮，付出了很多努力。近來，又奔波在各國諸侯之間，歷覽天下大事，亞相辛苦了，來，我敬你一杯。」鮑叔牙舉杯道：「臣周遊各國，行跡遍佈天下，每到一處，那裡的人沒有不對我們齊國拍手稱讚的。大王您行仁義，親近諸侯，扶貧積弱，匡扶王道，這些都是先哲先賢們的行為，天下的子民對您的德行無不稱道。」

　　此時，齊桓公已經聽得龍顏大悅，鮑叔牙又說：「臣此次離開齊國還不到半年的時間，可回來一看，頓時覺得眼前景象與以前大為不同，只見車水馬龍，摩肩接踵，各行各業日新月異，這些都是主公您的恩德。」這時，齊桓公高高舉起手中的酒杯，滿面笑容，群臣開懷暢飲。

　　等到群臣正喝得酣暢淋漓的時候，管仲對鮑叔牙說：「亞相行程萬里，造訪過無數名山大川，見識了眾生百相，不妨讓亞相多談些奇聞逸事。我和主公有美酒相伴，足不出戶就可以我遊遍八方，這豈不是一件相當快樂的事？」齊桓公聽了點頭道：「仲父說得對，那就請亞相跟我們講講吧。」

　　鮑叔牙放下手中的酒杯說：「我鮑叔牙今天能坐在朝堂上，面對輝煌燦爛的宮殿，君臣笑顏逐開，祖國四方安定團結，在這種環境下可以說沒有什麼可以讓我們憂慮的事。但我們都知道物極必反的道理，如今我們齊國百姓富裕、國家強盛，即便是這樣，主公您也千萬不能高枕無憂，不考慮國家未來的發展，眾位大臣更不能沉湎於這種優越環境中忘乎所以。」

「縱觀齊國的四周，有東夷對大齊虎視眈眈，還有南方的蠻楚，依仗著有長江作為天然屏障而與大齊相匹敵。中原諸侯各國都是各懷鬼胎，並不是真心與我們齊國交好。用仁義去感化和盟的諸侯，並不是一朝一夕的事情。我們既然向各國佈施仁義，卻還接納諸侯國的貢品，禮節上有來無往。這樣久而久之，必然會導致諸侯反戈，還希望主公深思。」

「雖然說我國現在風調雨順、國富民強，可是萬事無常，如果遇到年景不好，國家沒有糧食儲備，以往的儲備用完了，齊國豈不是要窮途末路了？昨天我在街上看到平常百姓揮金如土，不知節儉。這樣時間長了，必然養成驕奢淫逸的風氣，不僅有損國風，而且傷及國力。」

「老臣斗膽妄言，希望大家不要忘記水滿則溢，月滿則虧的道理。齊國驕傲，一國的霸業必定毀於一旦，老夫斗膽妄言，還希望主公諒解，眾位大臣能夠體恤。」

齊桓公有點尷尬地舉了舉手中的酒杯說：「大家一起喝，喝！」這時管仲不失時機地說：「主公，鮑叔牙的話是發自肺腑的，可見他的一片真誠之心。今天我們君臣同聚，一醉方休，為何不用韶樂虞舞，共用美好時光呢？」桓公的臉上這才浮現出了笑容。

在上面的故事中，管仲和鮑叔牙做到了剛柔相濟的良好詮釋，鮑叔牙代表「剛」性原則，剛指剛正不阿、不曲意逢迎、單刀直入、正面交鋒、敢於當面提示對方言行的漏洞，逼對方放棄自己的不良行為。管仲代表「柔」性原則，當鮑叔牙積極向齊桓公提建議的時候，桓公明顯心情已經很不好，如果再繼續說下去，鮑叔牙很可能會惹禍上身，然而這時候管仲恰到好處地把話題引向了另一方，話題談論的局勢由「剛」轉向「柔」，這才將鮑叔牙的危難化於無形之中。

從古至今，剛柔相濟一直是人們所追求的一種至高境界。能屈能伸，能剛能柔，既可以有不斷積極進取，遇到挫折永不言敗的進取精神，也可以有保守、委婉的態度，暫時收斂鋒芒，等到時機合適的時候再一鼓作氣直抵成功。

　　鬼谷子提醒我們，在說服他人的時候，直諫為剛，委婉為柔，急為剛，緩為柔；逆向說服為剛，順向說服為柔。只有根據不同的對象，可剛可柔，在遊說的過程中，懂得適當地以力相逼、以情化之，剛柔並用、恩威並施，才能將危難化於無形之中。

鬼谷子教你詐

　　遊說者在說服他人的過程中，應該根據具體的情況，決定是採取積極主動的方式，還是消極被動的方式，無論採取哪一種方式，都應該遵循剛柔相濟的原則，一剛一柔相互作用，方能化危難於無形。

2

陰陽轉化之間找準時機

　　鬼谷子說：「陽動而行，陰止而藏；陽動而出，陰隨而入。」意思是說，陽氣活動開始，陰氣就會停止閉藏；陽氣活動出去，陰氣則隨著進入。一陰一陽、一捭一闔是不斷轉換的，開到極點就歸於合，反之，合到極點也就會歸於開，陰陽二者循環始終。

　　陰陽轉化之術，在戰略上要求認清當前的形勢，決策者要能夠根據不同的形勢採取不同的策略。當環境形勢有利於自己發展的時候，就採取適當的策略。當形勢處於對自己有利的情況時就採取「陽」的策略，積極進攻；反之，當形勢不利於自己的時候就採取「陰」的策略，抓住時機休養生息，韜光養晦，暫時收斂自己的鋒芒，等待時機。

　　春秋戰國時期，吳越兩國的戰爭就反映了鬼谷子「捭闔」的策略。「捭之者，開也、言也、陽也；闔之者，閉也、默也、陰也。陰陽其和，終始其義。」越國採取「闔」，忍氣吞聲，暗中積蓄力量，採取不同的措施，逐漸將不利形勢轉化為有利的形勢。當形勢利於自己時，立即採取「捭」的策略，主動把握戰爭的主動權，一舉吞併吳國，從而成為春秋時期的霸主之一。

　　春秋末期，吳越兩國爭霸之時，越國的上將軍范蠡輔佐勾踐，同時與文種一同拜為吳國的大夫。勾踐三年，當時勾踐沒有聽取范蠡的建議，一意孤行攻打吳國。結果吳王夫差大勝，越王只是聚攏了幾千名殘兵敗將退守在會稽山，吳王趁勝追擊包圍了會稽山。

　　於是，越王向范蠡求教，范蠡說：「您對吳王要尊敬、謙卑，還要給吳王送去豐厚的禮物，如果他不答應，您就要親自前往侍奉他，把自己抵押給他。」越王同意了范蠡的建議，並派大夫文種去向吳王求和，文種在吳王面前行跪拜禮，並且謙卑地說：「您的臣民勾踐請您允許他做您的奴僕，允許他的妻子做您的侍妾。」沒想到伍子胥勸阻了吳王。文種回到越國後，又建議越王用重金賄賂吳國的太宰嚭，勾踐便讓他給嚭送去了美女、珠寶以及大量的玉器。嚭收到了越國的賄賂，便勸說吳王，赦免越王對吳國有利。伍子胥則說：「勾踐是個賢明的君主，大夫文種、范蠡也都是賢能的大臣，如果您把勾踐放回去，他回到越國肯定會作亂。」最後吳王還是赦免了勾踐。

　　勾踐回國後，經過深思熟慮，休養生息，臥薪嚐膽，內用文種，外用范蠡，國勢日漸強盛，為日後向吳國復仇奠定了堅實的基礎。大臣建議：「國家稍微富裕一點就整頓軍隊，一定會被吳國發現，並且吳國一定會攻打我們。兇猛的大鳥襲擊目標時，一定先隱藏起來。現在，吳國的軍隊在齊國、晉國邊境上，對楚國、越國有深仇大恨，在天下雖名聲顯赫，實際危害王室。吳國沒有道德仁義而功勞不少，一定驕橫狂妄。我們越國不如結交齊國、楚國、晉國，厚待吳國。吳國野心膨脹，志在中原稱霸，一定不會重視他們之間的戰爭，這樣我們就可以聯絡三國的勢力，讓三國攻打吳國，我們就可以趁機攻克吳國。」勾踐很贊同這種策略。

　　兩年後，吳國討伐齊國，文種建議向吳國借糧草，以此藉機揣度觀察吳國對越國的態度，吳王果真把糧食借給了越國。伍子胥感慨道：「國王不聽我的勸諫，再過三年吳國就會成為一片廢墟！」太宰嚭卻曲意逢迎，在吳王面前一再誹謗伍子胥。起初，吳王也不相信太宰嚭的讒言，於是就派伍子胥出使齊國，聽說伍子胥把兒子託付給鮑氏，吳王大發雷霆說：「伍子胥果真欺騙我！」伍子胥出使齊國回國後，吳王就派人賜給伍子胥一把劍讓他自殺，隨即開始重用太宰嚭。

　　勾踐十五年，吳王夫差率兵赴黃池會盟諸侯，留下太子和老弱殘兵守城。勾踐採用范蠡的建議討伐吳國，迅速拿下了吳都。吳王派人厚禮請求

與越國求和，越王考慮自己不能即刻滅掉吳國，就與吳國講和了。

到了勾踐二十四年，越國再次攻破吳都，范蠡說：「這是上天賜給越國的禮物，我們不能違背天命，我們謀劃二十多年怎麼能放棄呢？」最後吳王自殺。

陰陽轉化之術在於能夠準確分析清楚當前所面臨的形勢，然後不失時機地抓住任何一個有利於自己的機會，在不同的形勢下採取不同的策略，方能一舉攻破對方的防禦線。

越國能夠戰勝吳國最後稱霸諸侯，主要的原因就是採取了正確的戰略戰術，在吳國打敗越國的時候，第一，越王主動認輸，並且不惜放下自己尊貴的身分去給吳王當馬前卒，向太宰嚭行賄，保全了國家和人民的生命財產安全；第二，越國向吳國稱臣進貢大量的財物，對內也發展壯大了自己的勢力；第三，採用離間敵人的策略，除掉了自己的障礙伍子胥；第四，藉助齊國、楚國、晉國等大國的勢力削弱吳國的勢力，這些都是採取了「陰」的策略。另外，當形勢轉向對自己有利的時候，越王能夠準確地把握時機，採取「陽」的策略，很快取得戰爭的主動權，進而取得最後的勝利。

陰陽學高度概括了矛盾論、認識論以及辯證唯物論，而且陰陽轉化是宇宙運動的總原則，在生活和發展中始終要記住「變」字。陰陽轉化之間潛藏了很多有利的時機，這就要求我們能夠不失時機地在機會出現的第一時間抓住機會，把握機會。

古人講：「陰生陽，陽生陰，其變無窮。」古代的這種哲學觀，就是把宇宙萬物看作由矛盾對立的雙方不斷變化和轉化生成的。正如「此一時，彼一時」、「三十年河東，三十年河西」的說法，表明了事物的發展局勢是不斷變化的，強調抓住機遇，機遇就是在事物發展的某個階段，有利於自己發展的那段時間。時間的不可逆性，也決定了機會的不可重現，所以才會有「時不再來」的說法。抓住機遇才能利用陰陽之學，為自己贏得更加有利的地位，創造更多的財富。

鬼谷子教你詐

　　一陰一陽，一捭一闔，形勢處於不斷變換之中，陰陽捭闔的不斷轉換，就要求我們能夠準確地把握好形勢，根據形勢的不斷轉化採取準確有力的策略。失勢的時候，要採取不同的方法保存自己的實力，打擊削弱對方的實力，反之，在形勢對自己有利的時候，就要積極主動地採取有效的策略，取得最後的成功。

3

先觀陰陽，再做判斷

　　有謀略的人，都有一套正確的決策之道。鬼谷子精於謀劃，自然深諳其中的玄機。他說：「陽動而行，陰止而藏；陽動而出，陰隨而入；陽還終陰，陰極反陽。」意思是說，陰陽不同，採取的策略不同，究竟該採取積極主動的策略，還是應該蟄收鋒芒等待時機，就要看當時所處的環境是「陽」還是「陰」。

　　正如磨刀不誤砍柴工，觀清當局形式再做判斷，才能抓住時機採取準確的策略，應對不同的局勢。古代人善於利用天下的情勢，處理天下的糾紛，進而掌握大的局勢。觀測陰陽之術，揣測他人的真實意圖，當然更能針對對方的情勢做出正確的判斷。

　　簡單來說，如果我們想要與別人溝通，進而成為好朋友，前期必要的細心觀察是不可或缺的；如果要戰勝敵人，那麼前期對雙方力量的大小、自己身處的情形，也要做必要的觀察以及判斷，這樣才是「知彼知己，百戰不殆」。很多人在沒有完全瞭解雙方所處局勢的情況下，就盲目地下論斷，盲目地做出決策，這都是不科學的，更是不理智的表現，當然這種情況下所做出的決策，幾乎很少能達到預期的效果。觀察是為了更好地瞭解，更好地摸清對方的意圖，只有把握好了局勢的利弊，才能準確地把握好機會，也為自己贏得機會。

　　唐朝的時候，柳州這個地方是比較貧窮的一帶，當地人不得不把很小的孩子送到田裡去做事，要不然就是賣給一些富人做奴僕。因此柳州一帶

的強盜特別盛行，專門搶孩子去賣錢。

　　童區寄是柳州一個貧苦人家的孩子，剛好十一歲，雖然身體瘦弱，但依然每天去山上放羊砍柴。一天，他正在放羊，遠遠地看見山路上有兩個騎馬的人朝這邊過來，騎馬的兩個男人一胖一瘦，見到童區寄就停了下來，並且招呼童區寄過來，讓童區寄告訴他們要去的地方怎麼走。童區寄並沒有意識到兩個強盜的真實意圖，正要指路給他們的時候，兩個強盜立刻把他的雙臂扭到身後反捆起來，隨後又拿布塞住了他的嘴，然後把他放在馬上，他既動彈不得，也喊不出聲來。

　　童區寄被他們帶到了幾十里以外的地方，也許是走累了，強盜就停下來，把馬拴在路邊的樹上，並開始喝酒。童區寄故意裝出很害怕的樣子，一邊哭泣一邊顫抖，這樣也就放鬆了強盜對他的警惕性，一會兒兩個強盜就喝得醉醺醺的了。後來，一個強盜到集市上去買東西，另一個卻睡著了。童區寄立刻明白機會來了，於是就用強盜插在地上的刀，背對著刀刃把捆綁自己的繩子割斷了。他馬上站起身，拔出地上的刀，把睡在地上的強盜砍死，然後逃跑了。

　　童區寄畢竟還是個孩子，與強盜比起來跑得慢多了，所以沒多久，從集市上回來的強盜就追上來了。強盜想立刻殺掉這個孩子，童區寄急忙說：「你殺掉我對你並沒有什麼好處，相反如果你不殺我，還能得到一些好處。」強盜厲聲質問：「為什麼，快說。」童區寄誠懇地說：「你去集市上後，他一直虐待我，我不得已才把他殺了。如果你能好好待我，我也會聽從你的安排。再說了，我跟著你們兩個人，究竟算是誰的奴僕呢？現在他死了，我從此以後專心聽你的安排不更好嗎？」強盜稍一思考，心想：也對，如果他不死，賣了這孩子的錢還得分給他一份，如今賣的錢就都是我的了。於是，強盜對童區寄說：「我還得把你捆起來。」童區寄說：「只要不殺我怎麼都行。」強盜又把童區寄捆了起來，然後帶到了集市上，這時候天色已經暗下來了，強盜見一時半會兒也賣不掉這孩子，索性就把他帶到旅社先住了下來。

　　晚上，強盜很警惕，自己睡在床上，讓童區寄蜷縮在牆角，又把刀壓

在枕頭下，屋裡的燈一直亮著。睡到半夜，童區寄悄悄睜開眼睛，見強盜睡得正香，就小聲說要去廁所，強盜一點動靜也沒有，童區寄就悄悄地走到燈前，用燈火把捆著自己手的繩子燒斷了，手上也燒了一個泡。隨後，童區寄悄悄地走到強盜的窗前，猛地抽出放在枕頭下的刀把強盜殺了，並大喊把四處的鄰居都驚醒了。大家聞聲過來，童區寄說：「我是鄰村的孩子，被這個強盜抓來要賣掉，幸虧我把他殺了，請大家一定要為我作證，並把這件事告訴官府。」

　　童區寄在被強盜抓住時，沒有盲目地哭喊，而是仔細地觀察兩個強盜的一舉一動，等到時機成熟的時候，果斷地採取自救的措施。可見，小小的童區寄雖然只是一個孩子，就已經懂得了在做出任何決定之前，首先要觀察好自己所處的狀況，這樣才是最理智的，也是最正確的做法。

　　「先觀陰陽，再做判斷。」在戰爭中同樣得到廣泛的應用。既保證了自己不會因為盲目決策而陷入敵人的陰謀，也不會因為自己的判斷失誤，而損失自己的作戰力量。

　　揣測對方的真實想法，掌握對方的特點，這樣才能分辨清楚自己身處的局勢，更好地決定自己是採取「陰」的策略，還是「陽」的策略。其實，具體的情況又會有很多不同，人們的內心世界是複雜多變的，深層思想更加隱秘，所以要想瞭解清楚對方的變化動向，不是輕而易舉的，任何事情的成功也不是一蹴而就的。

　　觀察陰陽之變，揣測對方的思想、情勢，就需要一定的方法。首先，要從故事的週邊去瞭解。根據不同的情況變換不同的方法，如果無法直接從週邊把握對方的內情，就要改變方式，從周圍的人和其他事中去揣測，用間接法代替直接法。其次，按照事情發展去觀察，有意識地順著對方的心理，根據對方的好惡將其這種感情推向極致，使其真情充分地暴露出來，進而趁機瞭解對方的內情。最後，以小見大，從細微的跡象中去觀察對方內在的思想趨向，也就是要學會見微知著，通過以小見大的方式，把握事情發展的脈絡，為自己下一步的決策找出事實依據。

鬼谷子教你詐

　　鬼谷子說：「觀陰陽之開闔以命物」，就是通過觀察分析陰陽的生剋，來決定事物具體應當處的位置，並調整事物向有利的方向發展。只有進一步瞭解事情存在和滅亡的關鍵所在，預測萬事萬物的發展過程，才能為下一步的決策提供更好的依據。先觀陰陽再做判斷，就是要求在充分瞭解局勢，對天下大勢的利弊進行充分地權衡之後再做決策。只有在全面理解對方的意圖，瞭解雙方的實力對比後，才能說服對方接受自己的主張。

4

知對方智謀，方能有謀

　　在說服他人的時候，大部分情況下，起初不瞭解對方的真實意圖，那麼，我們就可以採取鬼谷子的「以靜觀動」的韜略。「動」就是讓對方先發言，讓對方先行動；「靜」就是指自己保持沉默。在自己保持「靜」的過程中，讓對方首先顯現出他的真實想法，這也是一種手段，大多數情況下是通過對方的言語，來瞭解他內心的所思所想，這樣在明確了對方的意圖後，自己就可以確定應該如何應對對方。

　　鬼谷子說過：「反以觀往，覆以驗今；反以知古，覆以知今；反以知彼，覆以知己。」也就是說，想要知道將來的情況，就要先觀察過去的情況；想要知道現在的情況，就要先考察古時候的情況；想要知道他人是個什麼樣的人，就要首先衡量一下自己。別人說話是動態的，自己緘默則是靜態的。這樣就可以根據別人說的話判斷出對方的真實內涵。那麼在遊說的過程中，我們想要找出迅速說服他人的捷徑，就必須首先瞭解對方，明確對方的真實意圖，然後才可以根據對方的情況，確定一種方法去找出雙方的共同訴求點。

　　為瞭解對方的真實想法，「投石問路」也是遊說者常用的一種方法，是指遊說者首先向對方道出一點試探性的言辭，制定出說服對方的具體方案。

　　二十幾年前出差的時候，經常會在火車站附近看見一些穿著破舊而又髒亂的孩子，有七、八歲的，也有五、六歲的，大多因為家裡窮上不起學

而跑出來，在車站這些地方撿些保特瓶什麼的換點零用錢。

可能是因為我經常出差的緣故，在火車站經常會見到一個約莫七歲的男孩，穿著一件藍色的運動衫，一條棗紅色的褲子，還有一雙破舊的球鞋。從極度不相配的裝扮可以看出這衣服很有可能是別人送的，或是穿的是姐姐的衣服。我之所以注意到他不是因為他的穿著，而是他有一雙大而有神的眼睛，好像會放光，即便生活艱辛也絲毫沒有在他的眼神中看到一絲憂傷。

一次在候車室等車的時候，我和旁邊的一位大姐聊天時得知，男孩以前經常撿到小偷丟下的空包包，然後主動交給派出所的員警。有一次竟然被失主誤以為是小偷，還被員警帶到了警察局進行審訊，從此以後，男孩就很少再撿到包包主動交給員警了。

有一次，我一大早去坐火車，正準備去買票，卻突然發現身邊的提包不見了，當時嚇得我冷汗都出來了。其實裡面並沒有多少錢，主要是有好幾份客戶的合同，一旦丟失就會給公司帶來巨大的經濟損失。隨後我就把這件事反映給了車站的警察，我就像熱鍋上的螞蟻一樣穿梭在人群中尋找著我的手提包，暗暗地祈禱不要弄丟了合同。

突如其來的一個意外，立刻改變了我的所有計劃，本來是帶著合同去見客戶的，現在合同丟了，也不能見客戶了，只能落魄地準備回家。直到晚上九點多還是沒有找到我的提包，我的心已經絕望了，大腦裡一遍又一遍浮現出經理劈頭蓋臉罵我的情景。

等到我已經徹底絕望的時候，那個男孩走到我面前將空包包交給了我，然後默默地站在旁邊不說話。我接過提包就像抓住救命稻草一樣急忙打開，提包裡什麼也沒有，我的心再次墜入無底深淵。但是，我還是很有禮貌地蹲下去對男孩說：「謝謝你小弟弟，雖然只是個空提包，我也要謝謝你。」我拿出二百元塞到男孩的手裡，但是，他隨即又把錢塞到我手裡，轉身就跑了。

當我走出車站經過一條小巷子的時候，不知道男孩是從哪裡冒出來的，突然就站在了我面前，然後把一個紙袋子塞到我手裡又跑了。我打開

一看，竟然是丟失的合同，還有一張小字條，上面寫著：「謝謝你能信任我，我請你也相信我，在我撿到提包之前，裡面就只剩這些合同了，我沒有拿一分錢。」

男孩在撿到提包後沒有連同合同一同還給失主，第一次只是把空提包還給了失主，可以看出男孩是一個很聰明的孩子。他也許是因為以前被誤認為小偷的經歷，讓他產生想通過這次只還空提包來推測失主是否也會懷疑他是小偷的想法，最後失主不僅信任他，而且還要給他二百元作為酬謝，男孩沒有再次被誤認為小偷，心裡肯定是開心的、快樂的，得到了失主的信任後，他才放心地把文件還給失主。

可以看出男孩在推測失主是否信任自己的時候，採用了投石問路的方法。用一個空提包就可以測試出失主的心理，實在是很巧妙的方法。在不瞭解對方的時候採取巧妙的方法，推測出對方的真實意圖，這樣才能使自己後面的每一個決策有據可依，這樣才能使自己的謀略勝算的機率大大提高。

鬼谷子認為，從彼、己兩方面來看，首先，己方應該保持緘默，盡可能地讓對方先發言，然後「因其言，聽其辭」，己方再採取相應的遊說對策。有時候，在尚不清楚對方是什麼主張的情況下，不要直接說出自己的真實想法，而是靜待對方的反應。然後，可以試著曉之以理、動之以情，乃至激怒對方，使其顯現真實想法。這樣一來，就可以為自己下一步的做法找到應對之策了。

鬼谷子特別強調了「知彼知己」在遊說過程中的重要性。他認為：「知之始己，自知而後知人。」那麼，人們在社會交往過程中，肯定會與他人產生各種關係，要想處理好「己」和「彼」的關係，就必須要做到既要知己，又要知彼。只有知彼，才能說是真正的知己。因此，鬼谷子有言：「其相知也，若比目之魚；見形也，若光之與影也。」

因此，一個成功的遊說者，他很清楚絕對不能在一點也不瞭解自己的遊說對象的情況下，單憑自己的一番論說，就如老王賣瓜似的誇誇其談、

自吹自擂，肯定是在瞭解對方的前提下，找出合適的計策去應對，這樣才能做到「知己知彼，百戰不殆」。

鬼谷子教你詐

　　遊說者在進行遊說的過程中，如果不是很清楚對方的真實意圖，就可以採取「投石問路」的方法，觀察對方的反應，摸清對方的底細，從細微的地方入手，探究對方的真實思想和意圖，然後根據具體瞭解到的情況，採取適當的策略，最後去說服他。

5

危機預測也從謀中求

　　人們往往習慣於在危險的處境中保持危機意識，卻很少在安逸的環境中仍然保持危機意識。然而，危機往往會存在於安定的環境中，也許只是一個小小的麻煩，就會導致整個運作系統的崩潰。因此，學會危機預測是提前化危機於無形的重要條件。

　　鬼谷子中的「抵巇術」講道：「巇者，罅也。罅者，澗也。澗者，成大隙也。巇始有朕，可抵而塞，可抵而卻，可抵而息，可抵而匿，可抵而得，此謂抵巇之理也。」這句話的意思就是說，「罅」就是「罅隙」，而「罅」就是容器的裂痕，裂痕會由小變大。在剛開始出現裂痕的時候，我們可以通過「抵」將裂痕堵住，可以通過「抵」使裂痕停止，以免繼續擴大，可以通過「抵」使裂痕變小，可以通過「抵」使裂痕逐漸消失，可以通過「抵」而奪取器物，這就是「抵巇」的原理。

　　大千世界的萬事萬物，都具有不斷離合的發展過程，都會產生裂痕、矛盾、危機，那麼解決這種裂痕、危機的有效方法就是審時度勢，學會危機預測，進而在矛盾的萌芽期就將其解決掉。

　　當事物出現危機之初，只有懂得危機預測的人才能知道，才能看出危機發展的趨勢，而且能夠針對這種危機找出具體有效的方法去化解它。

　　在歷史上，夏朝的末代皇帝夏桀是一個有名的暴君。他在位時荒淫無道，濫殺無辜的忠臣良將，一度沉迷於酒色，不理朝政，隨時都有可能面臨敵軍入侵的危險，政權岌岌可危。

　　與此同時，在夏朝的統治下有一個屬國叫商，國王成湯在相國伊尹的幫助下，內行仁政，積極發展軍事力量，注重農耕發展，百姓日漸富裕，國家也漸漸強大起來。

　　起初，伊尹本來是成湯推薦給夏桀的有用人才，但是夏桀僅僅在面見伊尹的時候同他談了一次話，從此以後再也沒有理過他，更不用說讓伊尹輔佐他共同治理國家了。後來成湯發現夏桀對伊尹不予重用，索性就把伊尹請到商國並拜他為相，讓他協助治理商，並授予國政，對伊尹賦予了極高的信任。當然伊尹也不負眾望，積極幫助成湯發展農耕，鑄造兵器，訓練軍隊，最終滅掉了夏朝，統一了中原一帶的地區。成湯死後，又把大權交給了相國伊尹，並囑咐他一定要盡心輔助自己的三個子孫，把商治理好。

　　成湯有三個子孫，外丙、中壬、太甲。但太甲在繼位的前三年，並沒有把精力放到治理國家上，而是整日沉湎於酒色之中，不思進取，置國家的長足發展於不顧。起初，伊尹只是以長者的身分勸告他，讓太甲集中精力治理國家，但是伊尹的勸諫並沒有奏效。隨後伊尹又以相國的權力威脅他，但太甲在治國為民上仍毫無心思，棄朝政於左右，一味地享受自己的酒色生活。伊尹用盡各種方法，使盡渾身解數也沒有令太甲改過自新，太甲對繼承成湯的基業、創造商朝鼎盛這個艱鉅的責任很不以為然，真可以說是冥頑不化。

　　這時候有個大臣向伊尹勸道：「當年先主在位時，你幫他滅掉夏國，如今先主仙逝，國家強盛，百姓安居樂業，你又輔佐兩位人主，你做的這些已經完全報答了先主的知遇之恩了呀。現在你既然對太甲無能為力，何必強求自己呢？你還不如回老家，安享晚年！這豈不是一件美事？」

　　伊尹聽後立刻大怒，並訓斥那位大臣道：「作為臣子，就應當在國家危難時挺身而出，在君主犯錯的時候進行勸誡，這才是良臣。如果都像你所說的那樣，在君主英明、太平盛世的時候，大臣們都在朝堂上拿俸祿，只懂得享受；而一旦國家有變、國君不明事理時，就立刻隱蔽起來，逃避責任，要我們大臣又有什麼用處呢？」那位大臣聽完，頓時啞口無言，無

以言對，便急忙向伊尹請罪。盡管如此，伊尹還是免了他的職，並當眾公佈那位大臣的罪責，要求眾人要以此為戒，眾人聽了都感到害怕。

後來太甲知道了這件事，伊尹趁機又勸太甲，沒想到太甲還是聽不進去。無奈，無計可施的伊尹便將太甲關進南桐宮，責令他反省，朝中事務讓伊尹主持了整整三年。

值得慶幸的是三年後，太甲終於悔悟了，他認識到自己應該勵精圖治，把精力放到治國為民上。伊尹則親自把太甲從南桐宮中接了出來，並將政權交還給他，自己還是輔佐太甲共同協理朝中大事。

太甲重新登上王位，開始勵精圖治，很快就使商朝達到了鼎盛。

事物和矛盾都是從細微發展到巨大的。古人有語：「千里之堤潰於蟻穴」，如果不能做到審時度勢，防微杜漸，小的錯誤也會釀成大禍。一個小小的漏洞如果沒有得到很好的控制，而是任其發展，也會傷及最根本的東西，只有把漏洞和矛盾消滅在萌芽狀態，才不會出現大錯。

太甲身處國君的位置依舊沉迷酒色，不思朝政，這是小「巇」，如果不加以制止，肯定會成為大「巇」，直至發展到不可挽回的地步，給國家和百姓帶來難以彌補的傷害。幸好，相國伊尹具有審時度勢的眼光和本領，能夠預測到太甲的行為發展下去肯定會釀成大禍。伊尹對太甲的勸誡不斷加深，不斷強化，這種由軟到硬的做法運用得恰到好處，最終成功地使太甲回心轉意。伊尹能夠成功「抵」住太甲的「巇」，這與他由小見大、見微知著的眼光是分不開的，正所謂：「聖人見萌芽巇罅，則抵之以法，世可以治則抵而塞之。」

伊尹的這種危機預測的本領，使得商國得以繼續繁榮、昌盛，使得百姓免受貧窮、流離之苦。鬼谷子說：「經起秋毫之末，揮之於太山之本。」面對處理事情過程中的各種危機和不利局面，鬼谷子主張要預知災在先，準備在後，這就是所謂「抵戲之隙」。有了「抵」的意識，就能時時掌握主動權。只要把準備工作做到位，把握了事情發展的主動權，就能夠使自己一步步走向成功。

鬼谷子教你詐

　　萬事萬物都存在著必然的不足、矛盾，開始的時候就像秋毫之末一樣微小，很多情況下不仔細觀察，是不容易發現它的漏洞的。因此對「巇」用「抵」的方法是很重要的，掌握了鬼谷子的抵巇術，也就很好地做到了危機預測，從而使得漏洞和矛盾在萌芽狀態就可以被消除。

6

深謀遠慮，前路好走

　　深謀遠慮，是選擇最佳時機進行遊說的重要前提條件。鬼谷子有言：「言必時其謀慮，故觀蜎飛蠕動，無不有利害，可以生事美。生事者，幾之勢也。此揣情飾言，成文章而後論之。」就是說無論什麼事情在剛剛產生之初，都是以微小的姿態呈現出來的。鬼谷子強調了在遊說的過程中「謀慮」的重要性，在適當的時機進諫，展開自己的遊說活動，是保證遊說活動成功的關鍵條件。

　　謀略的特點在於用迂迴曲折、輕鬆快捷的方式就可以達到目的。但是要想準確地採取正確的謀略達到預期的目的，就要做到深謀遠慮，然而「深謀」就需要深度揣測對方的意圖，只有做到「深謀」才可能實現「遠慮」，就是說深度揣測是實現深謀遠慮的重要方法。假如不能對雙方所處的整體環境有一個周密、細緻的衡量，就不可能深度瞭解雙方的力量對比，究竟誰強誰弱、誰重誰輕；假如不能對對方的真實意圖有一個深度的揣測，那麼就不能知道對方的內心想法，更不能從中判斷出對方下一步有可能採取的策略，失去了這些有效資訊，就很難在雙方的較量中取得勝利。

　　在謀劃的時候，首先應該分析清楚雙方的條件，也就是要明確對方的現狀以及現在所實施的計謀，對我方會產生哪些影響，這就需要從道、天、地、將、法五個角度去揣度，並且對敵我雙方條件的優劣進行計算估量，這樣才能夠及時、準確地做到獲取對方的意圖，為自己下一步的工作做好謀劃工作。

　　謀劃和勝算是相輔相成的關係，只有前期謀劃得當，後期的實施才能有勝算的把握。因此，具有前瞻性眼光，能夠深謀遠慮的人，往往能夠把握事情發展的主動性，同時，後期的把握也更得心應手。

　　南宋時，宋高宗昏庸無能，任用奸相秦檜，北方的金人不斷入侵宋朝北方的邊境地區，搶奪百姓的財產。宋高宗害怕強悍兇猛的金民族而偏安江南，無心與金人交戰，並準備向金人割地稱臣，簽訂和約，以求得一時之安。

　　一天，宋高宗召集群臣商議應對金人的策略，他對眾位大臣說：「金人已經答應，如果我們不再對金國出兵，就可以和他們商議訂立和約，並將皇太后和先帝的棺木送回來，永久保持睦鄰友好。」其實，當時抗金形勢很好，宋軍連續獲勝，馬上就可以看到勝利的曙光，眾大臣正期待著收復中原的喜訊，聽到宋高宗要停戰議和，群情激憤。

　　張俊先後五次上書，反對議和，韓世忠、岳飛等將領也拒絕簽訂合約，很多主張抵抗金人的大臣紛紛上奏說：「金人不可信，和好不可恃。」還有的大臣上書說：「現在群議洶洶，都是因為關心究竟是『和』還是『戰』，陛下應該吸取前車之鑑，不要因為一時的糊塗，而耽誤了良好的戰機，多聽取內外懂得軍事的大臣的意見，才能共謀長久保邦之計。」宋高宗見大臣們都反對議和，大多數人的意見都是與自己的意圖相反的，非常生氣，便想下旨懲治他們。

　　這時候，左相趙鼎發現事情發展的局勢不是很好，很有可能會在沒有解決外憂的情況下又會出現內亂，這樣就更不利於國家的長治久安了。趙鼎雖也主戰，但見宋高宗主意已定，一心議和已經不可逆轉，考慮到為了保存朝廷中的主戰派實力，他果斷地採取疏通的辦法。於是，趙鼎對宋高宗說：「我們知道陛下您與金人有不共戴天之仇，現在是為了對親人盡孝道，迫不得已才答應講和的，雖然大家說了些激憤的話，但絕對不是不尊敬陛下，反而是因為愛護陛下以及大宋，希望陛下您不要見怪。陛下可以暫且採取這樣的方法，和金人議和不是我大宋的本意，我只是出於親人的

緣故不得不這樣做。等到先帝和皇太后的棺木自金國運回以後，如果金國撕毀和約，不守信用，那麼現在即便簽了和約也無所謂了；如果金人遵守和約，那正是我們希望的，更不用擔心後悔了。」

宋高宗聽了趙鼎的建議後也覺得不錯，隨即採納了趙鼎的意見。這樣一來，就不會因為議和而排斥那些主戰的大臣了。另外那些以抬出先帝和皇太后棺木作為幌子，主張議和反對戰爭的大臣，也就不會有什麼異議了。不論是主戰派還是主和派都只能緘口不言了。如此一來，君臣間的這場矛盾暫時緩和下來，使國家避免了內憂外患的困擾。

身為宰相的趙鼎，面對即將發生的君臣衝突，為了避免主和派把持朝政，只好暫時採取委曲求全的策略，力排眾議，使皇上找不到藉口治罪於主戰派的大臣，也讓大臣們提不出更充分的理由責怪皇上，可見其用心良苦。

趙鼎看到君臣之間的矛盾如果發展下去，肯定會削弱主戰派的力量，一旦主和派占了上風，對國家、對百姓都有很大的影響。正是他的這種深謀遠慮的行為，使得主戰派的力量得以保存下來，雖然當時主和派對自己小小的勝利尚且會有一點沾沾自喜，但是從長遠來看，趙鼎的這種前瞻性，為以後宋金之間的戰爭保存了有效力量。

因此，對於想成大事想有一番作為的人來說，不論做什麼都要有謀略，眼光要具有前瞻性，不要計較眼前的利益、一時的得失，要時刻牢記只有深謀遠慮者才能占盡優勢。所以，無論是做人還是做事，我們都需要把自己的眼光放長遠一點，高瞻遠矚者才能獲得長遠的利益，成功永遠屬於那些為長遠利益而不計較眼前得失的人。

對於為人處世來說，深謀遠慮也是十分有必要的，它實際上就相當於個人的人生規劃。首先基於一個落腳點，把自己的未來人生設計成一個大概的藍圖。一個人一生中會有很多各種各樣的目標，為了實現未來的每一個目標，目前所需要採取的每一步行動都要具有前瞻性，每一步行動都要在深謀遠慮的基礎上完成。每個人都應該有自己的目標，沒有目標的人生

是一個不完整的人生，更不要說把握契機取得屬於自己的成就了。所以，首先要做的就是對人生進行規劃，設計出適合自己未來發展的最佳方案，然後付諸行動。這就需要首先瞭解本身的優勢與劣勢，排除一切障礙，最終做出最完善的人生規劃，以達到「運籌於帷幄之中，決勝於千里之外」的境界。

　　不論是對個人而言，還是一個組織、一個團體，乃至一個國家，能深謀遠慮者，方能為自己的人生掌舵，為自己的國家指引方向。

鬼谷子教你詐

　　謀深者，慮遠者，才能保證前路的平坦，一個懂得謀劃的人，才是一個有可能成功的人。懂得對自己的人生謀劃的人，懂得對一件事思考到極限的時候，這個人才是真正做到了深謀遠慮。謀得深、慮得遠，才能擁有成功的人生。

7

大智善謀者斷臂求生

　　鬼谷子反覆強調謀劃、謀略的重要性。他說，「謀」就是計畫，世間萬物都有一定的規律。為了完成一定的目標，需要運用謀略。在生活、工作中，在各種各樣的事情裡，需要解決不同的矛盾，要解決矛盾就必然需要「謀略」，因此可以說是因事生謀。

　　因為事情不斷變化，會在不同的階段產生不同的矛盾，解決這些矛盾就需要善於謀劃、懂得謀劃的人。只有通過謀劃才會產生計策，研究計策才能產生相應的策略，有了方法才能遊說。因此，事物不斷變化的時候，也在不斷產生問題，正因為要解決問題才需謀劃、謀略，也就是說善於謀劃的人，都能夠解決掉生活、工作中出現的很多矛盾，也就更容易把自己從矛盾中解救出來。

　　一般情況下，具有大智慧，善於謀劃的人不看重財物，他們不會因為物質的誘惑而放棄原則性的東西，但可以因為維護自己的原則底限而拿物質去交換。善於謀劃的人不會因為懼怕而放棄自己的目標，但可以因為要達成目標、解除危難而用盡力氣去謀劃。善於謀劃的人是擁有智慧的人，千萬不要用假裝誠信去欺騙他們，因為他們會用他們的智慧和謀略拆穿欺騙和蒙蔽，進而獲取自己的價值，求得生存。

　　亞倫・拉斯頓是一個二十多歲的小夥子，平時特別喜歡野外攀岩。二○○三年四月的一天，他隻身來到位於猶他州東南部的布魯莊峽谷攀岩。

　　中午的時候，亞倫・拉斯頓幾乎快爬到頂峰了，就在他攀上一塊大岩

石時，沉重的岩石突然鬆動了，拉斯頓的手頓時失去了抓攀點，慣性把他甩到了岩壁上。而與此同時，大岩石迅速向他滾來，突然壓在了他的右臂上，然後戛然而止。那一刻，他除了深感劇痛，還有就是無名的恐懼。拉斯頓拼命用自己的身體使盡全身力氣，去頂撞壓在右臂上的大岩石，希望能挪動一點點，但是經過一番掙扎，除了把自己搞得精疲力竭外，沒有絲毫作用，大岩石可以説是絲毫未動。

就這樣，在空曠的大峽谷裡，拉斯頓被困在那裡整整五天，僅靠身上所帶的少許食物和水維持著生命，希望能堅持到有人來營救自己。直到被困的第六天，少許的食物與水都已經用完了，還是沒有等到營救自己的人。拉斯頓看著那塊壓著自己右臂的巨石，心裡產生了一個可怕的念頭：用刀子割斷自己被巨石壓著的胳膊。對，只有切斷自己的胳膊，才是生還的唯一機會。

隨即亞倫・拉斯頓立即開始自己的自救方式，首先用自己的身體作為槓桿，使勁往下擰胳膊，越擰越低。不知過了多久，他的耳邊突然響起了「啪」的一聲，拉斯頓知道是骨頭斷了。那一刻，他真正體會到了什麼叫鑽心的痛。緊接著，拉斯頓開始小心翼翼地切臂肉。

在切斷手臂前，他先拽下了水囊軟管子上的繩子當止血繃帶，牢牢紮住胳膊，然後迅速把血管切斷，再切斷大動脈。那一瞬間，拉斯頓覺得自己就像被人把整條胳膊活生生地放進了熾熱的岩漿中。但是，伴隨著劇痛的，還有一種感覺，那就是發自內心的痛快，是獲得自由的美好感覺，就在那一瞬間，拉斯頓深刻感到獲得自由的美好。

雖然説拉斯頓切斷了自己的右臂，擺脫了那塊沉重的石頭，但是他並沒有脫離危險，因為要走出峽谷，還有將近四小時的山路，這四小時他能堅持得下來嗎？

一路上，血一直不停地順著他的腿往下流，幾乎濕透了他的鞋子。拉斯頓靠著超強的意志力一步一步地往外走。終於，半路上他碰上了一個徒步旅行的家庭。正好，這家人在上山時曾碰到了正在峽谷入口搜救拉斯頓的搜救隊，看到拉斯頓，他們馬上幫他聯繫搜救隊。不一會兒前來搜救的

直升機就迅速趕到了，搜救隊長查看了拉斯頓的傷勢後，馬上對駕駛員說：「他把自己的手臂切斷了，我們必須趕快把他送往醫院進行救治。」

傷癒出院後，拉斯頓把這次痛苦的經歷寫成了一本書，取名為《生死兩難》。書中詳細地描寫了他在面對巨石時選擇了斷臂自救，這需要多大的勇氣才能，做出這麼艱難的選擇！

拉斯頓能夠在面臨困難和絕境的時候，做出斷臂自救的選擇，可見他是一個擁有大智慧的人，更是一個善於謀略的人。如果他沒有斷臂自救，很有可能就被活活餓死在岩石旁了，這絕不是他所希望的結果。雖然他割斷了自己的右臂，從此便成為只有一隻胳膊的人，但是他依舊能夠活下去，依舊可以完成更多沒有完成的心願。求生的願望戰勝了斷臂自救給他帶來的那份恐懼感，最終拉斯頓成功獲救。

當恐懼與求生發生衝突的時候，拉斯頓毅然決然選擇了後者，這說明他是一個有勇有謀的人，只有懂得謀劃，擁有大智慧的人，才能夠在那種困境下做出斷臂自救的偉大抉擇。

當人們面對兩難的選擇，必須要做出決斷的時候，一般人總是希望遇到好的事情，不是壞的事情，即使面臨巨大的災難，也會抱著僥倖的心理，想著事情會朝著自己所希望的方向發展。但是，在很多情況下並不是所有的事情都能如人所願，這就需要自己的智慧與謀略發揮作用，善於謀劃的人，才能在兩難的抉擇下做出斷臂求生的決定。

聖人之所以能夠成為聖人，就是因為他們能夠成就大事業，他們能夠用謀略降低災禍給自己帶來的危害，能夠在面對不利條件的時候運用智慧，將不利的條件轉化為對自己有利的或是無害的條件，即便從中有壞人作惡，也不會讓他們得逞。那麼，如何才能像聖人一樣成為善於謀劃的大智慧者呢？

首先，在決斷事物時，有可遵循的規律。古人有語：「度以往事，驗之來事，參之平素。」意思是借鑑往事、研究現狀、預測未來，此三者缺一不可。

其次，決策者必須慎重才能正確決斷，在做出任何決策之前都要有前瞻性的眼光，謹慎、小心地做出決策，以免因為粗心大意而做出錯誤的決定。

最後，決斷不能當斷不斷，必須當機立斷。時間是事物成敗的重要因素，抓住時間就是抓住有利條件，不能因為優柔寡斷而錯失時機。鬼谷子說：「在一定條件下，可則決之。」也就是說能夠決策的事物，就要迅速決斷。

鬼谷子教你詐

擁有大智慧的決策者善於把握時機，運用自己的謀略，不失時機地抓住機會為自己創造有利條件，即使在面臨兩難選擇的情況下，也能夠權衡利弊迅速決斷，甚至不惜採用斷臂求生的方式，為自己贏得更廣闊的道路，為日後的長遠發展奠定基礎。

8

韜光養晦才能防患於未然

鬼谷子說：「捭闔之道，以陰陽試之，故與陽言者依崇高，與陰言者依卑小。以下求小，以高求大。」這句話的意思就是說，捭闔的手段必須從陰陽兩方面來理解和實踐，以下求小，以高求大。「捭闔」的本意就是開閉的意思，鬼谷子就是從「開合」的觀念，來闡釋世間萬物發展變化的規律。

「開」，指敞開心扉發表自己的意見，採取積極的行動；「合」，則是以沉默的態度來應變。靈活運用「開」與「合」的法則，才可以有效地掌握對方的動態，進一步實施自己的計謀，獲取勝利。

一個社會或者一個國家，乃至一個人，在發展以及成長的過程中，肯定會出現一些小小的「裂縫」，因為社會上各階層的人們受自己本身利害關係的支配，自然而然會產生一些矛盾、不和。這些矛盾、不和肯定都是不利於自己發展的一些因素。那麼，如果想要有所成就，想要彌補那些「裂痕」，就要首先修煉自己的內心，培養自己的意志，掩蔽自己的意向，把自己的真實意圖暫時隱藏起來，以便觀察對方的漏洞。

當世間沒有可以讓人利用的「縫隙」，無法及時施展自己的才能的時候，就要把自己隱藏起來，面對混亂的局面也要處之泰然，靜觀其變，隨時準備著「縫隙」的出現。等到事情的發展有利於自己，發展的時機一旦到來，就可以運用權術去好好謀劃，大幹一場。

大陸一個大型的國際公司，經常和日本人有業務上的往來。一次在上

海著名的國際大廈，因為進口農業加工機械設備，而進行了一場鬥智鬥勇的談判，最終因為大陸談判代表靈活運用了韜光養晦的策略，而迫使日方讓步，最後達成協議。

這家日本企業所生產的農業加工機械是大陸多家企業急需的重要設備，談判的這家大陸公司也是因為急需這種設備，而要求與日方進行購銷談判。談判開始後，由日方首先報價一千萬日元，這個報價其實要高出實際賣價很多。的確，日方以前也曾經賣過這個高價，假如當時大陸的談判代表不瞭解實情，日方就很有可能從中獲取暴利，即便大陸不接受日方提出的價格，日方也能進退自如。

日方尚不知當時大陸代表已經瞭解到機械的國際行情，日方肯定是在摸底，於是大膽地說不會接受他們提出的價格。隨後，日方代表又開始介紹機械的產品特點，以及相對於同行的性價比優勢，以此說明自己報價的合理性。但是，大陸一眼就看穿了他們的意圖，於是明知故問：「不知貴國生產此種產品的公司有幾家？貴公司產品優於其他國家產品的依據是什麼？」

簡單兩句話就說明了大陸代表已經很瞭解這一類產品的大概情況，並且生產這種機械的公司並非一家。這樣就輕而易舉地揭示出對方想從中贏得厚利的企圖，日方代表頓時陷入尷尬的境地，主談人藉故離席。

不久，主談人回到座位上問助手，這個報價是在什麼時候定的？助手很明白他的意思，便說道：「一個月前定的。」這時候，主談人如釋重負般地長出了一口氣說：「啊，時間有點長了，我們回去請示一下老闆，看看價格能不能再降點。」大陸的談判代表知道這一輪談判不會有什麼進展了，只能期待下一輪的談判，因此大陸的談判代表主動提出暫時休會的請求。

第二輪談判開始後，日方主動報價後說，這次降價是請示了總經理後，才同意在原來價格的基礎上減少一百萬日元的。中方的代表認為這個報價比預期的價格還要高很多，同時立即核實國際市場上的最新價格，經過分析報價，大陸代表認為這個價格並不是請示總經理後的降價，因此，

立即提出自己分析後的價格是七百五十萬日元，但日方代表立即回絕了這個報價，並表示絕對不可能成交。

等到談判雙方僵持不下的時候，大陸代表開始發揮自己的談判實力，說：「此次我們選中貴公司，說明我們擁有達成此次貿易的誠意。貴公司的報價雖然比出口到其他國家的價格低，但是運往我國的運費比銷往其他國家的要低很多，所以你們並沒有將價格降到最低。同時，我們審批下來的外匯也只有這些，如果超出了還需要再審批，這肯定會拖延成交的時間。」隨後，大陸的代表又拋出最後的談判王牌，說：「還有其他國家也在等著和我們談判這次交易。」最後，日方代表經過再三考慮，最終以七百五十萬日元的價格簽訂了成交合同。

大陸代表採用欲進先退的方法，在日方第一次報價的時候並沒有急於要求日方降價，而是採用迂迴曲折的方法，提出大陸不可能接受他們的報價。後來，在日方提出降價後，大陸經過仔細分析提出可以成交的價格，日方立即予以回絕後，這次大陸代表採取積極應對的策略，提出對方還應該繼續降價的理由。最後，又再次拿出競爭品牌、可使用外匯兩張王牌與日方交涉，日方不得不接受大陸的報價，直至成交。

「陰陽其和，始終其義。」就是說陰陽二氣必須中和、協調。這樣「捭」和「闔」才能有節制，陰陽才能各得其宜。不論做任何事都要善於分析所處的形勢，及時進退，善於把握機會，靈活運用積極進取和消極防禦兩種基本策略，是行為處事的有力法寶。

古人講：「世無可抵，則深隱而待時；時有可抵，則為之謀。可以上合，可以檜下。能因能循，為天地守身。」意思就是說當世道不需要「抵」的時候，就把自己隱藏起來，等待更好的時機；當世道產生可以「抵」的弊端時，對上層可以合作，對下屬可以起到督查的作用，有所依據，有可以遵循的東西，這樣就可以成為天地的守護神了。

由此看來，在處世的過程中如果不具備可以「抵」的條件，那麼就要採取韜光養晦的策略，隱藏自己的鋒芒，等待更好的時機再展露自己的鋒

芒。暫時隱藏自己的鋒芒並不是說要消極迴避，而是有智慧的人應對敵人的一種策略、一種謀略，等待時機成熟時，集中自己所有精力一舉攻破對方。

鬼谷子教你詐

　　在錯綜複雜的社會中，不要刻意去炫耀自己的才能，要找準時機，把握好什麼時候應該展現自己的才能，什麼時候應該收斂自己的鋒芒，避免不必要的麻煩。如果只是一味地炫耀自己的才能，不僅會招來別人的嫉妒，還容易被人誤以為輕浮。一個有遠大抱負的人，當時機不成熟的時候，往往會採用韜光養晦的策略，韜光養晦是一門學問，更是為人處世的一種策略、手段。

9

遇事別死扛，學金蟬脫殼

　　生活中，我們經常會遇到一些麻煩，有些事可以化解，有些則不可能輕而易舉地的化解，這就需要當事人運用智慧，巧妙地脫身。在軍事上就是要保存陣地的原形，造成還在原地防守的氣勢，使友軍不懷疑，敵人也不敢貿然進犯。在敵人迷惑不解時，隱蔽地轉移主力。

　　金蟬脫殼就是能擺脫敵人、轉移或者撤退的一種智謀方法，不是驚慌失措地消極逃跑，而是存其形式，抽去內容，走而示之不走，瞞過敵人，脫離險境。

　　鬼谷子認為，如果想要與別人合作，就要把力量用在內部，展現自己的才華；要想離開現職，就要把力量用在外面，對外展示自己的理想與抱負。不論處理什麼事情、都要預測未來的發展對自己是否有利，這就需要善於在各種情景中果斷做出決策，在運用策略時不失算。如果君王昏庸，不理國政，下層紛亂，不明為臣之禮，事事相抵觸，還自鳴得意，在這種情況下，君王的詔令要聽從，也要懂得何時該婉言謝絕，表面上看來是樂意接受的，但是本意是拒絕。在自己的理想與能力不能達到實施的情況下，而且已經不能左右事態的發展，金蟬脫殼就是最好的選擇。

　　袁世凱在準備登基當皇帝之前，為了讓自己的密謀得以順利進行，大肆進行勾結，拉攏同黨，排除異己，盡可能地使自己的利益最大化。針對一些軍閥採取軟硬兼施的方法，不跟自己配合的就想盡辦法消滅掉，跟自己配合的就先拉攏過來。

　　蔡鍔是民國時期的傑出軍事領袖，當時駐守雲南。一九一三年蔡鍔被袁世凱調至北京，加以籠絡和監視。當時，袁世凱以封蔡鍔雲南督軍為名，將其誘到北京，這個官職其實是徒有虛名而已，並沒有實權，只是讓蔡鍔安穩地做個傀儡將軍。

　　當時，袁世凱還派一大群密探時刻輪流跟蹤蔡鍔。蔡鍔很快知道了袁世凱的不軌意圖，並清楚了自己的處境。為了迷惑袁世凱，不讓他起疑心，他想辦法在各種公開場合積極地贊成帝制，並把老母妻子接來同住，開始購置新房子，大加裝飾，給袁世凱的感覺是好像要做長期居住的打算。

　　袁世凱即將稱帝時，蔡鍔和妻子在袁世凱的親信面前演了一場戲，兩人因為一件小事而爭吵起來，兩人唇槍舌劍，爭吵不休，誰也不讓誰，最後蔡鍔還掄起手掌打了妻子。蔡鍔的母親知道後假裝很生氣，一怒之下，老母連夜帶著媳婦跑回湖南老家，這樣，老母和妻子安全地撤回了老家。蔡鍔沒有了後顧之憂，就開始琢磨如何讓自己盡快脫身。

　　這時，蔡鍔終日花天酒地，從不過問政治，還與名妓小鳳仙卿卿我我，顯出一副不務正業的樣子。

　　不久，蔡鍔得了喉病，於是向袁世凱請假去天津日本醫院治療。袁世凱為防止蔡鍔逃跑，隨時派人監視。一天，蔡鍔乘監視不備，突然從醫院後門溜走，化裝成日本人乘日本商船到日本，再由日本轉道回雲南。回到雲南後，蔡鍔立即開始組織護國運動，舉起討袁的義旗，發動護國戰爭，最後，竟把袁世凱活活氣死了。

　　蔡鍔在被軟禁的情況下，巧妙地布下迷陣，使袁世凱逐漸放鬆了警惕，為自己脫身做好掩護，最終巧妙脫身，達到了目的。

　　金蟬脫殼術是一種在被動中求主動，化不利條件為有利條件的方法。「你可能被迫退卻，你可能被擊敗，但是只要你能夠左右敵人的行動，而不是聽任敵人的擺佈，你就仍然在某種程度上佔有優勢。」當我們處於危險境地的時候，如果一味消極地逃跑，必然會被對方乘勝追擊，容易被逼

進死胡同，很有可能就會喪失自己的力量。而此時，如果能虛設假象，牽制住對手，就能化險為夷，逃離被動挨打的局面，等待時機到來的時候再轉敗為勝。

鬼谷子在《內揵》篇中說，向君王進說言辭、呈現計策的時候，要讓對方接受，最重要的就是了解清楚對方的心理狀況，以便創造出能夠讓對方接受的條件。這樣才能保證局勢不利於自己遊說的時候，可以採取策略，給對方製造假象或者採用偷樑換柱的策略，讓自己安全脫身，不至於因為遊說失敗，禍患殃及自身。這其實就需要一種金蟬脫殼的技能。

「金蟬脫殼」中的「脫殼」，是此術的中心內容。其主要的「脫殼」方法有三種：存形脫身式、掉包脫身式和假戲脫身式。存形脫身式就是在與對手形成相持局面而形勢對我十分不利之時，製造維持這種局面的假象，而實際自己已悄悄地撤出了這種被動的局面。這種方式可以在一定的時間內麻痺對手，從而爭取時間，安全地轉移。

掉包脫身式，就是在被動的情況下，通過偷樑換柱，製造假象，讓對手出現思維判斷上的錯誤，從而避開敵人的銳氣，自己則趁機安全脫身。

假戲脫身式，就是設法給對方製造一個假象，以擾亂對方的推理判斷，從而使自己擺脫不利的局面。

聰明的人懂得如何及時脫身。歷史經驗告訴我們，英雄一旦找到了用武之地，就應當積極進取，建功立業。然而事多變遷，在局勢發生變化，需要及時抽身的時候，就應該果斷放手，千萬不能死扛一件事。遇到棘手的問題時最聰明的的做法就是金蟬脫殼，這樣才能避免不必要的災禍。

鬼谷子教你詐

　　事情的發展不可能會一直處於對我們有利的形勢，當有利於自身發展的時候要積極進取，當不利於我們發展的時候，如果自身的努力不能扭轉事情的發展，就可以考慮及時脫身。積極的應對可以改變事情發展的局勢，但是並不是所有的情況下都適合堅持到底，適時、適當地脫身，既可以保存生命，還可以避免不必要的損失，因此，在一定的條件下就不需要死扛到底，學會金蟬脫殼很重要。

第八章

陰謀

揣情與量權，洞悉隱匿事好成

凡事都是陰中有陽，
陽中有陰，倘若都將事情擺到明面上來，
反倒不利於事情的成功。
所以，有些謀略就要求陰為陽，
比如，揣測別人的心意，
刺探別人的虛實，就要在暗中進行，
只有這樣才能在暗中
發現表面上發現不了的變化。

謀於陰，出奇制勝

鬼谷子在《謀篇》裡面說：「凡謀有道，必得其所因，以求其情。審得其情，乃立三儀。」也就是說，在遊說的過程中，謀士最大的困難在於還沒有開口就被對方拒絕。遇到這種情況，就必須要出奇制勝，利用最富有誘惑力的驚人之語製造懸念，用他人的好奇心驅使他們聆聽自己的建議。遊說君王的時候，更應該用奇，因此有「說人主者，必與之言奇」。

出奇制勝就是要採用非常規的思維模式以實現最終的目的，通常指不採用常規的策略去攻打敵人，而是避其鋒芒，擾亂對方的思維。歷史上經常會用「明修棧道」作為掩護，最終順利戰勝對方，以巧妙的方式，利用出奇制勝的策略戰勝對方。

「明修棧道，暗度陳倉」這個成語，在軍事上的含義是：從正面迷惑敵人，用來掩蓋自己的攻擊路線，在敵人對自己放鬆警惕的時候，出其不意地從側翼進行突然襲擊。這是聲東擊西、出奇制勝的謀略，也即是指用明顯的行動迷惑對方，使人不備的策略，也比喻暗中進行活動，利用敵人的麻痺心理，巧妙地抓住時機，以突襲的方式攻破敵人的最後防禦線。

鬼谷子認為，「謀之於陰，成之於陽」是運用「摩意術」的具體方法。為了順利實現「摩」的目標，就必須做到在事情沒有成功之前，絕對不能暴露自己的蛛絲馬跡。那麼，「明修棧道，暗度陳倉」、「瞞天過海」等方法，就是「摩意術」的運用技巧。

學習「謀之於陰，成之於陽」的策略，要針對這個策略，學會透過事物的層層表象，不要被種種假象迷惑，要把握事物的本質，分析事物的發

展趨勢，再採取相應的策略，這樣就可以瞞天過海出奇制勝。

在計謀的運用上，常規的一般的計謀，不如出奇的計謀。鬼谷子認為，奇正是為人處世的基本原則之一，奇正兩者是相對的關係，正是正面迎擊，奇是側面偷襲；正是先發制人，奇是後發制人；正是明戰，奇是暗攻；正是力戰，奇是智取。在對別人使用謀略的時候可以用奇，當然也可以用正，但是用正的效果不如用奇，因此要因奇制變，以奇制勝。

在風光旖旎的菲律賓首都馬尼拉市，因為它獨特的氣候特點，吸引著來自世界各地的遊客，餐飲業也比較繁榮。這裡餐館林立，酒店如雲，已經是個普遍現象，所以各家競爭十分激烈，有個叫吉姆·特納的美國人，也在那裡開了一家餐館。

起初經營時，他也是按常規招了一批年輕漂亮的女孩子當服務生。當時馬尼拉的其他各家餐館也都是採用這種方法吸引顧客，大多數人認為，漂亮的女孩子會是餐館裡一道獨特的風景，會吸引很多顧客。但是，吉姆經營了一段時間發現，餐館生意清淡，根本不賺錢，殘酷的競爭打破了他最初美好的設想，年輕漂亮的女孩子並沒有讓餐館的生意更好。漸漸地，吉姆發現，現有的收入已經很難維持餐館的正常經營，他決心改變現狀。他日夜苦思冥想，力爭使局面有所改觀，希望在經營方式上找出自己的特色，在眾多競爭者中脫穎而出。

有一天，他走在街上，忽然碰到一個侏儒，看上去十分有趣。他當時腦子裡就閃現出一個念頭：用侏儒當餐館服務生。想法有了就立即採取行動，不久吉姆就辦起了侏儒餐館。整個餐館，上至經理，下至廚師，都一律使用侏儒，最高不超過一百三十公分，最矮為七十公分左右。這樣，當顧客走進餐館時，馬上就會受到一位大頭小身子的侏儒服務生的熱烈歡迎，他笑容滿面地向顧客遞上擦臉毛巾。當顧客在合適的座位上坐下時，又有一位侏儒服務生捧著一個幾乎與自己身高相等的精緻的大菜單請顧客點菜，完全改變了大多數餐館的經營模式，凸顯了自己的特色。

這樣一來，正由於他們動作滑稽可笑，顧客們看到他們，似乎瞬間就

把煩惱拋在腦後了。從此，吉姆的這家餐館便以這種世界上獨一無二的方式而名聞遐邇，以至於各國旅遊者紛至遝來。

吉姆採用出奇制勝的方法贏得了顧客，也在眾多競爭者中取勝。當大多數人都在用同一種思維模式的時候，吉姆能夠反其道而行之，吸引住顧客，這就做到了思維模式的勝利，進而再選取一定的策略贏得對手，不失為一種明智的選擇。

鬼谷子認為，所謂出奇制勝就是採用這種非常規的智謀行為來實現的。商業界同樣可以採用出奇制勝的方法。一種商品或服務，有了獨具的特色，有了與眾不同的方式，才能吸引顧客。出奇制勝的方法就是要求我們必須學會創造性的思維，在遇到問題時能夠拓開思路，尋找獨特、新穎而又有效的解決辦法。

出奇制勝以「奇」作為「制勝」手段。因此，構思和策劃「奇」的方式，是此術成功的關鍵。然而，在現實生活中，人的思維總是難以擺脫習慣性的思維模式，那麼，如何才能找出與眾不同的方法呢？

首先要有側向思維，即從其他領域獲得啟示的思維方式。大陸遼寧省的馮振龍，就是藉助側向思維方式走上了致富之路。他種植蘋果，一直希望自己的蘋果能夠具有獨特性，他從書中得到啟示，秋天是蘋果的著色期，他挑選了長得比較大的國光蘋果，在向陽面粘上用牛皮紙刻成的「福」字，經過精心培育，收穫了七百多個帶字的蘋果。這些蘋果由於迎合了廣大消費者祈求平安的心理，所以售價比普通蘋果高三四倍，收入也比以前多了好幾倍。

其次要培養逆向思維，就是逆著人們常規思路的思維方式。第二次世界大戰的時候，蘇軍利用逆向思維採用夜間開燈作戰的方式，一舉攻破了德軍的陣地。

最後，還要有合併思維，也就是將思考對象的有關部分，從思想上將它們合併起來的思維方式。

出奇制勝，在不同的領域起到不同的作用，在軍事上，「出奇」之所

以能制勝，是因為它能達到「攻其不備，出其不意」的效果。而在商業和服務行業，「出奇」之所以有效，是因為它往往迎合了人們的好奇心理。但是這種「奇」必須根據具體的環境、謀略的目的等而定，一味地追求「奇」未必都有效。

鬼谷子教你詐

在工作和生活中，大部分情況下都是按常規思維辦事，然而，出奇制勝則可以利用不同的思維方式，利用它的「奇」達到出其不意的效果。同時，也是在某種程度上去迎合人們的好奇心理，規避人們慣用的思維模式，可以很好地吊足人們的胃口，在遊說中也是推陳出新，找出更好的方法說服對方。

2

懂藏拙，才幹宜藏不宜露

　　鬼谷子在縱橫術中講到如何不張揚，學會隱藏自己的才幹。他說：「揣情者，必以其甚喜之時，往而極其欲也；其有欲也，不能隱其情。必以其甚懼之時，往而極其惡也；其有惡也，不能隱其情。」這提醒我們，隱藏自己不是埋沒自己，而是一種謀略。所謂「木秀於林風必摧之」就是這個道理。

　　人們常常會因為身處逆境，或是自己的處境不如其他人的時候就謹言慎行，做事低調。也常因為一時得意而忘乎所以，太過於張揚自己的才能，這就會忽略周圍可能存在的危險。很多人被一時的勝利、優越感沖昏了頭腦，得意忘形，導致周圍的人不滿，從而為自己將來的生活和工作埋下禍患。所以，時刻謹慎行事，懂得隱藏自己的鋒芒，才能保證擁有足夠的力量生存下去。

　　隱而不露是一種謀略，是為了達到某種特定的目的，故意將自己的內心掩蓋起來，以此麻痺敵人的一種策略，一旦時機成熟，機會到來的時候，就會付出全部精力，刀劍出鞘，置對手於死地。不露聲色就是裝糊塗，越是大事，越要糊塗得徹底，這樣一來還可以保護自己的生命。另外，當時機到來的時候，還可以立刻抓住時機，打敗對方，也就是趁敵人不予防備的時候予以攻擊，反敗為勝。

　　鬼谷子說：「聖人之道陰，愚人之道陽。」就是說聖人運用謀略的原則是隱而不露，而愚人運用謀略的原則是大肆張揚。鬼谷子的捭闔之道，就是要向對手灌輸一些卑微的目標，充分把自己的不足和弱點展現給對

方，迷惑對方，使對方放鬆警惕心，最後再把最強硬的一面露出來一舉攻克對方。為了保全自己，也是為了使自己的目的達成，這樣採取先隱後露的方法，也不失為一種謀略。

　　明朝張武任縣令的時候，有兩個江洋大盜來到縣城，並且冒充朝廷的錦衣衛要見張武，還悄聲對張武說朝廷下命令了，要公開處理耿隨朝的事情。當時有個叫耿隨朝的人，擔任戶部的科員，主管草場，因為發生火災，朝廷就把耿隨朝送進了監獄大牢。張武一聽此事，覺得兩個人的身分應該沒什麼問題了。

　　兩個人一邊拉著張武的手，一邊噓寒問暖假裝殷勤。一個強盜說：「張公，我是灞上來的朋友，要借點您公庫裡的金子用用。」於是，二人取出匕首架在了張武的脖子上。張武立刻知道這兩個人不是錦衣衛，就是兩個強盜。於是，他克制住內心的緊張，鎮定地說：「你們既然不是為了報仇，我更不會因為一點錢而放棄自己的生命。反而是你們因為一點錢而暴露了自己的身分，那可就對你們沒什麼好處了。」兩個強盜想了想，覺得有道理。

　　張武接著說：「庫裡的錢有人看管，很容易就會被發現，這樣對你們來說就不利了。所以我覺得還是我向縣裡的有錢人借點，這樣你們就不會有什麼危險了，也不會對我有什麼影響，這樣不是挺好的嘛！」強盜聽了覺得在理，也就同意了。

　　張武暫時穩住了兩個強盜，這時，他想到了一條妙計，立刻要屬下劉相前來，對劉相說：「我遇到一件很麻煩的事，是這兩位錦衣衛的兄弟大力相助才安然無事，所以我想拿五千兩黃金作為酬謝，以表示我的一點心意。」劉相一聽是五千兩，大吃一驚地說：「哪裡有那麼多錢啊？」張武說：「我發現咱們縣裡的人都很仗義，你就先找有錢的人家給我借借吧。」

　　張武立刻拿出紙筆，迅速在紙上寫了幾個人的名字，並且分配好錢數。劉相一看，這才恍然大悟，因為張武寫的幾個人都是縣裡有名的武

士。

很快，名單上的那幾個人就出現在了張武面前，一共有九個人，個個都穿得光鮮亮麗，一看就是有錢人家的子弟。他們九個人手裡都拿著用紙包起來的鐵器，還很慚愧地對張武說：「張公，實在是不好意思啊，錢沒有湊夠，不過也不差大事。」兩個強盜看到幾個人覺得應該不會有錯，很高興地對張武說：「張公果然是個很仗義的人。」兩個強盜看到大大小小的包裹忍不住去打開看。就在兩個強盜查看包裹的時候，張武迅速擺脫強盜的控制，大喊：「抓賊！」九個武士蜂擁而上，兩個強盜被活捉了。

張武遇到危機能夠從容應對，不動聲色地做到了誘敵深入，裝糊塗裝得很徹底，最後既保全了自己，也保全了國家財產的安全，並且將強盜捉拿歸案。

懂藏拙，宜隱而不宜露。明明知道事情故意裝作不知道，雖然自己明白一切，但是為了暫時保全自己的實力，就必須要暫時避其鋒芒，故意裝作看不見、不知道，這也是一種策略。當自己身處險境的時候，明知故昧就是一種明哲保身，為達到最終的目的而採取的重要手段。

當面臨強大的對手而無力對抗的時候，取得勝算的機會很渺茫的時候，就要採取隱而不露的策略，千萬不能一味地勇往直前，不然，一旦陷入被動就會很難抽身，很有可能還會犧牲掉自己的生命。鬼谷子生於亂世，所以深知隱藏自己的重要性。顯然，遇到險境時要採取措施適時地避其鋒芒，用假象迷惑對方，暫時養精蓄銳，等到時機成熟，再一舉集中所有力量殲滅對方，這樣的適時反擊，常常能夠以弱勝強，反敗為勝。

當然，在為人處世的過程中，把隱而不露的策略引申過來，就是要把自己的才幹隱藏起來，等到合適的時候再顯露。一個有才華的人，就要學會適時地隱匿自己，能夠審時度勢地分析所處的形勢。「大成若缺，其用不解，大盈若虧，其用不窮，大辯若訥，大方無隅，大器晚成，大音希聲，大象無形。」其中要告訴我們的道理就是要學會藏拙，隱而不露，等待時機。

　　人的一生就像是漫長的旅途，不會一帆風順。一路上既有風平浪靜，當然更多的是波濤大浪對自己的拍打。所以我們必須懂得什麼時候揚帆，更要懂得何時收帆，避免不必要的損失，這樣才能夠保證自己順利到達目的地。

鬼谷子教你詐

　　審時度勢地分析自己所處的形勢，面對一切都要學會捭闔有度，順應陰陽調和的自然規律，學會適時適度地把握自己才華的「隱」與「露」，真正做到對自己才能展現的收放自如。隱而不露地策劃事件，並不是說要學得城腑深不可測，而是作為一位謀劃者所展現出來的智慧與謀略。

3

虛張聲勢，暗中量權知深淺

很多時候，我們沒有足夠的力量和把握去贏得某些信任，或者某些人才，所以，要假裝自己很強大，才能找來盟友。對此，鬼谷子是這樣論述的：「古之大化者，乃與無形俱生。反以觀往，覆以驗今；反以知古，覆以知今；反以知彼，覆以知己。動靜虛實之理，不合來今，反古而求之。事有反而得覆者，聖人之意也，不可不察。」

虛張聲勢經常用在軍事上，指的是當自己的力量比較弱的時候，為了應付敵人，可以借友軍勢力或借某種因素製造假象，使自己的陣營顯得強大，也就是說，在戰爭中要善於借助各種因素來為自己壯大聲勢，在心理戰術上取得優勢地位。

在雙方作戰的過程中，因為戰場上情況複雜，可以說是瞬息萬變，指揮官很容易被假象所惑。根據戰場上指揮官容易被對方迷惑的特點，我們要善於佈置假情況，巧布迷魂陣，虛張聲勢，可以懾服甚至最後一舉擊敗敵人。比如說樹上開花，是指樹上本來沒有開花，但可以用彩色的綢子剪成花朵粘在樹上，做得和真花一樣，用假花冒充真花，取得亂真的效果，不仔細看，真假難辨，這也是一個虛張聲勢的實例。

鬼谷子認為，無論任何人都有自己的弱點，要攻破對方的弱點，才能實施我方的計畫。比如「位高者輕權，財大者輕利」是正常的事情。不論人之愚、智，皆有自我優劣，所謂「智者千慮必有一失，而愚者千慮必有一得」，人的得失皆在辯證之中。因此，攻破對方弱點首先就需要明確對方的實力，在不顯露自己實力的前提下，暗中觀察對方的一舉一動，揣測對方的

真實意圖，這樣才能明確自己採用什麼樣的計策攻破對方，以最小的代價換取最大勝利。

三國時期，諸葛亮因錯用馬謖而失掉戰略要地——街亭，魏將司馬懿趁勢率大軍十五萬人向諸葛亮所在的西城蜂擁而來，意圖一舉殲滅劉備的主力部隊。

當時，恰巧諸葛亮身邊沒有大將，只有幾個文官所帶領的五千軍隊，也有一半運糧草去了，只剩二千五百名士兵駐守在城裡。眾人聽到司馬懿帶兵前來的消息都大驚失色。諸葛亮登城樓觀望後，對眾人説：「大家不要驚慌，我略用計策，便可讓司馬懿退兵。」

於是，諸葛亮傳令下去，要求把所有的旌旗都藏起來，士兵原地不動，如果有私自外出以及大聲喧嘩的，立即斬首。又叫士兵把四個城門統統打開，每個城門上面派二十名士兵扮成百姓模樣，灑水掃街。諸葛亮自己則披上鶴氅，戴上高高的綸巾，領著兩個小書僮，帶上一張琴，到城上望敵樓前憑欄坐下，燃起香，然後慢慢彈起琴來。

司馬懿的先頭部隊到達城下後，見了這種氣勢，都不敢輕易入城，便急忙返回報告司馬懿。司馬懿聽後心裡也覺得奇怪，笑著説：「這怎麼可能呢？」於是便令三軍停下，自己飛馬前去觀看。在離城不遠處，他果然看見諸葛亮端坐在城樓上，笑容可掬，正在焚香彈琴。左面一個書僮，手捧寶劍；右面也有一個書僮，手裡拿著拂塵。城門裡外，約莫有二十多個百姓模樣的人在低頭灑掃，旁若無人。

看到這裡，司馬懿疑惑不已，便來到中軍，令後軍充作前軍，前軍充作後軍撤退。他的次子司馬昭説：「莫非是諸葛亮家中無兵，所以故意弄出這個樣子來？父親您為什麼要退兵呢？」司馬懿説：「諸葛亮一生謹慎，不曾冒險。現在城門大開，裡面必有埋伏，我軍如果進去，肯定正好中了他們的計，還是快快撤退吧!」於是各路兵馬都退了回去。

面對司馬懿的突然襲擊，諸葛亮沒有驚慌失措，而是鎮定自若地使用空城計，彈指間將敵人嚇得退兵了。這説明諸葛亮對司馬懿的行事作風很

瞭解，對方是一個生性多疑的人，在四個城門都打開的情況下，他肯定不會衝進城去，反而會懷疑城中有埋伏。正是基於這種認識，諸葛亮敢於把城門大開，採用虛張聲勢的計謀嚇退來兵。

在鬼谷子的遊說論中反覆提及一些假借的手法，不過無論是在遊說的過程中還是在戰場上，都需要前期的深度揣測，瞭解對方的作風、品行、特點、實力等，這樣才能為後期的雙方角逐提供基礎條件。暗中揣測也即是對雙方力量的權衡，權即權衡、斟酌，經過既「揣」又「摩」，真正瞭解和把握對方以後，就要根據客體的不同情況，仔細權衡酌定說人處事的策略和技巧，這就是「權」，即量宜發言。

遊說，是勸說別人聽從自己的主張，希望對方能按照我們的主張辦事。勸說別人，就要憑藉利用其思想情緒，投其所好。那麼，這就需要巧妙地運用語言的力量，就要假借例證充實言辭的力量。借助言辭，就要增減言辭以迎合對方心理。

第一，與人交談，還要考慮心理因素、感情因素和事理本身的因素。

通常，可根據具體情況適當調整言談內容，有意識地提高自己的可信度，增強可接受性，這樣當對方對我們的言辭不存有戒備之心的時候，也就是我們即將成功說服他人的時候了。

有時宜於順著對方的心理，強調共同點，迎合對方，以顯示雙方思維上的共向性、感情上的相容性和利益上的一致性。這樣，易於取得信任，對方也樂於接受自己的觀點。

有時要言談平實公正，不論是非取捨，都不遲疑不含糊，善於決斷，敢於負責，以示非閒聊之語、非笑謔之談、非兩可之說。說話有一定分量，可增強講話的嚴肅性與約束力。

有時需要有意識地探試對方的情況，摸清對方的底細，或攻或守，或虛或實，並善於進謀，善於權衡得失，為自己謀略的實施做好鋪墊。

第二，遊說的過程中還要考慮要說服的對象。

　　瞭解對象屬於哪一類時，要注意的是不要被遊說對象的某些假象所欺騙。因為有的人骨子裡是追求重利的，但表面上卻表現出一副淡泊名利、追求高尚德行的樣子。如果你跟他講清高、廉潔，他表面上會迎合你，而實際上則會疏遠你；而如果你用利益去遊說他，他表面上會斥責你，而暗地裡則會採用你的主張。遇到這樣的人，就需要格外小心，要遊說成功就需要你為他設定出一種既能滿足他好虛名的心理，又能使他獲得重利的法子，否則很難滿足他。

　　瞭解遊說對象的意圖，按照他的心意進行遊說，一般來說比較容易取得成功。但是，還要懂得保守或隱藏別人的心意，否則，遊說雖然成功了，可自己的小命卻可能不保。這就是我們通常說的：「一個人不瞭解別人，不容易找到朋友；一個人太瞭解別人，也不容易找到朋友。」

　　總之，遊說需要瞭解自己，當然更重要的是瞭解遊說的對象。然而這種探測對方的方法也需要很多努力，只有配合以適當的技巧，才能獲得最大的成功。

鬼谷子教你詐

　　遊說是將自己的思想賣給對方的過程，要想讓對方接受自己的主張，就需要瞭解對方，根據對方的喜好選擇自己遊說的方式、技巧。當然這種暗中揣度權衡必須在暗中進行，只有讓對方不知不覺地發現雙方共通性以及存在的利益共同點，才能順利實施自己的計謀，進而實現遊說的成功。

揣測人意，答非所問裝糊塗

　　鬼谷子在《揣篇第七》注裡面說：「古之善用天下者，必量天下之權，而揣諸侯之情。量權不審，不知強弱輕重之稱；揣情不審，不知隱匿變化之動靜。」意思是，古代那些善於處理天下糾紛進而操縱天下局勢的人，必定能夠準確把握天下形勢的變化，善於揣測諸侯國君主的心。有時候揣測是一種高明的手法，如果再適時裝裝糊塗，那麼就是如鬼谷子一樣的大智慧人了。

　　在工作和生活中，當遇到對方提出的問題比較尖銳或是難以直接回答的時候，我們就會採取答非所問的方法，從側面表明自己的真實想法。這樣既不會因為直接回答對方，導致雙方陷入尷尬的境地，也不會因為直接拒絕回答，導致雙方產生矛盾和誤會，因此，答非所問的回答方式，很好地解決了這個難題。當然，在我們準備回答對方的時候，必須以瞭解對方的真實意圖作為前提條件，只有摸清了對方的真實想法，才能選取合適的方式方法去表達自己的想法。

　　鬼谷子認為，說人主者，必當審揣情。善於治理天下的人，必然會審慎地把握國家發展的趨勢，揣度各諸侯國的具體情形。謀臣策士縱使有古代賢王之道，當代聖智之謀，倘若不能揣情，也就不能成功地遊說人主。如果不能周密切實地審時度勢、權衡利害，就不會知道諸侯國的強弱情況。如果不能周密地揣度形勢，便不知道個中隱蔽情況的發展變化。因此，「揣情」之術為「謀之大本也，而說之法也」。可見「揣情」之術實質上是教謀臣策士在進言獻策之前要察言觀色，做到有的放矢，對症下

藥。

　　善於運用「揣情」的人，經常策劃謀略，在事情發生之前，就能大概推測出來。揣測就是要權衡對方實力的大小，預測雙方未來局勢的發展，分析實施每一個計謀的利弊得失，哪一個是長策，哪一個是權宜之計。揣情最難的就是窺探出對方的心理變化，而遊說時的進言獻策又必須是順應時勢的，還要合乎對方的心思。如果說客能夠準確地判斷局勢，趨利避害，就可以更好地推動自己的事業，那麼其中最關鍵的還是要求謀臣策士們，能夠審視事物發展的微妙變化。所以，在進行詳盡的揣情之後，還要反覆地加以推敲、修飾，讓自己的遊說之辭以更好的形勢呈現給君王，這樣才能夠使自己的遊說成功。

　　漢光武帝劉秀的姐姐湖陽公主的丈夫死去後，她想梅開二度，光武帝就說：「姐姐你想嫁誰，我可為你保媒。」光武帝跟她談論滿朝的文武大臣，暗中猜測她的心思，看她相中了哪一位。其實湖陽公主早就看中了朝中品貌兼優的宋弘，於是對光武帝說：「宋弘先生的儀表相貌和品德才幹非常出眾，滿朝文武沒有誰能趕得上。」光武帝說：「讓我想想辦法。」
　　一次，劉秀先以談工作為名召來宋弘，另叫湖陽公主坐在屏風後面聽著。這樣，湖陽公主既可以隔簾聽到擬選夫婿的談吐，又可以挑簾看未來老公的相貌。光武帝也不單刀直入，先是東拉西扯談工作，然後再拐彎抹角，探宋弘的口氣：「俗話說，人地位高了，就改換自己結交的朋友；人富貴了，就改換自己的妻子，這是人之常情嗎？」其實，這是光武帝在做宋弘的思想工作，誘導宋弘：富貴後理所當然應該換老婆了。估計宋弘來之前，就已猜到光武帝要跟他談的是什麼，所以，宋弘從容地回答說：「我聽說『患難之交不可忘，糟糠之妻不下堂』，也就是說，人在生活貧困、地位低下時結交的朋友不能忘記，最初的結髮妻子不能讓她離開身邊。」兩人好像在談論人生哲理，其實都是在向對方試探火力。
　　光武帝的腦子比誰都好用，見話不投機，馬上轉移話題，東拉西扯一番後，就把宋弘送走了。光武帝等宋弘走後，就回頭與屏風後面的姐姐

說：「這個媒難做啊，宋弘你是嫁不成了。」湖陽公主只好作罷。

當光武帝跟宋弘談論「貴易交，富易妻，人情乎」的時候，宋弘已經明白劉秀問話之意。但他進退兩難，應允吧，有悖自己的人品，也對不起貧賤相扶的妻子；含糊其辭吧，還會招來麻煩；直言相告吧，既不得體，又有冒犯龍顏之患。所以他也引用古語來「表態」，委婉而又直截了當地表明了自己的態度。

宋弘沒有直接拒絕光武帝的說媒，而是採用巧妙的答非所問的方式，回答了光武帝自己的決定，這樣既不會傷及龍顏，乃至引來殺身之禍，也不會因為難拒聖意而違背自己的心意，進而拋棄自己的結髮妻子。

鬼谷子認為，答非所問也是謀士在遊說的過程中所採用的一種方法。當遇到不好直接表明自己心意的情況時，就可以採取答非所問的方法，巧妙地從側面表明自己的真實意圖，這樣既不會造成尷尬的場面，也不會因為不好直接回絕而勉強自己，違背自己的心意。當然，在謀士遊說的過程中，對方也有可能會採用答非所問裝糊塗的做法，這時候就需要謀士能夠準確地判斷出對方的真實意圖，以便找出更好的計謀去說服對方。

揣情的方法有很多。第一，順著揣，有意識地順著對方的心理，把對方喜歡或者厭惡的感情推向極致，並且把這種感情充分暴露出來，從而瞭解對方的真實意圖。第二，要善於從側面去瞭解、揣摩，如果無法從正面把握對方的內情時，要改變方式，從周圍人或者其他事情中去揣情，放棄直接的方法，採用間接的方法去瞭解對方、揣摩對方。第三，以小見大，善於從微小跡象中去揣測對方內在的思想趨向。

揣情的對象是十分豐富的，因事而異。需要出奇方能制勝，只要善於揣度人的智謀，分析人的特點，就能摸清對方的真實意圖，瞭解內外局勢的真實情況，確認資訊的準確性，分析利弊，使之為我所用。還可以引誘對方說出真情，然後通過恭維來鉗住對手。鉤鉗之語是一種遊說辭令，其特點是忽同忽異。對於那些沒法控制的對手，或者先對他們威脅利誘，然後再對其進行反覆試探；或者在反覆考驗中毀滅對方，或者把摧毀對方作

為反覆考驗；或者先對他們反覆試探，然後再摧毀他們。

當想要重用某些人時，可採取先賞賜財物的方法，對他們進行試探；或者通過衡量其才能創造氣氛，來吸引人才；或者通過尋找機會來控制對方，在這個過程中要運用抵之術。不論採用什麼方法去揣測對方，都要確保資訊的準確性以及可靠性，這樣才能保證揣情的成功，進而促使遊說的活動得以順利完成。

揣情之術可以使人受益，也可以使人受害；可以使人富貴，也可以使人貧賤；可以使人地位顯赫，也可以使人微不足道；可以使人成功，當然也可以使人失敗，這些都是揣情之術有可能產生的後果。所以，即使是賢明的君王，有著過人的智慧，如果沒有揣度他人心理的能力，面對複雜多變的局勢也不能夠識破它。所以說，揣情之術是策劃事物的基本條件，是謀臣策士遊說的基本法則。

鬼谷子教你詐

　　揣情術是說客常用的一種方法，通過「揣情」可以探明對方的真實意圖，摸清自己所處的真實情景，掌握對方的重要資訊，以便從中找出更合適的計謀去遊說。揣情，貴在事先能準確判斷對方的心理，通過由表及裡的方法，挖掘其隱藏在內心的東西，所謂「謀事在先，成事在後」，就足以說明「謀」的重要性，巧妙地把握事物內相，使事物通過謀而後成，是遊說過程中很重要的一環。

5

巧施苦肉計，反擊也溫柔

　　在《忤合》篇中，鬼谷子著重論述了「以反求合」之術。他說：「成於事而合於計謀，與之為主。合於彼而離於此，計謀不兩忠，必有反忤。反於是，忤於彼；忤於此，反於彼。」事物總是有正有反，有利有弊，有直有曲，具有謀略的人總是能夠化不利為有利，總能根據自己的需要，適時改變鬥爭的形勢，變被動為主動，從而化險為夷，轉危為安。在談笑中，要達到某一目的、實現某一意願，常常需要曲折、靈活地應變，以求成功，這正是「忤合」之術。

　　事物總是處於不斷的變化中，正如鬼谷子所說的：「世無常貴，事無常師」。因此，「成於事而合於計謀，與之為主」或「合於彼，而離於此，計謀不兩忠，必有反忤」。可見，「忤合」是事物發展變化中的應變常規。任何事物都有正反逆順的發展形式，使用「忤合」之術的前提，是必須對具體事物進行全方位的分析與研究，從而確定採取具體的應變方法。如果沒有具體分析到特定對象，那麼缺乏針對性的以反求合，不僅不能實現原先意圖，而且可能適得其反。

　　比如「苦肉計」，利用的是人們的常規思維。通常沒有人願意傷害自己，如果說被別人傷害，就會被認為這肯定是真的。己方如果利用這種常規心理，以假當真，敵方肯定信而不疑，接著再實施自己的計謀，這樣才能使苦肉計得以成功。苦肉計也可以說是一種特殊做法的離間計，運用此計，「自害」是真，「他害」是假，以真亂假。己方在敵方面前要造成內部矛盾激化的假像，再派人裝作受到迫害，以假投降為突破點，藉機鑽到

敵人心臟中去進行間諜活動。「逆反心理」是一種常見的心理現象，在軍事方面運用很普遍，苦肉計就是兵家常用的計謀。

三國時期，孫劉聯軍和曹操在赤壁的一場戰爭，給人們留下了深刻的印象。當時，曹操的八十萬大軍準備進攻劉備和周瑜的聯軍，劉備和周瑜很清楚，自己的軍隊僅僅有五萬兵力，而曹操的軍隊足足有八十萬人馬，自己遠不是曹軍的對手。雙方軍事實力的懸殊是一個無法解決的難題，怎麼辦呢？正當劉備和周瑜兩人無計可施的時候，黃蓋來到帳中對周瑜說：「都督，我可以假裝投奔曹操，讓曹操放鬆警惕，之後再找機會把曹操的大軍一舉攻破！」周瑜聽後被黃蓋的忠心所感動，便同意了黃蓋的方案，希望此計能緩解雙方軍事力量懸殊的危機。

周瑜和黃蓋事先約好要演一場戲，在一次軍事會議上，周瑜和黃蓋故意因一件小事大吵了起來，黃蓋甚至出言不遜，讓周瑜下不來台。周瑜大怒，下令要把黃蓋趕出軍營。在眾多將領的苦苦哀求之下，周瑜才沒有把黃蓋逐出軍營，但還是把黃蓋打了五十軍棍。這件事被曹軍派來的探子知道了，便把這件事迅速報告給了曹操。後來曹軍的探子又聽說黃蓋對周瑜懷恨在心，想投奔曹操。曹操大喜，可他並不知道，他正在一步一步地落入周瑜精心設計的圈套之中。

在赤壁之戰中，黃蓋帶著幾名士兵駕著一艘小木船駛向曹操龐大的艦隊。黃蓋的船上蒙著一層油布，裡面裝的是滿船的乾草。曹操看到黃蓋，自以為這仗贏定了。沒想到，等黃蓋的小船距離曹操的艦隊只有幾里遠的時候，黃蓋竟然點燃了船上的乾草，隨後和士兵一起跳入水中游走了。無人駕駛的木船在風的推動下衝向曹軍的船隊，頓時火光沖天，哭喊聲、爆炸聲響成一片。在赤壁之戰中，曹軍幾乎全軍覆沒，曹操也險些死於關羽的刀下。

今天，人們常用「周瑜打黃蓋──一個願打，一個願挨」這句歇後語來形容兩廂情願的事，以表示後人對黃蓋的尊敬。

在軍事上，詐降之術、詐敗之法均為「忤合」之計。此計是用自我傷害的辦法取信於敵，以便進行間諜活動。「人不自害」是人們習慣的思維定式。苦肉計就是利用這一心理定式，在敵人面前故意做出受迫害的假象，以迷惑和欺騙敵人，或打入敵人內部，對敵人進行分化瓦解或給予致命一擊。

苦肉計一定是由某種自己無法抗爭的力量導致的，利用好這樣的常理，自己傷害自己，以矇騙他人，從而達到預先設計好的目標。苦肉計不僅用於軍事戰爭之中，還廣泛地用於社會生活的各個領域。在現代經商活動中，經營者利用「苦肉計」對自己的不合格產品進行集中銷毀，用以引起廣大群眾的注意，樹立自己企業的良好形象，為下一步賺回更多的錢埋下伏筆，是非常可取的。

施行苦肉計，要進行自我傷害，有時這種傷害是非常痛苦的。苦肉計不僅是一個苦計，而且還是一個險計。如果敵人多謀善斷，不但自我傷害之苦要白忍受，而且連性命也難保。因此，使用此計需要格外謹慎。

鬼谷子認為，無論在任何時候，都要能夠進行周密的計畫、分析，計算準確以後，還要在確保對自己有利的情況下，再實現「忤合」之術，否則將會無功而返，達不到預期的目的。如果時機不對，就急於求成，耐不住性子，這樣就很難順利化不利條件為有利條件。因此，在實施自己的謀略之前，一定要把握好當時雙方的局勢，瞭解清楚對方的意圖。

在環境不利於我們發展的時候，要充分發揮自己的主觀能動性，相信依靠自己的力量，可以化不利為有利，可以將局勢轉危為安。不論遇到什麼情況都要積極發揮自己的想像力，積極採取措施轉化危機，打破常規思維，謀劃出更有效的策略去破解難題。當然，在我們身處順境的時候也不能沾沾自喜，而是要時刻有居安思危的意識，這樣才能在激烈的競爭中永遠立於不敗之地。

鬼谷子教你詐

　　無論在任何時候，也不論在什麼地方，面對複雜局勢時，都要進行周密的謀劃、分析，在確定雙方的力量懸殊、具體情形之後再實行「忤合」之術，這樣才能夠無往而不勝。苦肉計打破了人們的定向思維模式，一反常規，採用假「他害」、真「自害」的以假亂真的方法，蒙蔽對方，然後趁機奪取勝利。

6

兵不厭詐，因人設局

兵不厭詐，就是根據敵人的特點而給敵人設計出一個新的圈套，等敵人上套之後巧妙地實施自己的計謀。鬼谷子說：「摩者，揣之術也。內符者，揣之主也。用之有道，其道必隱。微摩之，以其索欲，測而探之，內符必應。其所應也，必有為之。故微而去之，是謂塞窌匿端，隱貌逃情，而人不知，故能成其事而無患。」在遊說的過程中，也經常會用到此計，如果說客真正做到了「用其意」，那麼就沒有勸不動的對手了。通過自己的計謀讓對方不知不覺就被控制，如果說客都能真正做到「用其意、得其情、制其術」，那麼也就能夠像鬼谷子文中所說的：「獨來獨往，莫能止之」了。

鬼谷子講「用其意」，指謀臣為揣摩君王的意圖、嗜好而和君王往來，以此獲取信任。只有瞭解了君王的真正想法，知道他想要得到什麼，謀臣才可以根據君王的需要投其所好，得寵於君王。

想從對方那裡得到什麼，或者是要為對方設下圈套，也或者是想取悅於對方，消除對方的戒備心理，都是對「投其所好」的良好應用。如果有人無緣無故投你所好突然送你喜歡的東西給你，那麼你就應該細心地判斷一下，揣摩對方的心理，他送你東西的真正意圖是什麼，進而掌握主動權，對其加強防範，以免在不自覺中進入別人設好的局。任何事物的反常現象，都肯定隱藏著陰謀。

對於突然對我們百般討好的人，要加倍當心；反之，當我們需要利用他人，要採取對策對付別人的時候，首先就要瞭解清楚具體情況，仍然要

記住投其所好，因人因事制宜。具有謀略的人，其感情的聯繫往往來源於平時的接觸。臣子結交君王，有的用高尚的道德情操來結交，有的就以交朋友的方式來結交，有的則以送給對方財物來結交，有的則用美貌來結交，方法不一，但是都有一個共同的目的，就是投其所好，當對方除去戒備心的時候，就可以根據自己的謀略採取適當的方法，最終達到目的。

現代的商業經營中也經常需要考慮所面對的人群，根據具體人群的不同特點來採取不同的方法去應對。不同的消費者群體有不同的特點，通過分析一類消費者群體的特點，然後針對具體的特點制定不同的應對策略，才能做到有的放矢，達到事半功倍的效果。

在商業經營中動之以情，撼動人心，常是贏得顧客的絕招，也就是利用心理戰術贏得消費者。

傑克是美國著名商人，他有一雙特別能發現商機的眼睛，經常能打破常規，在他人看來無利可圖的事情中發現商機，進而獲取厚利。

二〇〇八年世界經濟都不景氣，當時美國經濟也正處於蕭條時期，很多小企業都倒閉了，大批商品積壓在庫房，遭遇滯銷。傑克是一個善於動腦筋的人，當他看到蕭條的市場，滿大街都是促銷商品的時候，就想出了一個辦法。

他在波士頓市中心最繁華的地段處開了一家商店，並在電視上做了幾次廣告，大力宣傳自己的商品，聲稱該店有一套與眾不同的經營方法：商品標出價格的頭十天按全價出售；從第十一天起到第十七天降價 20%；第十八天到第二十三天，降價 40%；第二十四天至三十天，降價 65%；第三十一天至第三十六天，降價 80%最後如果仍然沒人要，商品就免費送給慈善機構。

傑克這一商店的開辦，很快成了人們議論的話題，很多人都因為傑克的經營模式、促銷方法而感到驚詫，幾乎每一個人都想去這個商店看一看，都想知道這樣會不會讓傑克破產。當然，大部分人預言並且相信：「這個笨蛋將傾家蕩產。」因為，如果顧客等到商品價格降到最低時才

買，商店豈不吃大虧？不用說賺錢了，恐怕連本錢都要賠進去了。

最後令大家不能相信的事實卻是，傑克商店的商品十分暢銷，店裡每天的顧客量都要高出其他商店的很多倍。一家製衣廠的產品積壓很多年，來求助於傑克，結果不久便銷售一空。從此傑克商店的名氣也就越來越大，還有很多慕名而來的遠方顧客，傑克的生意一天比一天好。

傑克的高明之處在於他揣測出了顧客的心理：我今天不買，明天就會被他人買走，還是先買為強。更何況還有些同情者呢。

大多數消費者都有一種逆反心理，傑克正是因為摸清了消費者的心理，才使自己的行銷策略一舉得勝。根據消費者的心理特點，而有針對性地採取特定的方法去影響他們的消費行為，是需要決策者具有敏銳的洞察力和判斷力的，能夠準確發現並且有效地利用消費者的心理特點，才能找出更有效的方法去施展自己的策略與計謀。

在不同的環境中見到不同的人，應該用不同的方式講不同的話，還要採取不同的應對策略。不過要以平常心對待，否則會得不償失。「見什麼樣的人說什麼樣的話」，正是重中之重。凡事要因人制宜，做人處世要會「方」，也要會「圓」，要有心眼，要學會變通，這才是根本目的。

善於隨機應變的說客，能夠詳細瞭解體察當時當地的形勢，用容易變通的語言預言，並且給自己留有餘地，以隨機應變。正所謂，「事有不合者，有所未知也，合而不結者，陽親而陰疏。事有不合者，聖人不為謀也」。

鬼谷子認為：「故口者，幾關也，所以閉情意也。耳目者，心之佐助也，所以窺間見奸邪。」由此可知語言表達的重要，耳目觀察的重要。語言是遊說的手段，事實則是遊說、機辯的基礎，而只有言之成理才能成功。因為通過對方的言辭可以推測出他的內心世界、品性、願望，只有瞭解到這些基本的特點，才可以有目的地投其所好，因人因事而採取不同的謀略。鬼谷子認為，無論何人都有自己的弱點，要攻破對方弱點，才能實施我方的計畫。比如，「位高者輕權，財大者輕利」是正常的事情。不論

人之愚、智，皆有自我優劣，所謂「智者千慮必有一失，而愚者千慮必有一得」。

　　遊說的過程中會遇見不同的人、不同的事，當面對紛繁複雜的局勢時，只要我們能夠瞭解對方的真實意圖，就可以具體問題採取具體的方法，既要因人而異，還要因時而異、因事而宜，這樣才能做到因人設局，最終方能取勝。

7

渾水好摸魚，亂中求利

　　任何計謀的實施，都是以達到自己獲勝為目的。在謀略的運用中，除了掌握謀略的實施技巧之外，還要懂得如何為技巧的實施創造有利條件，以及什麼時候實施自己的計謀，才能保證更高的成功率。因為在雙方力量的角逐中，雙方都保持著高度的警惕心理、清晰的邏輯思維，自己的計謀很可能會被對方識破。謀略實施的最高明手法，就是當對手還處於自我混沌的狀態中時，不知不覺進入我方預期設好的圈套，使對方在出乎意料、不知不覺中便敗在我們面前。

　　鬼谷子說：「鉤箝之語，其說辭也，乍同乍異。其不可善者：或先征之，而後重累；或先重以累，而後毀之；或以重累為毀；或以毀為重累。其用或積財貨、琦瑋、珠玉、碧玉、璧白、采色以事之，或量能立勢以鉤之，或伺候見澗而鉗之，其事用抵巇。」意思是，鉤箝之術就是利用忽同忽異的語言對對方進行反覆試探，誘導對方順著自己的思路說話，在誘導時就要忽同忽異，給對手以假象，讓他摸不著頭腦，不知道你的真實意圖，然後不知不覺陷入你的算計之中。

　　「混水摸魚」的運用，首先要懂得適時把局勢搞複雜，有了這個前提條件才能從中得利。它比「趁火打劫」一計具有更深的謀略性，需要前期具有縝密的思維佈局，在實施的過程中，要求指揮員發揮最大的主動性。也就是說在社會動盪不安或軍隊人心不穩之時，各種力量就會互相衝撞，而弱小的一方屈從或反對還沒有確定，此時應將弱小的一方爭取過來，以擴充力量，奪取勝利，或者趁亂取利。

在錯綜複雜的市場競爭中，道理也是一樣。慧眼獨具、手腕靈活的經營者，常趁著競爭對手內部或市場混亂之際，趁機兼併那些力量弱小而又動搖不定的勢力，以擴充自己的力量甚至形成自己的企業集團，使自己的經營更加便利、更加有效，有的甚至還會製造混亂，從中漁利。

當局勢並不具備自己所需的條件時，還經常會出現一方故意為另一方製造混亂的局面，自己可以趁亂利用這種混亂的形勢，亂中取勝，坐收漁翁之利。

二十世紀八十年代，大陸北國糧油貿易公司剛剛成立，規模不大，交易額也不多，主要業務是經銷東北生產的玉米。

因為省內外經銷的單位很多，所以銷路並不是很暢通，效益也不是很好。為此，張經理十分著急，四處找關係，想擴大公司的市場。一段時間跑下來，張經理總算看到了希望，省長的一個朋友給他介紹了一個日本客戶。這個日本人叫中島，是日本一家化工廠的業務經理，這次來中國就是要找一家合作單位訂購公司生產所用的原材料——玉米，這正好是張經理急需找銷路的商品。張經理向中島表達了合作的誠意，並簡單介紹了商品的優點。

交談幾次後，中島又詳細看了樣品，在張經理報價每噸三十二美元的價格後，中島立刻表現出一副驚訝的樣子說：「張經理，這麼高的價格讓我感覺你並沒有想與我們合作的誠意。」說完就拂袖而去，一點也不容張經理解釋。其實張經理的報價並不高，和當時的市場價完全一致。

接下來的幾天，中島以各種理由推託與張經理見面，張經理表示價格還可以再商量，但是中島還是避而不談。張經理也不知道是怎麼回事，弄得手足無措。這時候，張經理接到一個東北糧油公司的電話，對方問：「你們是不是在和日本的中島先生談出口玉米的事？」對方還詢問了張經理的報價。

張經理放下電話心想，中島可能在找別的糧油公司了。急於促成這筆交易的心理，使得張經理立刻去找中島，並表示願意以每噸三十一美元的

價格成交。但是，中島還是不滿意。隨後張經理又接到了另外兩家公司的電話，詢問與中島成交的價格。越是這樣，張經理越覺得不能錯失機會，一定要促成這筆交易，不然前期的努力就會白費了。

後來，張經理又去找中島談判，還把價格壓到了三十美元，這個價格使得利潤空間已經微乎其微了。中島笑道：「張經理，說實話我與其他公司聯繫過，他們的最低報價是二十九點五美元。」張經理聽到這個價格心裡猛地一驚，這個價格正是盈虧分界點，也就是這筆生意不賠不賺。他暗自琢磨著，自己現在的庫存並不多，如果再壓低價格購進一部分，可能還有一部分盈利。想到這裡，張經理說：「好吧，就以二十九點五美元一噸成交。」

中島的臉上立刻露出了一絲笑容，說：「張經理是個很有誠意的人，我決定和你們合作。我馬上與公司聯繫，請示後，後天一早簽協議。」張經理這才鬆了一口氣，雖然這筆生意沒什麼盈利，但總算贏了其他對手。

第三天早上，中島並沒有如約來公司簽協議，張經理來到中島的住處，賓館的服務員說，中島已經在昨天下午就退房了。張經理一下就傻了。

事後不久，張經理在一次貿易洽談會上見到了東北那家糧油公司的經理，兩人談及此事，方才明白，中島在和張經理談價格的時候，他的助手正和東北那家公司談價格。他們知道東北那家有現貨，所以就故意聯繫多家公司，藉助公司之間的相互壓價，最後坐收漁翁之利。

張經理恍然大悟，自己當時起到了給日本人壓價的作用。日本人利用同行之間資訊不透明來製造假象，最終實現渾水摸魚。

當面對的對手比較棘手的時候，很難順利實施自己的計謀，因此，需要為計謀的實施創造有利條件。那麼，事先製造混亂的局面，干擾對方的思維，當對方頭腦混亂，完全摸不清思路的時候，抓住有利時機，實施自己的計謀，這樣既可以避免對手的鋒芒，讓對方不知道我們下一步究竟會採取什麼行動，當他們混亂的時候再實施計謀，即可收穫意外之財。

　　由此可見，渾水摸魚是一種詐中取勝的計謀。「渾水」是運用此計的必要條件，一般情況下水渾有兩種情況：其一是水本來是渾的，我方能夠抓住有利時機「亂而取之」；其二是水本來是清的，我方事先利用計謀把水攪混，然後再有所圖，實現自己的最終目的。後者的難度較大，但實際應用得很廣泛，因為施行此計可以輕易達到目的，代價也較小。

　　我們可以從已經渾濁的水中捉魚，利用在自己沒有參與的情況下而存在的情景，如出現的模糊不清、亂哄哄、混亂無序的局勢來為自己、為他人撈取好處。

　　把水弄渾，就是人為地製造一種模糊、混亂的形勢，或者使局勢複雜化，為自己或為他人神不知鬼不覺地，不為人注意地，不費很大氣力地，不冒很大風險地撈取好處。比如說除掉一個不諳世事的對手，謀得一個官職，利用模糊、不安、無序、混亂而取得好處。

鬼谷子教你詐

　　在敵我雙方所處的局勢比較複雜的情況下，尤其是涉及多方利益的混戰局面出現時，就不能盲目開展行動，而應該分析清楚當前形勢，適時適當地把握機會，亂中求利。如果局勢並不複雜，就可以採用計謀為對方製造混亂局面，以便自己趁機渾水摸魚，從中撈取好處。渾水摸魚是一種代價小、風險小、收益豐厚的計謀，也是我們必修的一門課程。

8

不動聲色，揣情貴在「微」

「揣情者，必以其甚喜之時，往而極其欲也；其有欲也，不能隱其情。必以其甚懼之時，往而極其惡也；其有惡也，不能隱其情。情欲必失其變。」這是鬼谷子所講的《揣篇第七》之術。意思是要學會在別人的不同情緒之下揣測其心思，從細小的地方觀察情況，為下一步工作打好基礎。這是不僅需要揣摩也需要細心的事情。

善於把握天下局勢，處理矛盾糾紛，利用天下情勢的人，一定要衡量天下的權勢，揣測對方的真實意圖，把握形勢的發展。如果不能周密細緻地衡量天下局勢的變化，就不能知道各國強弱虛實的實力比較，如果對其真實想法揣測得不夠詳細，就不能瞭解細微變化的狀況和瞬息萬變的世情，就不能從對方細微的變化中瞭解到其真實的想法，當然就更不能見微知類，以小見大，摸清大的局勢的發展。

鬼谷子講，揣情之術，可以使人富貴，也可以使人貧賤；可以使人手握重權，權傾天下，也可以使人如一介草民，微不足道；既可以使人受益，也可以使人受害；可以使人成功，也可以使人失敗；這些都是揣情之術有可能會產生的後果。所以，即使有賢明君王的仁厚德行，有上等智者的聰慧，如果沒有忖度時勢、探人心理的揣情之術，面對隱藏了真實情況的現狀，也不能瞭解它、識破它。由此看來，揣情之術是謀劃策略、瞭解對方的基本條件，更是遊說人，知彼知己，百戰不殆的基本法則。

能夠從對方的細微表現中判斷出對方的真實意圖，是成功說服對方的重要本領，一旦抓住對方的內心動向，再實施正確的方法加以說服，成功

的機率就大大提高了。在談話的過程中對方肯定會在表情、動作、姿勢等方面表現出某些不同，就是要通過這些細微的表現，判斷出對方的心理，瞭解對方是一個什麼心理的人。

約翰是一位著名的談判專家。一次，他家的房屋因為受到了颱風的襲擊而遭到一定的損害，這棟房子是在保險公司投過保的，所以他決定向保險公司索賠。

約翰給保險公司打過電話後，保險公司的理賠調查員很快就來了。一見面，理賠員主動向約翰問好：「你好，先生，很高興見到你。」約翰也同樣熱情並禮貌地向理賠員問好。緊接著，理賠員坐下後就嚴肅地說：「先生，我知道您的房子在這次颱風襲擊中受到了損傷，我感到很抱歉，在今天的賠償上，恐怕我們不能賠付您太多，如果我只想賠給您一百美元，您覺得怎樣？會不會太少了？」

說完這句話，約翰發現理賠員嚴肅的臉上表現出了絕不讓步的神情，但還是有一絲緊張。憑藉多年的談判經驗，約翰知道這個金額肯定不是對方的心理底價，肯定還可以在這個價格上往上漲。理賠員一開口就說只能賠一百美元，顯然他自己也覺得這個數目太少，有點不好意思。於是，約翰沒有說話，選擇了沉默。

約翰的沉默使得理賠員感到很意外，將近一分鐘的沉默後，理賠員果然沉不住氣了，臉上浮現出了歉意，主動說：「很抱歉，我再加一點，二百美元如何？」這時候，約翰發現理賠員的表情更加嚴肅了。但是約翰還是堅定地說：「不行，我不會接受這樣的條件，這個數目太少了，甚至讓我難以置信。」這時，理賠員的表情鬆懈下來了，表現出很無奈的表情說：「那好吧，三百美元怎樣？」約翰還是說不行。

「那就四百美元吧，這個金額已經很高了，真的不可能再增加了。」約翰沒有理會理賠員的話，而是說：「麻煩你再看一下房子的受損情況吧。」就這樣，談判幾個回合下來，賠償的金額一點點增加，最後以九百五十美元的賠償數額結束談判。

　　約翰憑藉多年的談判經驗，在與理賠員談判的過程中，通過對方的表情、語言等細微的表現，揣摩出對方的真實想法，最終才得以贏得這次談判。

　　從故事中可見，約翰是一個善於觀察細節的人，能夠以小見大、見微知著。他僅僅通過理賠員的細微表情就可以瞭解他的真實心理，最終準確地把握談判的主動權，贏得談判的勝利。

　　可見，揣情術是瞭解對方真實心理的重要方法。一個善於揣測的人，能夠對事情進行細微的觀察和判斷，也說明頭腦清醒並不是單憑說話來判斷事情，揣測人心還要善於從他的表情、舉止等細微的形態，去判斷對方的真實意圖。

　　那麼，從大處著眼來看，要掌握天下大勢，必須善於「量天下之權，而揣諸侯之情」。只有全面衡量一個國家的國情後，才能施大政於天下。這裡所謂的國情是一個很廣泛的代表，它可以涉及國家君臣關係、百姓福祉、官吏素質、天時禍福、地理險易，乃至於物產、資源的具體情況。通過「國情」的具體情況，而推理出國家發展的方向，以及在發展的過程中遇到了哪些具體問題，只有瞭解到這些，才能夠有針對性地採取實質性的謀略。

　　掌握「揣情術」是準確瞭解對方的真實意圖，有效實施計謀的根本前提條件，沒有「揣情術」就無法知道隱藏在表面現象背後的是什麼。人們一般不會輕易顯露出自己的想法，尤其在不熟悉的人面前，往往會把自己的真實心理隱藏起來，刻意隱瞞自己的真實意圖，不讓其他人看出自己的心理變化。但是，故意的偽裝並不是真實的，總會有漏洞，任何事物都是有破綻的，即便自認為隱藏得多麼巧妙高明，仍然會在自己的語言、表情、動作姿勢等細微的行為上引起他人的懷疑。

　　揣情之術，重點是在細微的地方發現不同，進而一點點推理出對方的真實心理。在揣情的時候，應當學會見微知著，以小見大，揣度人情、事理以便推測出事物發展的方向。人的思想感情總會表現出他真實的內心想法，揣情就是要由表及裡發掘那些隱藏在內心的東西，通過微小的表象得

出其真實意圖，巧妙地把握事物內相，使得事物先謀而後成 。這需要一個長期的磨煉過程，正所謂：「謀事在先，成事在後」，即為同理 。

鬼谷子教你詐

　　揣情術的根本就是要察言觀色，重點就是「微」。也就是說要善於從對方外在的表現，通過探測分析，掌握對方隱藏在內心深處的真實的思想感情。懂得察言觀色的人通過一句話，甚至一個眼神就能讀懂對方，從而隨機應變，見機行事，在策劃謀略的時候也會更加得心應手。

9

將計就計，不言不語事可成

在「將計就計」這一謀略中，「計」對於敵人而言就是他們的如意算盤了，在這個計策裡要求我們，明明知道對方的計謀而裝作不知道，對方把它當作最佳妙計，對我們來說卻是給他們設的一個圈套，而敵方對此全然不知。其實就是利用敵人的麻痺心理，當他自以為我們已經上當的時候，再給他設一個圈套，讓他不知不覺地中計。

鬼谷子也認為在軍事戰略上，往往採取「以無形探求有聲的言辭」這種策略，如果對方把自己的言行透露出來，我們只需張開網，靜靜等待對方謀略的實施，這就像張開網捕野獸一樣。用巧妙的方法引誘對方把自己的真實意圖透露出來，然後才能有所防備，不至於走進對方所設的圈套。

「欲聞其聲反默，欲張反斂，欲高反下，欲取反與。」就是說想要講話，反而先沉默；想要敞開，反而先收斂。想要瞭解對方的實情，就要善於運用模仿和類比的方法，以便把握對方的言辭。能否運用好「欲取反與術」，關鍵在於能否把握好對方計策的應用，然後巧妙地再為對方設計一個計策，讓對方不知不覺地進入我們設的圈套，由此巧妙取勝。

《三國演義》第七十七回和第七十八回中講，孫權把關羽殺了以後，正沾沾自喜，一副志得意滿的模樣。這時候謀士張昭求見，孫權問是什麼事，張昭嚴肅地說：「主公，咱們的大禍要來了！」孫權一臉不解地說：「你這是從何說來？」張昭說：「您殺了關羽父子，而關羽可是劉備的結義兄弟啊，曾誓同生死。現在，劉備已經有了兩川的兵力，再加上諸葛亮

的謀略，張飛、趙雲、馬超、黃忠等將領的英勇善戰，一旦劉備知道關羽父子遇害，能善罷甘休嗎？他們一定會起傾國之兵，奮力報仇。我恐怕東吳難於抵禦了!」

這時，孫權才如夢初醒般恍然大悟，立刻大驚失色地連連跺腳：「哎呀，我是大大失策了!可事已至此，應該怎麼辦？」張昭說：「您不必憂慮，我有一計，可轉危為安。」

接著張昭就對孫權說：「現在，曹操坐擁百萬大軍，對華夏一帶虎視眈眈。劉備如果要興兵報仇，一定會與曹操聯手。如果兩處聯兵一起攻打我們，我們就危險了。所以，我們可以先派人把關羽的頭送給曹操，就表明我們之所以擒殺關羽是受曹操的指使。這樣，劉備必恨死曹操，西蜀之兵也就不會攻打我們，轉而攻打曹操，我們就可以坐山觀虎鬥，然後從中獲利。」

孫權聽後覺得張昭的計策不錯，於是馬上派使者把關羽之頭盛入木匣中，送到曹操那裡。這時候的曹操正因為前段時間關羽水淹七軍而坐立不安，如今看到孫吳的使者把關羽的頭顱送到跟前，頓時覺得解除了心中大患，喜不自勝：「雲長已死，我終於能睡個安穩覺啦!」「這是東吳嫁禍於我們的奸計!」曹操的話音剛落，主簿司馬懿就大聲說道。曹操忙問怎麼看待這件事。司馬懿說：「當年劉、關、張桃園結義時，誓同生死。現在東吳殺了關羽，肯定是因為怕劉備興兵報仇，所以才把關羽首級獻給您，這樣就可以使劉備轉而遷怒於我們，不再攻打東吳，而跟我們算帳。東吳正好在我們和劉備兩敗俱傷時，坐收漁翁之利!」曹操頓時明白了：「你說得有道理，我們該怎麼辦？」

司馬懿道：「這不難辦。曹公您可以把關羽的首級配上香木刻成的身軀，然後以大臣的禮儀隆重安葬。這樣一來，劉備肯定就不會恨我們了，只會恨東吳而盡全力東征了。我們卻可以坐山觀虎鬥，如果劉備勝，我們也攻東吳，如果東吳勝，我們就同東吳一起消滅掉劉備。這樣只要有一方被我們消滅，剩下的那一方也就不會長久存在了。」曹操聞之大喜。於是

立刻召見東吳使臣，命令收下關羽的頭顱，又命工匠迅速刻一香木軀體，與關羽頭顱配在一起。一切準備好後，曹操率領文武百官，大供祭祀用品，並以王侯之禮隆重為關羽送葬。曹操親自在靈前拜祭，並追贈關羽為荊王，還派專門官員長期守護關羽之墓。

這種葬禮，在魏國可以說絕無僅有。以曹操的身分和人格，對關羽的尊重有禮，也可以說沒有什麼可以與此相比了。劉備聽說曹操厚葬了關羽後，果然只恨東吳，發誓要傾國出動，與東吳不共戴天，誓死為關羽報仇。

孫權本想嫁禍於曹操，但沒想到計謀被司馬懿識破。曹操將計就計，用高規格厚葬了關羽，使孫權計畫破滅，劉備沒有如他所願將怨恨轉向曹操，還是要興兵東吳，誓死為關羽報仇。

一般來說，將計就計是一種在被動的形式中，包含有主動內容的智謀。從表面來看只能成為一種自我麻痺的形式，對方常因正中下懷而沾沾自喜，喪失警惕，因此將計就計能用最小的代價去換取最大的利益，而且成功的機率比較大。難怪軍事謀略研究專家李炳彥說：「將計就計是破百計之大法，應萬變之總術。」

使用將計就計沒有固定的模式，需要當事人在實踐中去體悟。通常要根據對方所施的計謀靈活改變。具體來說，首先必須以料敵準確為前提，即看穿對方的陰謀。古人說：「用兵必須視敵之虛實而趁其危」。孫子也十分強調「先知」，他說，「明君賢將，所以動而勝人，成功出於眾者，先知也」。不知對方伎倆，根本就談不上將計就計。因此，面對對方真真假假、虛虛實實的欺騙手段，要辨別清楚敵人計謀的真假虛實。其次，自己所用的將計就計從表面上看要順應對方之計，並且偽裝自己中計時要不露破綻，不然也很難獲得成功。

鬼谷子教你詐

　　將計就計的關鍵是識破敵人的計謀，和他們所想達到的目的，只有這樣，才能反其道而行之，使對手吃苦頭，而且往往苦頭還是對手自己找的。其實質在於順應敵方的意圖，因勢利導，利用對方設的圈套再設一個圈套，在敵人給我們挖的陷阱之外再挖一個陷阱，最終讓對方自食其果。

第九章

決謀

輔以決疑，巧妙決斷利益最大

做事離不開一個決斷，所謂快刀斬亂麻，
倘若時機未到，斷之則損，若是過度拖延，
則機不再來。唯有站在高處，
以高瞻遠矚的眼光和精準的預測，
再輔以鬼谷子的決斷技巧，
方可在行事中趨利避害，永保安康。

當斷不斷，反受其亂

鬼谷子的《決》篇說，「決」，即決斷，決策。決疑斷難，是遊說策士們的重要任務之一，也是他們所應具備的主要技能之一。鬼谷子認為：「當斷不斷，反受其亂。」善於判定情況做出決斷，是萬事成功的關鍵。

決斷在現實生活中起著相當重要的作用，決策必須當機立斷。鬼谷子提出了「決情定疑，萬事之機」的觀點。然而，萬事萬物的決策都離不開事物存在的各種背景，以及事物之間錯綜複雜的關係。所以，研究事物之間相互依存的關係背景，以及諸多事物之間的錯綜複雜關係的前提，就是要防止認識的迷惑與偏見性，以便準確無誤地決斷。

鬼谷子講，「決疑」主要說明了遊說者在什麼情況下做出決斷，和如何去解決別人的疑難問題。遊說者的目的就是解除別人的疑惑，並為其免除災難，但是事實上，要使一個身陷迷局、危難重重的人採取果斷的措施，並不是一件很容易的事。

人的本性都具有趨利避害的特點，當事情的結果還不明朗的時候，往往會出現當局者迷的情況，經常會因為暫時的利益誘惑而左右為難，有的時候即便是災難纏身也不能清醒地看到這一點。因此遊說者就必須能夠使當局者看到前途，一旦決策失誤就會給別人帶來很大的災難。因此，遊說者在做出決疑之前必須分析清楚當前局勢，考慮好事後的結果，為將來的結果做出最壞的打算。因為決斷任何一件事都有可能有得有失，當弊大於利的時候，就應該毫不猶豫地選擇後者，反之，則選擇前者。這就是鬼谷子的「決情定疑，萬事之機」。

在商業世界裡，果斷的決策力可以使人及時抓住有利時機，為自己創造更多的財富。四十年前在日本大阪有一家小公司，面臨著嚴重的生存危機，員工向公司老闆提議要求公司放棄「小而全」的方針，也就是放棄大路商品，將自己的生產面縮小，專門生產尿布，但是老闆沒有同意。這個消息傳到另一個同樣面臨倒閉的小公司後，該公司立即將公司的主營業務做了調整，很快公司就轉虧為盈。而沒有接受建議的那家公司沒過多久就倒閉了。

大阪的這家名叫尼西公司的小企業，在創辦之初被寄予很高期望。然而，經營者過於理想化，總是想像著怎樣使企業辦得有「氣派」，企業越來越成功後會怎樣，卻幾乎不考慮經營目標和服務對象等問題，也從不考慮公司未來的發展方向。

公司的規模並不大，人員也緊缺，主營業務卻是生產門類齊全的橡膠製品，推行「小而全」的經營方針。剛開始市場競爭不是很激烈的時候，公司的危機並不是很明顯，但是幾年後，同類行業競爭越來越激烈，尼西公司越來越不具備競爭優勢，直至公司因缺乏競爭力，面臨著破產的危機。

公司裡有一個業務經理很能幹，當他看到公司日漸衰退的時候感到很擔心，於是想為公司找出一條新的路子，扭轉這種危機。一天，他從日本政府發表的人口普查資料中受到啟發：日本每年大約出生二百多萬個嬰兒。他想假如每個嬰兒用二條尿墊，全國一年就需四百多萬條。像尿布這樣的小商品，大企業根本不屑一顧，而小企業不一樣，雖然人力、物力和技術有限，但小有小的優勢，只要存在一定的市場需求，滿足消費者的需要，即使是小商品也能做成大生意。於是他把這個想法告訴了領導階層，但是這個建議經過多次考慮後並沒有被採納。

後來，這個建議傳到另一家叫中島村的小公司，這個小公司也同樣面臨著生存危機。中島村公司的總經理仔細考慮過這個建議後覺得很不錯，於是很快就將公司的主營業務轉向尿布生產。經過幾年的努力，中島村公司對產品更新換代，精益求精，滿足了消費者不斷革新的需求，公司的營

業額蒸蒸日上，銷售量與日俱增，不僅沒有在危機中倒下，反而因為及時轉型而越做越大。而尼西公司因為沒有採納轉型的建議，兩年後就倒閉了。

　　由此可見，在市場劇烈競爭的情況下，如何根據企業自身的實力選擇經營方向，關係到企業的興衰存亡。尼西公司在企業面臨困難之際，沒有果斷放棄生產市場上的大路商品，一意孤行，最終倒閉是歷史的必然。而中島村公司卻獨闢蹊徑，在該決斷的時候迅速做出決斷，放棄原有的不具備競爭力的業務，轉向生產尿布，終於獲得了極大的成功。

　　在應該做決定的時候就一定要快刀斬亂麻，不然一拖再拖，只會損害自己的利益。在做決斷的時候需要考慮過去的經驗，驗證未來事情的發展，再參照現在事情發展的狀況和條件進一步採取行動。通過綜合分析自身所處的形勢果斷做出決策，才不至於使自己的利益受損。

　　聰明的人都會遇事絕不遲疑，明知事情應該怎樣做，但決定了又不敢去執行，這是一切失敗的禍根。古語有言：猛虎因遲疑不決而被人擒捉，反倒不如小小的黃蜂，蠍子敢於及時放毒刺蜇傷人，千里馬停滯不前，反倒不如劣馬能夠穩步前進；雖然有孟賁那樣的勇敢，但是如果猶豫不決，反倒不如平庸者欲達目的而埋頭苦幹；雖然有舜、禹那樣的智慧，但是如果閉口不言，反倒不如聾啞人用手勢比畫。這些話都說明了付諸行動的重要性。功業是難於成功而容易失敗的，時機是難以得到卻容易喪失的，時機一旦失去就不會再來了。

　　在古代決策史上，鬼谷子的這套決斷理論具有重要地位，其解決問題的原則與方法，即使在當今也仍具有很強的現實指導意義。決疑是決策的先導，正確的決策來源於準確的決疑。決斷的目的是解決疑惑，然而解疑又是為了趨利避害。因此說，「決」關係到一個人、一個國家，乃至一個民族的成敗得失。決斷得正確就會帶來好處，反之，決斷失誤就會引來災難。

鬼谷子教你詐

　　當斷不斷，就會使自己的利益受到損失，通過分析以往的經驗以及對未來形勢的預估，如果可行就做出決斷，這樣不會導致自己處於被動地位。如果在應該做出決斷的時候，反而因為諸多原因而沒有做出決斷，到最後只會給自己帶來一系列的麻煩和損失。

2

好機不可失，決斷貴在快

　　事物總是千變萬化，機會也稍縱即逝。因此，鬼谷子提醒人們：「度以往事，驗之來事，參之平素。」意思是借鑑往事，研究現狀，預測未來，此三者缺一不可。決策者必須慎重，才能正確決斷。在歷史的長河中，「一言興邦」、「一言喪國」的決斷成敗經驗數不勝數。

　　決斷力也是一個人果斷力的反映，就是面對抉擇能夠快速做出判斷，不優柔寡斷。決斷不能當斷不斷，必須當機立斷。時間是事情成敗的重要因素。《鬼谷子》中多次提到在一定條件下「可則決之」，意思是能夠決策的事情就要迅速決斷。

　　鬼谷子還說：「故夫決情定疑，萬事之機，以正亂治，決成敗，難為者。」澄清動亂，預知成敗，這是一件很難做到的事。快速的決斷力往往能夠使一個人抓住千載難逢的好機會，對於個人來說，抓住機會可以促使他事業上的成功，工作上的順利；對於國家來說，就可以推動一個時代的發展，或穩定政局，或富國強兵，或造福子孫；而失誤的決策就會喪權辱國，或使自己身敗名裂。因此說，決斷貴在快。

　　西元前二〇六年，劉邦的軍隊駐紮在灞上。劉邦的左司馬曹無傷悄悄派人去告訴項羽說：「劉邦想佔領關中稱王，讓子嬰做他的國相，珍珠寶器都歸自己所有。」項羽聽了非常生氣地說：「明天用酒肉犒勞士兵，打敗劉邦。」

　　此時，項羽的軍隊有四十萬人，駐紮在新豐縣鴻門；劉邦的軍隊有十

萬人，駐紮在灞上。范增勸告項羽說：「劉邦在山東時，貪圖財物，喜愛美女。現在進入關中，財物一點不要，婦女一個也不親近，這表明他的志向不小。我派人去看過他那裡的雲氣，都是龍虎形狀，這是天子的雲氣啊。必須趕快攻打他，不要失掉機會！」

楚國的項伯是張良的故交，項伯連夜騎馬趕到劉邦軍中，私下會見了張良，詳細地把事情告訴張良，想叫張良和他一起離開劉邦，說：「不跟我走將會一起被項羽所殺。」張良說：「我替韓王護送沛公入關，沛公現在有急難，我逃跑離開是不講道義的，我不能不告訴他。」

張良把項羽的計畫告訴了劉邦，劉邦大吃一驚，說：「這該怎麼辦呢？」張良說：「大王的軍隊能夠抵擋住項王的軍隊嗎？」劉邦沉默了一會兒說：「本來不如人家，將怎麼辦呢？」張良說：「我去告訴項伯，說沛公不敢背叛項王。」劉邦說：「你替我把項伯請進來，我得用對待兄長的禮節待他。」項伯進來見劉邦，劉邦立刻奉上一杯酒為項伯祝福，約定為親家，說：「我進入關中，極小的財物都不敢沾染，登記官吏、人民，封閉了府庫，以等將軍的到來。所以派遣官兵去把守涵谷關的原因，是為了防備其他盜賊的進出和意外變故。我日日夜夜盼望著將軍的到來，怎麼敢反叛呢？希望你對項王說明，我是不敢忘恩負義的。」項伯答應了並對劉邦說：「明天你早些來親自向項王謝罪。」劉邦說：「好。」

劉邦第二天帶領一百多人馬來見項羽，到達鴻門，謝罪說：「我和將軍合力攻打秦國，將軍在黃河以北作戰，我在黃河以南作戰，然而自己沒有料想到能夠先入關攻破秦國，能夠在這裡再看到將軍您。現在有小人的流言，使將軍和我有了隔閡……」項羽說：「這是你的左司馬曹無傷說的，不然的話，我怎麼會這樣呢？」

項羽當天就留劉邦同他飲酒。席間，項莊就拔出劍舞起來。項伯也拔出劍舞起來，並常常用自己的身體掩護劉邦，項莊始終沒有得到機會刺殺劉邦。後來，劉邦手下的張良和樊噲感到形勢的發展不利於劉邦，就設法讓劉邦逃走了。

劉邦臨行前囑咐張良向項羽告辭，就帶領五、六個隨從抄小路回到了

軍營。張良等到估計劉邦已經回到軍營中的時候才去對項羽說，劉邦因為喝醉了不能親自道別，後來又向項羽送上劉邦帶去的禮物，范增拔出劍說：「這小子不值得和他共謀大業，奪走項王天下的一定是沛公，我們這些人就要被他俘虜了。」

劉邦回到軍營，立即殺掉了曹無傷。

項羽在鴻門宴上錯失殺掉劉邦的機會，就是犯了當斷未斷的錯誤，以至於讓劉邦逃走。好機會往往都只有一次，錯過了就再也不會遇到了。項羽最後遭遇四面楚歌，拔劍自刎。然而，劉邦回到軍中的第一件事就是把曹無傷殺掉了，兩個人的決斷力形成了鮮明的對比。細觀鴻門宴的過程，項羽有許多殺掉劉邦的機會，但是一個也沒有抓住，難怪范增最後會發出那樣的感歎。

那麼，在瞬息萬變的複雜環境中，如何快速做出決斷呢？鬼谷子為我們提供了如下忠告。

首先，善於把握決斷的技巧。大多數情況下，人們都希望遇到對自己有利無害的事，不希望遇見任何困難，即使遇見困惑也希望能夠盡快解決。當自己處於兩難的境地，就要善於做出對自己有利的選擇。善於決斷的人首先就會瞭解事情的具體情況，然後通過對綜合情況的分析，做出只會讓自己受益的決斷。

其次，全面考慮，權衡利弊。任何決斷都應該是有利於決斷者的，但是如果其中隱藏著不利因素，決斷者肯定不會接受。在做出決斷之前權衡利弊，這樣就可以避免因為考慮不周全而帶來一些麻煩。

再次，當機立斷，絕不拖延。決情定疑，對於個人和組織都具有重要的作用。當機會來臨的時候，就要當機立斷，要在第一時間抓住機會，避免因為拖延而耽誤時機，造成不必要的損失。

第四，靈活變通，謹慎決斷。「決情定疑萬事之機」，在對情況進行判斷、估計的時候，還要學會靈活變通，不能一根筋。重大的決定要求決斷者必須能夠心思縝密、膽大心細，善於抓住對方的心理，做到有的放矢。

鬼谷子教你詐

　　當斷則斷，就是要把握決策的速度，「決」是謀，「斷」是略。決斷力就是一種快速判斷事物的發展趨勢，並給出一個長遠決策的能力。好的決斷力就是要善於把握機會，在機會出現的時候快速地抓住它，並且利用機會創造更有利於自己發展的條件。

3

預見形勢，先下手為強

鬼谷子的兵法不僅適用於作戰，也適用於為人處世。我們常說「先下手為強，後下手遭殃」，話糙理不糙，講的就是鬼谷子這套預見形勢的道理。

在軍事上作戰的雙方，誰先佔領戰場上的高處地形，往往就能取得優勢，居高臨下，以一當十，而另一方要攻克，則要付出較大的代價。比如說在乒乓球賽上，誰先發起進攻，誰就能佔據主動地位，而對方只會窮於招架，很難有進攻的機會。

鬼谷子說：「事貴制人而不貴制於人。」意思就是說處理任何事情，都貴在能控制別人而不被別人所控制。控制了別人就掌握了事情的主動權，如果被人控制就失去了立身處世之道，失去了自由，就無法施展自己立身處世的本領。因此，在一定的條件下，採用先發制人的方法，就是以最小的代價換取最大的效益。

在對方的謀略行為適時之前搶先一步，掌握事情發展的主動權，從而擊敗對方，就是先下手為強。先有奪人之心，也是先發制人的意思，一般是在我方各種因素的綜合實力足以擊敗對方的前提下，其主要目的是為了掌握事態發展的主動權。

其實，在面臨重大選擇的關口，任何人都不可避免會出現焦慮或緊張情緒，這就要看是否能夠自我調節、自我克制了。淝水之戰時，謝安和謝玄下棋時神閒氣定，其心中未必不忐忑或激動。這一點在客人告辭後他的反應中便可以看出：當時的謝安抑制不住心頭的喜悅，舞躍入室，把木屐

底上的展齒都碰斷了。由此來看，危急時刻自我調節，使自己保持果敢、沉著、鎮定的態度，才能最終走出危機，盡顯英雄本色。

　　唐高祖即位以後，封李建成為太子，李世民為秦王，李元吉為齊王。三個人當中，李世民功勞最大。李建成的戰功不如李世民，只是因為他是高祖的大兒子，才取得了太子的地位。

　　太子建成自己知道威信比不上李世民，心裡妒忌，就和弟弟齊王元吉聯合，一起排擠李世民。李世民多次立功，建成和元吉更加忌恨，千方百計想除掉李世民。唐高祖因為聽信小人讒言，跟李世民也漸漸疏遠起來。

　　建成、元吉想害李世民，但是又怕世民手下勇將多，真的動起手來，占不到便宜，就想先把這些勇將收買過來。建成私下派人送了一封信給秦王手下的勇將尉遲敬德，表示要跟尉遲敬德交個朋友，還給尉遲敬德送去一車金銀。尉遲敬德對建成的使者說：「我是秦王的部下，如果私下跟太子來往，對秦王三心二意，我就成了個貪利忘義的小人，這樣的人對太子又有什麼用呢？」說罷，他把一車金銀原封不動地退了。

　　那時候，突厥進犯中原，建成向唐高祖建議，讓元吉代替李世民帶兵北征。唐高祖任命元吉做主帥後，元吉又請求把尉遲敬德、秦叔寶、程咬金三員大將和秦王府的精兵都劃歸自己指揮。他們打算把這些將士調開以後，就可以放手殺害李世民。

　　有人把這個秘密計畫報告了李世民。李世民感到形勢緊急，連忙找長孫無忌和尉遲敬德商量。兩人都勸李世民先發制人，李世民說：「兄弟互相殘殺，總不是件體面的事。還是等他們動了手，我們再來對付他們。」

　　尉遲敬德、長孫無忌都著急起來，說如果李世民再不動手，他們也不願留在秦王府白白等死。李世民看他的部下十分堅決，就下了決心。當天夜裡，李世民進宮向唐高祖告了一狀，訴說太子跟元吉怎麼謀害他。唐高祖答應等明天一早，叫兄弟三人一起進宮，由他親自查問。

　　第二天早上，李世民叫長孫無忌和尉遲敬德帶了一支精兵，埋伏在皇宮北面的玄武門。沒多久，建成、元吉騎著馬朝玄武門來了，他們到了玄

武門邊，覺得周圍的氣氛有點反常，心裡犯了疑。兩人撥轉馬頭，準備回去。李世民從玄武門裡騎著馬趕了出來，高喊：「殿下，別走！」元吉轉過身來，拿起身邊的弓箭，就想射殺李世民，但是心裡一慌張，連弓弦都拉不開了。李世民眼明手快，射出一支箭，把建成先射死了；緊接著，尉遲敬德帶著七十名騎兵一起衝了出來，一箭把元吉也射下馬來。

唐高祖正在皇宮裡等著三人去朝見，尉遲敬德手拿長矛氣喘吁吁地沖進宮來，說：「太子和齊王發動叛亂，秦王已經把他們殺了。秦王怕驚動陛下，特地派我來保駕。」

高祖這才知道外面出了事，嚇得不知道該怎麼辦才好。宰相蕭瑀等說：「建成、元吉本來沒有什麼功勞，兩人妒忌秦王，施用奸計。現在秦王既然已經把他們消滅，這是好事。陛下把國事交給秦王，就沒事了。」

過了兩個月，唐高祖讓位給秦王，自己做太上皇。李世民即位，也就是唐太宗。

「決情定疑萬事之機」，意思是說判斷實情、解決疑難是成就萬事的關鍵，直接關係到事業的興衰與成敗。正所謂當斷則斷，否則就會反受其亂。李世民抓住時機，當斷則斷，才成功登上了帝王的寶座。

使用先發制人的策略關鍵在「先」字。能夠利用前瞻性的眼光，針對當時的形勢先下手為強，這裡的「先」，是針對對方的謀略行為實施的時間而言的。要「先」，就要求我們的行為應當迅速果斷，一方面必須具備良好的思維敏捷性，在錯綜複雜的情形面前，迅速而又果斷地做出正確的決策，也為「當斷不斷，反受其亂」；另一方面還要縮短謀略行為實施的時間，決策實施貴在「快」。

在商業上，也需要有預見未來形勢的能力，以便先下手為強。比如搶先佔領市場，首先推出自己的新產品，就可以把握市場的主動權。還要學會把握一切機會，正如派克公司搶先佔領了市場，因此能夠成為鋼筆行業的領先者。面對市場的變幻莫測，首先要有準確的對市場趨勢的預估，抓住有利機會，搶先於其他對手採取有力的行動，往往能夠獲得較好的收

益。

　　由此可見，不論做任何事都要有敏銳的洞察力，能夠對當前自己所處的形勢具有很好的判斷力，再根據自己的判斷，以最快的速度做出決策，搶先行動才可以贏得有利時機。

鬼谷子教你詐

　　先發制人就是要以對當前形勢有一個很好的判斷為前提條件，首先要明確雙方力量的懸殊對比，通過這種敏銳的觀察力和準確的判斷力，才可以尋求更好的決策，進而先下手為強，贏得戰機。「先」字要求行動足夠迅速，才能保證後面的「制人」產生效果，也就是說首先要保證「先」，然後才能有「強」

4

處變不驚方能理智決策

　　鬼谷子中的《內揵》篇講到如何向君王進言獻計，他提出了一個原則：「欲說者務隱度，計事者務循順。」這裡所說的「隱度」，就是暗中揣測對方的真實意圖；「循順」，就是順其自然，順應事情的自然發展來變換向君王建言獻策的方式、方法。換句話說就是謀臣的進言獻計，都要與君王的心願和當時的形勢合拍，只有雙方達到了一種默契，才能遊說成功。這種「合拍」的過程，是一個一而再、再而三地，小心翼翼地試探揣摩、變異求同的過程。

　　其實，要想遊說成功，首先就要對對方進行暗中揣摩，一切謀劃務求因勢利導，順其自然。說客私下裡要考慮成熟，確定下一條計謀可否執行後，再向君王明確地指出這條計謀的利弊得失，分析清楚當前的局勢，以此來揣摩君王的意圖，控制君王的思想和意志。如果能這樣，當說客以縱橫之術遊說於君王之時，就必須順應時宜，盡量達成君王的心願。如果其中有不合乎君王心願的計謀，肯定也就無法施行了。如果計謀沒有順利實施，那麼，謀臣就要反覆揣摩，務必適應變化了的形勢，分析透徹所處的環境，以便提出一種得以施行的新計謀，以變求變，並求得與君王的心願相吻合，這樣的計謀就像一把鑰匙開一把鎖那樣，對號入座，自然就會得到君王的肯定與接納。

　　當說客不能準確把握君王的心意時，自己的計謀肯定是無法順利實施的。這時候一定要保持沉著、冷靜，客觀地分析所處環境的特點，通過君王的一言一行揣摩他的心意，直至準確地摸透君王的真實意圖，這樣才能

保證自己的計謀在後面的實施過程中不會發生意外。

　　處變不驚的心態是做好任何事的重要前提，只有保證了良好的心態，才能理性、冷靜地做出正確的判斷，這樣才能使遊說活動得以順利開展。在戰爭中，面對雙方複雜多變的局勢更應該做到處變不驚，因為一旦軍事領導驚慌失措，就會造成士兵的恐慌，軍隊士氣的削弱，再想贏得戰爭就很難了。

　　學校每年都會定期舉行一次演講比賽，正在讀大三的李娜經過層層篩選在眾多參賽者中脫穎而出，終於打敗了眾多選手，站在了總決賽的演講台上。

　　比賽當天，學校各級主管全部出席，很多老師和同學也參加了。第一次面對那麼多人演講，李娜不免有些緊張。等到該李娜上場的時候，她突然被腳下的什麼東西絆了一下，剛走上演講台就跌倒了，好多老師和同學都為她捏了一把汗。

　　也許是因為李娜的體形有點胖，所以摔倒的姿勢有些好笑。看到李娜摔倒在臺上，下面的聽眾先是一驚，然後發出一陣小聲的笑聲。李娜心想，這次完了，剛上臺就摔一跤，弄得自己更緊張了，提前準備好的演講詞也給忘了，趴在地上的李娜，一時間真不知道如何是好。

　　可是，李娜轉念一想，我準備了那麼長時間的演講，不能因為摔了這一跤就廢掉了呀。我是來參加演講的，一定要盡最大的努力做到最好，才能對得起關心支持我的那些老師和同學，應該在哪裡跌倒，就在哪裡爬起來。於是，李娜俐落地站了起來，然後鎮定地走到演講台前，微笑著說：「剛才不知道被什麼絆倒了，我覺得很不好意思，看我長得這麼胖，摔倒了再爬起來也挺不容易的，我不甘心，於是我爬起來了，想看看是什麼東西把我絆倒了，可是哪有什麼東西啊，我一想，原來是大家的熱情把我絆倒了。謝謝大家。」

　　然後李娜後退一步，向大家鞠躬致謝，對此台下的老師和同學都用熱烈的掌聲回應她。這樣一來，李娜緊張的情緒得到了緩解，忘記的演講詞

再次記起來了。她獨具魅力的演講，贏得了眾多老師的好評，李娜順理成章獲得了總決賽的冠軍。

李娜在不小心摔倒後，因為一時緊張又把演講詞忘記了，這時她沒有慌亂，很快理清了自己的思路，一定要讓自己鎮定下來。隨後，她用幽默的話語打破了僵局，為自己找到了一個臺階，不但沒有給自己的形象造成不好的影響，反而加深了大家對她的印象。

遇事不慌亂才能急中生智，找到應對緊急情況的方法。處變不驚是理智決策的前提條件，無論遇到什麼突發狀況都不能慌張，因為慌亂就會影響你做出正常決策的思維，進而影響到計謀的正確實施。

當自身處於不利形勢，或是面臨敵人強大攻勢的時候，要鎮定自若，做到處變不驚，這樣才能有效組織軍隊迎戰還擊，絕對不能自亂陣腳。對於領導者而言，要做到處變不驚同樣是必要的，也是很關鍵的。要實現政局的穩定以及在戰場上獲得勝利，都會面臨多變而複雜的局勢，領導者要有平靜而睿智的心態，解決問題要從容不迫，絕對不能手忙腳亂、無所適從。

在戰爭中要做到處變不驚，冷靜制敵，在遊說的過程中，同樣要求做到處變不驚，因為在遊說的過程中，一旦因為局勢的不可預料造成慌亂，肯定會影響後期計謀的實施。所以說，沒有分清事情的類別而貿然行動的人，就會被君王認為是背道而馳從而就被遺棄；沒有瞭解事情的真相，面對不可預料的局面而自亂陣腳的人，就會被君王認為是輕佻浮躁而遭非議。因此，只有在瞭解了事情的真相以後，謀臣才能制定出相應的對策來。即便遇到不可掌控的局面也不必驚慌，首先保持清醒的頭腦、縝密的思維，就可以從容應對。如此，謀臣就能在處理君臣關係上更加遊刃有餘，在遊說的過程中也會事半功倍。因此，智慧的人成就事業，關鍵就在於先瞭解事物的真相，再者就是做到處變不驚、從容應對，即可輕鬆駕馭天下萬物。

當然，戰爭中雙方的局勢在很多情況下是不可預測的，在市場競爭

中，所面臨的競爭也是無常的。領導者的任何一個措施、決策，都會直接引起對立雙方局勢的動盪，甚至影響到國家和百姓最根本的利益。面對這樣的情況，領導者要從容面對，需要有不怕死的剛毅精神，利用自己的智慧和謀略找出有效的決策方法。因為有了思想準備，任何變化都會在自己的掌握中，也就有了處變不驚的心態，這樣就可以真正做到理智決策，以變求變，以不變應萬變。

鬼谷子教你詐

用兵作戰和遊說君王，都有可能面臨複雜多變的局勢，一旦決策失誤，就有可能造成國家和人民的災難以及遊說的失敗，領導者的每一個決策都關係到一個國家、一個集體的長遠發展。因此，領導者在做出任何一個決策的時候，都要做到從容鎮定，不被敵人所激怒。處變不驚、從容應對才能確保計謀的正確實施，才能在戰場上百戰百勝、所向披靡。

5

謀在先，妄動則傷身

　　鬼谷子認為，事物都是處於不斷變化中的，只有不斷地變化，才能產生問題。要解決問題就需要謀劃，只有通過謀劃才會產生計策，進而將謀略用於實際問題當中。然而，解決問題的方法都是通過研究計策產生的，有了方法才能遊說決策者，使之前進，進而不通，再退一步，進退之中形成制度，以此制度解決現實中的問題。

　　萬事萬物的變化都有一個相同的道理，控制萬事萬物也就需要同一法則。事情的變化都是由於事物自身的漸變引起的，而事物又產生於謀略，謀略生於計畫，計畫生於議論，議論生於遊說，遊說生於進取，進取生於退卻，退卻生於控制，事物由此才得以控制。

　　《孫子兵法》中講道：「兵者，國之大事也。死生之地，存亡之道，不可不察也。」對於一個國家來說，戰爭是國家的頭等大事，關係到軍人、百姓的生死，國家的存亡，是不能不慎重周密地觀察、分析、研究的。對於一個企業來說，戰略謀劃是企業的靈魂，是引領企業未來發展的核心力，對帶動企業發展起著至關重要的作用，因此有「謀定而後動，知止而有得」的說法。企業的決策如同作戰用兵的戰略戰術，必須做到三思而後行，從而實現「未戰而廟算勝」。不論是經營企業還是在戰場上指揮作戰，慾望越是強烈，越是不要急於行動，謀定而後動，則無往而不勝，「謀」在先才是王道。

　　一八三九年三月，林則徐到了廣州，旨在緝拿煙販，實行禁煙活動。

許多外國的鴉片煙販子及中國走私販賣鴉片的不法之徒，根本沒有把林則徐放在心上，認為此次禁煙與以往的禁煙一樣，仍是風聲大、雨點小，只是走走過場罷了。林則徐很清楚，外國的鴉片煙販子和中國鴉片走私者，甚至一些被賄買的地方官等，已形成一個嚴密的販毒網，要攻破它很不容易，必須想辦法。

於是林則徐把欽差大臣的行轅設在越華書院，然後以欽差大臣的名義召集廣州越華、粵秀、羊城書院的肄業生數百人，聲言要親自出題考試，檢查他們近來的學習成績。實際上，林則徐在試卷內夾了條子，命所有參試的學生把個人所知道的有關鴉片問題都寫出來。例如大批兜售，走私販賣鴉片的人和地點，以及販毒時間、途徑、數量、手段以及知道何人有行賄、受賄等行為等，還有針對禁煙活動有什麼建設性意見。這樣既激發了學生的愛國熱情，又使林則徐快速地瞭解掌握了重要情況。

經過調查，林則徐瞭解了很多重要資訊，一面與兩廣總督鄧廷楨、廣東水師提督關天培等嚴拿販賣、走私鴉片者，一面佈置組織力量，通令嚴密監視英、美等國的大鴉片煙商人，下令其在三日內交出運來的鴉片，並保證今後永不販運鴉片。林則徐說：「若鴉片一日未絕，本大臣一日不回，誓與此事相始終，斷無中止之理。」許多外國鴉片煙商看到形勢不妙，企圖溜之大吉，結果被林則徐派出的清兵及當地百姓截住。英、美鴉片商一看動了真格的，只好交出二百三十七萬多斤鴉片煙。

一八三九年六月三日，林則徐親自指揮在廣州虎門海灘銷毀全部收繳的鴉片煙。

「先謀後事者昌，先事後謀者亡。」林則徐在禁煙之初，料定外國鴉片煙販子絕不會輕易交出鴉片，放棄鴉片貿易，稍有不慎就會打草驚蛇，功虧一簣。因此，他先謀而後動，「揣」實情，情況明，決心大，以迅雷不及掩耳之勢突然行動，收繳了大量鴉片煙，禁煙得以成功。

謀定而後動，謀無正邪，有勝乃大。凡是出謀劃策的人，籌畫的計謀都要遵循一定的法則，一定要弄清楚緣由，以便研究實情，根據研究來確

定「三儀」。「三儀」就是上、中、下。三者相互滲透，就可以從中領悟出奇制勝的計謀，而奇妙的計謀是攻無不克戰無不勝的，從古到今都是如此。

鬼谷子認為，世間主要有三類人：愚蠢的人、不誠實的人、貪婪的人。愚蠢的人不懂得深思熟慮，沒有自己的見解，往往人云亦云，因此是最容易被蒙蔽的；不誠實的人滿口謊言，經常違背自己的良心做事，又擔心事情會敗露，這樣的人既欺騙了別人也欺騙了自己，因此他們會顯得異常膽小怕事；貪婪的人貪得無厭，往往會在利益面前經不起誘惑而亂了陣腳，往往因為小恩小惠就忘記自己的原則。

其實，在現實生活中，只有管理好自己的慾望，控制自己的貪婪，不過分計較得失，才能在人生旅途中獲得真正的幸福和快樂。鬼谷子認為，凡是感情相同而又相互親密的人，大家相互學習、相互鼓勵，就可以共同進步，共同獲得成功。凡是慾望相同而關係疏遠的，只有一部分人得利，而另一部分人卻會受到傷害。凡是惡習相同而關係疏遠的，一定是部分人先受到損害。所以，如果能相互帶來利益，就要拉近雙方的關係，如果相互牽連會造成損害，就要疏遠關係。這就是有定數的事情，凡是這類事情都是一樣的道理。

所以，牆壁通常因為有裂縫而倒塌，樹木通常因為有節疤而折毀，這些都是很常見的現象。而事物又生於謀略，謀略生於計畫，計畫生於議論，議論生於遊說，可見各種事物不論反覆多少次都是有一定規律的。

謀定而後動，就是在做事之前先考慮清楚做這件事的後果和過程，把一切算盡，懂得適時而止，這樣才會有不錯的收穫和所得。在生活中，要理性地對待身邊發生的一切，特別是面對突如其來的變故，要冷靜地處理，而不是採用慌亂、盲目、不理智的處理方式，兩種結果會大不相同。對將要發生的事考慮清楚預期的結果，先「謀」而後再「動」，這樣才不會因為沒有準備好應對策略導致錯失機會。懂得停止還是繼續行動，不是一朝一夕就能做到的，需要歷練，需要時間，更需要大風大浪的洗禮，正所謂不言而喻，不經歷風雨怎能見彩虹。

鬼谷子教你詐

　　謀定而後動，就是要求我們在面對一切難題的時候，都要首先瞭解清楚事情發展的情景、特點，把握事情發展的方向，這樣才不至於因為慌亂而錯失分才。理性地處理事情，才是正確面對問題的態度，「謀」在先，而「動」在後，先謀後動，方能妥善處理好事情。

6

權衡利弊，棄車保帥

　　鬼谷子提出了「決情定疑，萬事之機」這一觀點，意思是一個人在面臨眾多選擇的時候應該如何決斷。做出正確決斷的方法，就是對利弊進行權衡，或是對方案進行取捨，這樣做的目的就是為了理清思路，以便為下一步的行動做出準備。

　　他說權衡利弊，就是能準確揣測對方實力的大小，瞭解兵力的多與少；在戰爭中，要分辨作戰環境的特點，分析什麼地方對自己有利，什麼地方對自己有害；在研究計策的時候，辨明哪個是長久之計，哪個是權宜之計。在判斷老百姓的心理趨向時，知道哪種是平安的，哪種是沒有安全性的，什麼是老百姓喜好的，什麼是老百姓厭惡的；不順從者，哪些要審察，哪些可以包容，以此瞭解百姓心理變化的趨勢。在謀士與賓客中，知道哪個足智多謀，哪個是平庸之才；考察命運的福禍時，知道什麼是吉利的，什麼是兇險的；與諸侯交往中，知道誰是可以效力的，誰是不能效力的；在君臣親疏關係中，知道哪些人賢德，哪些人奸詐。在準確地把握上述事態發展變化之後，才能正確地審時度勢，權衡利弊得失。

　　一個善於決斷的人，首先要能夠認清事物的本質，排除一切偏見，這樣才能保證決斷的正確性。當然，在經過慎重的選擇後，還要能夠做到當機立斷，絕不拖延。

　　對於遊說者來說，權衡的目的就是要做出選擇，解除困境，免除災難。決疑的目的就是為了使君王解除疑惑，獲得利益。鬼谷子有言：「善用其福，惡其有禍，害至於誘也，終無惑偏。」在決策的過程中，會產生

有利的一方，當然也會產生不利的一方。在這種情況下，要做出合適的選擇非常困難，因此就必須做出準確無誤的權衡判斷，究竟怎樣決策才能使「利」大於「弊」。

懂得權衡才可以分析清楚全方位的利弊得失，才可以捨棄局部利益，進而求得整體利益。

西元一一一五年，女真族首領阿骨打建立金國。這個消息傳到遼國後，遼國皇帝非常憤怒，他立即親自率領七十萬大軍前往金國討伐阿骨打。當然，阿骨打並沒有因為雙方軍事力量的懸殊，而採取消極逃跑的方式應對遼國的挑戰，而是親自率領二萬人馬前去迎戰。

當金軍在阿骨打的帶領下浩浩蕩蕩走到瓦剌時，阿骨打親自帶領騎兵去前方偵察，卻發現敵軍已經撤走。阿骨打在軍事作戰方面一直保持小心謹慎的態度，因此為防止中計，他又做了進一步調查，這才得知遼國發生內亂，遼國皇帝迫不得已匆忙撤回軍隊去應對突如其來的內亂。

阿骨打探知這些情況後，立即決定採用變守為攻的軍事策略。他率領的二萬大軍日夜兼程，很快就追上了遼軍。但是阿骨打沒有立即下令進攻，而是經過細心觀察敵軍陣勢，看到中軍隊伍整齊，軍中秩序井然，從而判斷出遼主一定在其中。正當阿骨打準備調集所有兵力一舉消滅這股遼軍時，後方傳來消息說阿骨打的母親病危，要求阿骨打立即收兵回去探望。可是阿骨打深刻地明白這是一次消滅遼軍的絕好機會，如果錯失，有可能再也不會遇到這麼好的時機，經過一番痛苦的抉擇，阿骨打毅然決然調整兵力，集中力量攻擊遼軍所在的中軍。

當阿骨打的二萬大軍迅速殺向遼軍時，遼國的幾十萬大軍頓時亂作一團，首尾不能相顧。就這樣，阿骨打以二萬人馬大敗七十萬遼軍，真正達到了「敵雖眾，可使無鬥」的境界。

在大利和小利面前，我們應該放棄較小的那一部分，保全對自己有大利的那一部分。正如阿骨打在面臨是選擇收兵看望母親，還是繼續消滅掉

遼軍的抉擇時，經過艱難的權衡，他選擇了抓住有利時機一舉殲滅遼軍，為以後金國的長足發展奠定了基礎。

當面對危險的時候，阿骨打能夠權衡利弊迅速做出決斷，放棄立即調兵回營看望老母親，選擇義無反顧地迎戰，這就是戰場上的「捨卒保車」。當面臨緊急情況的時候，必須要懂得如何權衡，學會用小的代價換取大的勝利。

在上面的故事中，雖然並不是要求我們都去效仿阿骨打的做法，但他讓我們懂得了在緊急情況下如何權衡利弊，如何做出正確的選擇。無論在工作還是生活中，為了整體的利益，就要捨棄個人的、小的、局部的利益，凡事從大局著眼，為全域利益而放棄一些局部利益，不失為一種明智的選擇。如果只懂得進攻，不知道撤退；只知道索取，不懂得捨棄，最終只會導致整體利益的損失。

那麼要想做到正確權衡利弊，首先要認清自己的形勢和自己所處的現狀。看清自己的形勢，瞭解現狀，是對自己所處境地進行權衡利弊的前提條件，為了避免自己以後忽略形勢和現狀的重要性，將之明確化是十分重要的。對事情進行分類，按照輕重緩急的標準進行劃分，可以有效地減少不必要的精力和時間的浪費。其次，要堅持全面、整體的大局觀念，堅持大局觀，在局部利益和整體利益產生衝突的時候，要能夠毅然決然地放棄局部利益，堅持整體利益。最後，古人講：「上兵伐謀，其次伐交，其次伐兵，其下攻城。故謀略先行，謀定而動，謀行相佐，運籌帷幄。」由此可見「謀」的重要性，用腦袋解決問題才是上策！

鬼谷子教你詐

　　在為人處世的過程中，權衡利弊方能做到有的放矢。「謀」就是權衡，「斷」就是最後的決策，「謀」與「斷」相輔相成，沒有「謀」就沒有更好的「斷」。反之，「斷」是在更好的「謀」的基礎上做出來的。只有處理好了權衡利弊這門大功課，才能夠真正做到決策不失誤。

7

立足全域，不可一葉障目

　　立足全域就是在細節上求「深度」，做事要有立足全域的思維高度，要學會系統思考，對事情發展的整體進行籌畫，善於發現細節背後的事物及其內在聯繫和規律。在做到從「小處著手」的同時，還要不忘「大處著眼」，不可「一葉障目，不見泰山」。全域意識的培養有賴於眼光的長遠，在細節上追求深度，不被眼前的短期利益所蒙蔽，善於跳出固有的思維圈子，站在全域的高度看待事情。

　　遊說是縱橫家的主要活動，而遊說的基本媒介是言辭，通過語言交流達到彼此的溝通。《鬼谷子》說：「遊說就是說服人；說服人就是給人以幫助；凡是帶修飾的語言，都是不真實的；然而不真實的語言，有壞處也有好處；應對之辭，都是伶俐的外交辭令；外交辭令都是不實在的言辭；能成為信義的言辭都是坦白的；坦白的言辭都是可以驗證的；凡是難以啟齒的話，多是應對之辭；應對之辭都講究誘導對方說出機密。」

　　許多時候，說話的技巧可以掩飾說話的內容。在古代，說奸佞話的人，因為會諂媚就可以變成忠誠；說奉承話的人，因為會吹噓就可以變得智慧；說平庸話的人，由於能果決就可以變成勇敢者；說冷靜話的人，由於善逆就可以變成勝；說憂慮話的人，由於善權衡就可以變成信。

　　鬼谷子認為，每個人在做抉擇的時候，都要權衡利弊，靈活運用。我們要學會變不利為有利，讓一切為我所用。當然，首先要以全域觀念為中心，不可一葉障目，只見樹木不見森林。只有以全域觀念為中心，才能把握整體局勢的發展。無論是現實生活還是商戰，總是像汪洋大海中的波濤

一樣，此起彼伏，機遇與危機並存。當危機出現的時候，一定要立足全域，把握整體局勢的發展，及時採取有利的決策，才能順利到達理想的彼岸。

西元前三三一年，張儀到楚國去遊說楚懷王，說道：「敝國的君王最喜歡的人莫過於大王，而張儀最願侍奉的也是大王您，敝國的君王最痛恨的人莫過於齊宣王，而張儀最不願意侍奉的也是齊宣王。因此秦國想要討伐他，但是貴國卻跟他那麼要好，以致敝國的君王不能好好侍奉大王。大王如果能夠斷絕和齊國的交往，我可以讓秦王把商於方圓六百里的土地獻給大王。這樣一來齊國喪失了後援，必然衰弱，齊國衰弱，就必定聽從大王的號令了。北面削弱了齊國的勢力，西面對秦國施恩，又獲得商於方圓六百里的土地，這真是一舉三得的上策。」

楚懷王聽後很高興，立刻在朝廷裡宣佈，說：「我得到了商於方圓六百里的土地！」群臣知道這消息都紛紛賀喜，客卿陳軫卻沒有向楚王道賀。楚王詫異地問：「我不發一卒，不傷一人，而得到商於六百里地，我認為這是外交上的一大勝利，朝中文武百官都道賀，為什麼單單賢卿不道賀呢！」「我看得到商於之地，反而會招惹禍患，所以不敢隨便道賀。如今還沒有得到秦的土地，卻先斷絕和齊國的外交，楚國就孤立無援了，秦又怎麼會重視一個孤立無援的國家呢？何況如果先叫秦割讓土地，楚國再去跟齊國絕交，秦國必不肯這樣做。要是楚國先斷絕了齊國的邦交，而後要求秦國割讓土地，將受到張儀的欺騙而得不到土地；受了張儀的欺騙，大王必定痛恨他。結果是西面惹出秦國的禍患，北面斷絕了齊的邦交，這樣兩國必定會兵臨楚國的。」

楚王不但不聽，反而斥責道：「我的事籌畫好了，你不要再說了，等著看吧！」於是楚懷王派人到齊國去宣佈斷交，派去的人還沒回來，就又派出第二批絕交團。張儀回到秦國，趕緊派使節到齊國去遊說，齊、秦兩家就暗中締結了軍事聯盟。當楚懷王派一名將軍去秦國接受土地時，張儀竟然裝病不上朝。楚懷王說：「張儀認為我跟齊國絕交還不夠誠心嗎？」

　　楚懷王又派一個勇士到齊國去臭罵齊王。張儀在證實楚國確實和齊國絕交後，才出來接見楚國派來的使臣，指著地圖説：「敝國贈送貴國的土地，從這裡到這裡，總共方圓六里。」「我聽説是六百里，沒聽説六里。」楚國的使臣很驚訝地説。「我張儀不過是個微不足道的小官，哪來六百里廣大的采邑？」楚國使節氣憤地回國報告，懷王大為震怒，準備發兵攻打秦國。這時，陳軫冷靜地説：「攻打秦國，不是辦法。大王倒不如趁機再送給秦國一座大城市，跟秦連兵伐齊，這樣或許可以把損失於秦國的，再從齊國補償回來，楚國不就沒有損失了嗎？大王如今已跟齊國絕交，還要去責備秦國失信，那就等於是在促進齊、秦兩國的邦交，到時候楚國必定損失慘重。」

　　楚懷王沒有採納陳軫的話，仍舊派兵攻打秦國。最後，秦、齊兩國組成聯合戰線，韓國跟著也加入軍事同盟，結果楚國在杜陵被三國聯軍打得慘敗。

　　張儀離間齊楚聯盟之事，是因為張儀攻破了楚懷王的弱點，從而離間了齊楚聯盟，進而使得秦國得利，楚國大敗。

　　楚懷王只看到眼前利益，為了得到幾百里土地而不惜和齊國斷交，可以看出他沒有以整體意識、全域觀念去為國家的長遠利益考慮，僅僅是為了得到秦國的一點小恩惠，就犧牲掉了與齊國的外交關係。最後，楚懷王也為他自己的一葉障目付出了慘重的代價。

　　一葉障目，通常以誇張的笑話比喻現實生活中某些人的類似舉措，諷刺不看整體、以偏概全的情況 。也比喻一個人被眼前細小、局部的事物所蒙蔽，看不到事物的本質和整體。楚懷王的故事告訴我們，凡事要看清事物的全貌，不能盲目輕信、盲目崇拜，必須經過科學的調查和驗證，以謙虛謹慎的態度予以看待。

　　古時候善於治理天下的人，必然會審慎地把握國家的發展趨勢，揣度各諸侯國的具體情形。如果不能周密切實地審時度勢，權衡利害，就不會知道諸侯國的強弱情況。如果不能周密地揣度形勢，便不知道其中隱蔽的

情況及其發展變化。

　　處理事情就需要立足全域，站在整體的利益點上進行決策，捨小求大，放棄部分利益，保全整體利益，這樣不會因為一時的急躁、冒進，而為了眼前一時的得利失去整體的長足發展。這樣通過權衡的方式分析清楚全方位的利弊得失，審時度勢地做出棄局部而保全整體的利益，才能夠避免導致一葉障目而引起的錯誤。

鬼谷子教你詐

　　擁有大智慧的人，在處理事情的時候能夠站在一定的高度，以全域發展的意識去考慮問題，通過對各方面因素的考慮，權衡利弊，捨棄局部利益、短期利益，追求整體利益、長遠利益，從而做到捨小而取大。只有懂得用立足全域的方式、方法去處理問題，才能避免因為一葉障目而造成的損失。

8

對立為敵不如聯合共贏

　　鬼谷子《忤合》篇認為，聯合和對立都有與之相應的策略，而且兩種狀態是可以互相轉化的，就像鐵環一樣連接在一起，環環相扣，沒有一點裂痕。這就要求我們轉變固有的思維模式，瞭解掌握由對立轉向聯合的規律，使單方的贏變為雙方的共贏。

　　眾所周知，世上的事沒有永遠不變的，這就叫：「世無常貴，事無常師。」有智慧的人常常是無所不為、無所不聽的，任何計謀都不會同時忠於兩個君主。或忤於彼或忤於此，反忤之術則可以通過計謀使「忤」轉為「合」，這是因為反忤之結果可以合，也稱為忤合之術。這種忤合之術，可以協四海、包諸侯，將忤的局面轉化為合。行忤合之道的條件是要瞭解自己和估量環境，這樣既可前進也可後退；既可以合縱，也可以連橫。

　　成功地施行忤合術的關鍵在於，熟悉和瞭解對手和自己的情況，比較雙方的力量懸殊。鬼谷子說：「故忤合之道，己必自度材能知睿、量長短、遠近孰不知，乃可以進、可以退；乃可以從、乃可以橫。」也就是說施行忤合術的規律是：首先自我估量聰明才智，然後度量他人的優劣長短，只有在這樣知己知彼的情況下，才能隨心所欲地施行忤合術，才能在瞭解雙方的前提下找到雙方的共同利益點，將局面由對立轉化為雙贏。

　　一個謀臣策士，如果不是具有最高的智慧和道德，並且通曉世間的大道，也就不能立身處世，治理天下；如果不肯聚精會神地觀察事物，也就不能成就功名；如果聰明才智不夠精絕，也就不能靈活地運用軍事計謀；如果為人不夠真誠，也就不會有知人之明。所以運用忤合之術，自己一定要先估

量自己的智慧如何，衡量一下自己與要輔佐的人相比，掌握的縱橫之術是多還是少，看看對方實力是不是不如自己，這樣，才可決定是出仕還是隱退；是採取合縱之術說服君王，還是採取連橫之術說服君王。

很多人都對自己的敵人深惡痛絕，時刻提防著敵人的攻擊，防止受到傷害，這樣往往會把自己搞得疲憊不堪。其實，如果能把敵人轉化為自己的朋友，自己的路就會更寬，自己也會省去很多憂慮。

微軟公司的創始人比爾·蓋茲，正是這樣一位喜歡把敵人、對手轉化為自己朋友的人。我們都知道蘋果和微軟在世界市場上的地位是不相上下的，這樣不可避免地就使兩家公司成為了競爭對手。

二十世紀八十年代，隨著兩個公司業務範圍不斷擴大，經營規模也在與日俱增，兩家公司的關係出現了明顯的敵對狀態，為了爭奪在個人電腦方面市場的控制權而展開了激烈的競爭。兩家公司都想成為世界市場上的一枝獨秀，誰也不想把偌大的世界市場讓給對方。

到了二十世紀九十年代中期，微軟在比爾·蓋茲的帶領下，因為技術優勢明顯佔據領先地位，佔領了市場的絕大部分份額。與之相對的蘋果公司則面臨著巨大的危機，舉步維艱，不僅沒有搶到市場這份蛋糕，而且幾乎連一杯羹也沒有分到，企業逐步陷入困境。

按照大多數人的思維，微軟應該乘勝追擊，將自己的對手置於死地，消除自己的後顧之憂，從而為自己的長遠發展拓寬道路。但是，比爾·蓋茲作為微軟的總裁，並沒有採取消滅蘋果的策略，他的策略令很多人都感到驚訝。

一九九七年，微軟公司向蘋果公司投資一億多元，來挽救瀕臨崩潰邊緣的蘋果公司，正是因為這具有起死回生作用的一億多元，使得蘋果公司有了日後的風采。緊接著，微軟公司又推出 Office 二〇〇一，為蘋果公司的再度崛起增加了一個更加堅實的砝碼，從此蘋果公司得到迅速發展。

當蘋果公司不斷發展的時候，微軟公司也憑藉與蘋果公司的合作，使自己的發展又上了一個臺階，逐步成為世界電腦行業的領先者。

比爾‧蓋茲將蘋果公司化敵為友，不僅使蘋果公司得到發展，也使兩家公司的合作關係更加穩固，同時實現了蘋果和微軟的聯合共贏，在世界市場的大環境下，獲得了更好的發展。

我們可以看出，比爾‧蓋茲是一個具有長遠眼光的人，也是善於把握機會的人，他能夠站在公司長遠發展的角度來考慮問題，通過幫助蘋果公司脫離危機，為自己日後的發展尋求一位良好的合作夥伴。這正是其意識由「忤」轉「合」的過程。

化敵為友不僅使自己的交際圈更加充實、豐富，也使自己未來發展的道路更加順暢，合作共贏才能為雙方創造更大的利益。如果雙方處於敵對狀態，只會消耗自己的力量，阻礙自己的發展之路，破壞所取得的成就。化敵為友，不僅可以獲取對方的信任，還可以聯合對方的力量，讓自己的力量更強大，從而獲得更大的成功。

不論是在古代社會中，還是在現代商業社會中，憑個人的單打獨鬥，都很難取得事業上的飛躍，只有把自己的意識由局部上升為整體的時候，才能為自己的長足發展奠定基礎。因此，學會與人合作則顯得至關重要。只要摒棄「你敗我勝，你輸我贏」的鬥爭心理，雙方都遵循互惠互利的原則，就可以找到一條共同受益、長期合作的途徑。沒有永遠的朋友，也沒有永遠的敵人，凡事要根據形勢來判斷，這也是鬼谷子思想的精髓。

鬼谷子講：「反復相求，因事為制。」是指謀臣在制定策略時，應該根據循環往復的實際情況的變化，反覆尋求最佳的計策，並且制定不同的措施去適應不斷變化的情況。即所謂：「文無定法，計無長施」。當雙方出現利益糾紛時，就要轉換思維，學會站在問題的不同角度去尋求雙方的利益共同點，這樣才可以將對立的局勢轉化為雙贏的模式，對立永遠不可能長久獲勝，只有雙贏才是永久合作下去的法寶。

鬼谷子教你詐

　　大凡聯合與對抗的行動，都有相應合宜的計策。事物都處於不斷變化中，當雙方出現對立的局面時，就要根據實際，分析雙方的情況，找出雙方的利益共同點，將對立為敵的局面轉化為聯合共贏的局面，這樣才能為雙方尋求長遠的發展。

國家圖書館出版品預行編目資料

天下第一詭術：鬼谷子智慧／夜問編著. -- 修訂二版. -- 新北
市：菁品文化, 2019. 04
面； 公分. --（新知識；106）

ISBN 978-986-97306-6-2（平裝）

1. 鬼谷子　2. 研究考訂　3. 謀略

121.887　　　　　　　　　　　　　　　　108003146

新知識系列 106
天下第一詭術：鬼谷子智慧（暢銷修訂二版）

編　　　著　夜　問
發 行 人　李木連
執 行 企 畫　林建成
封 面 設 計　上承工作室
設 計 編 排　菩薩蠻電腦科技有限公司
印　　　刷　博客斯彩藝有限公司
出 版 者　菁品文化事業有限公司
　　　　　　地址／114012 台北市內湖區環山路2段109巷8弄21號5樓
　　　　　　電話／02-22235029　傳真／02-87911367
E - m a i l　jingpinbook@yahoo.com.tw
郵 政 劃 撥　19957041　戶名：菁品文化事業有限公司
總 經 銷　創智文化有限公司
　　　　　　地址／23674新北市土城區忠承路89號6樓（永寧科技園區）
　　　　　　電話／02-22683489　傳真／02-22696560
版　　　次　2024年7月暢銷修訂二版16刷
定　　　價　新台幣320元　（缺頁或破損的書，請寄回更換）

I S B N　978-986-97306-6-2
本書 CVS 通路由美璟文化有限公司提供　02-27239968

菁品出版・出版精品

菁品出版・出版精品

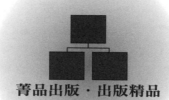

菁品出版・出版精品